DUSCHEN und ZÄHNEPUTZEN

ROBERT ATZORN

DUSCHEN und ZÄHNEPUTZEN

Was im Leben wirklich zählt

Eden BOOKS

Impressum

Robert Atzorn
Duschen und Zähneputzen – Was im Leben wirklich zählt
ISBN: 978-3-95910-276-6

Eden Books
Ein Verlag der Edel Germany GmbH

www.edenbooks.de | www.edel.com
1. Auflage 2020

Einige der Personen im Text sind aus Gründen des Persönlichkeitsschutzes anonymisiert.

Projektkoordination: Nina Schumacher
Lektorat: Gerti Köhn
Gestaltung Umschlag und Bildteil: Buchgut, Berlin
Fotocredits Bildteil: S. 1, 2 oben, 3 oben, 5 oben links, S. 6-10, S. 12, S. 14 unten: Privatarchiv Robert und Angelika Atzorn; S. 2 unten: Hans Grimm; S. 3 unten: Ben Walraven; S. 4: Leonard Zubler; S. 5 oben rechts: Johannes Glöckner; S. 5 unten: Hannes Flurig; S. 11: Peter W. Engelmeier; S. 13: Ulrike Beelitz; S. 14 oben, 15 unten: Peter Bischoff; S. 15 oben: picture-alliance / dpa/dpaweb | Uli Deck; S. 16: Janine Guldener
Cover- und Autorenfoto: Janine Guldener
Layout und Satz: Datagrafix GSP GmbH, Berlin | www.datagrafix.com
Druck und Bindung: GGP Media GmbH, Pößneck

Im Rahmen der Erstellung des vorliegenden Buchs waren wir bemüht, sämtliche Rechte an den Abbildungen zu klären. Dies ist uns nicht bei allen gelungen. Sollten Sie Rechte an einzelnen Abbildungen innehaben, setzen Sie sich gern mit uns in Verbindung und wir lizenzieren diese nach.

Printed in Germany

Dieses Buch ist auch als E-Book erhältlich.

Um die kulturelle Vielfalt zu erhalten, gibt es in Deutschland und in Österreich die gesetzliche Buchpreisbindung. Für Sie, liebe Leserin und lieber Leser, bedeutet das, dass Ihr verlagsneues Buch jeweils überall dasselbe kostet, egal, ob Sie Ihre Bücher gern im Internet, in einer großen Buchhandlung oder beim kleinen Buchhändler um die Ecke kaufen.

EDEL
FAMILY MEMBER

FSC
www.fsc.org
MIX
Papier aus verantwortungsvollen Quellen
FSC® C014496

Für meine Familie

Inhalt

Einiges vorweg

Warum ich aus meinem Leben erzähle? Gute Frage!
Es gibt jede Menge Vorstellungen über das Leben eines Schauspielers. Der Beruf regt die Fantasie der Menschen an, und die Medien tun ihr Bestes, um das vermeintlich glamouröse Schauspielerdasein in den buntesten Farben darzustellen: Ein Leben ohne Sorgen und Probleme. So viel Geld, dass man es in einem Leben gar nicht ausgeben kann. Ein gesellschaftliches Event jagt das nächste. Rote Teppiche, wohin man tritt. Champagner und die tollsten Frauen/Männer …

Bei mir sah das allerdings ganz anders aus. Völlig anders. Und vermutlich nicht nur bei mir. Insofern möchte ich mal ein paar Dinge geraderücken und das Leben eines Schauspielers greifbarer machen.

Die meisten kennen mich als *Lehrer Dr. Specht*. Als diese Serie ausgestrahlt wurde, war ich bereits Mitte vierzig. Man kann bei mir also nicht gerade von einem Shootingstar sprechen. Was war eigentlich vorher? Wie kam ich überhaupt dahin?

Ich möchte meinen Lebensweg noch einmal abschreiten. Vielleicht haben Sie Lust mitzugehen?

Das Schreiben dieses Buches war ein äußerst spannendes Unterfangen. Über weite Strecken machte mir das Formulieren und Fabulieren Spaß, aber immer wieder stieß ich an Grenzen und landete in Sackgassen. Ich wollte abbrechen, mehrmals, aber dann fielen mir immer wieder meine Enkelkinder ein und ihre Neugier: »Mensch, Opa, erzähl mal, wie war das damals?«

Jüngere Generationen können sich nicht mehr vorstellen, was es heißt, als Nachkriegskind groß geworden zu sein. Es gab damals einfach nichts. Kein Telefon, keinen Fernseher, keine Waschmaschine, keine Spülmaschine, kein Auto, kein Internet. Ein kleines Radio war der einzige Luxus. Ein riesiger Kontrast zu der Fülle, in der meine Enkelkinder aufwachsen!

Natürlich habe ich nicht alles aufgeschrieben. Geht ja auch gar nicht. Interessiert wahrscheinlich auch niemanden. Einige Teile des großen Puzzles sind jedoch nach wie vor sehr präsent. Ich habe nie Tagebuch geschrieben. Dazu hatte ich keine Lust. Also erzähle ich das, was meine grauen Zellen jetzt noch ausspucken: die unauslöschlichen Eckpunkte, quasi die Wendebojen.

Meine Anfänge als Schauspieler waren alles andere als lustig. Ganz schnell wurde klar, dass keiner auf mich gewartet hatte. Das wunderte mich zunächst. Aber nicht lange, denn so was wie Akzeptanz oder gar Erfolg stellten sich in keinster Weise ein.

Daher quälte mich ständig die Frage aller Fragen: Wie kann ich besser werden? Wie komme ich an ein größeres Theater? Oder wenigstens: Wie werde ich ein so guter Schauspieler, dass ich von diesem Beruf leben kann?

Was braucht es dazu?

Und: Warum zum Teufel klappt es bei mir nicht?

Diese Frage stellte alle anderen in den Schatten, als mein damaliger Lieblingsregisseur Peter Zadek mich gnadenlos abserviert hatte. Ich war fertig. Bedient. Dem Exitus nah.

Es musste dringend was passieren. Aber was?

Wolfgang Reichmann und Martin Benrath, diese unverwechselbaren Lichtgestalten unter den Schauspielern, hatten wertvolle praktische Hinweise, als ich sie um Hilfe bat. Die Essenz ihrer Ratschläge war: Es gibt kein Rezept für den Erfolg als Schauspieler. Jeder muss seinen individuellen, ureigenen Weg finden.

Mein Lieblingstipp stammt von dem Schauspieler und Komiker Theo Lingen. Auf die Frage eines jungen Mannes, was das Wichtigste für einen Schauspieler sei, meinte er lapidar: »Gründlich duschen und Zähne putzen!«

Mit so etwas Banalem hatte der junge Mann sicher nicht gerechnet. Aber letztlich steckt darin eine elementare Erkenntnis: Wenn man auf einer Probe mit den verführerischsten Liebeserklärungen von Shakespeare eine Partnerin bezirzen möchte, dabei nach Schweiß riecht und sie dann umarmen soll – wird sie mitspielen?

Und wie läuft die anschließende Kussszene mit Mundgeruch?

Eben. Das geht überhaupt nicht. Das fand ich dann doch sehr einleuchtend. Deshalb habe ich auch dieses Buch so betitelt.

Was den Erfolg eines Schauspielers wirklich ausmacht, hat der große Regisseur Max Reinhardt in einem Satz zusammengefasst: »Die wichtigste Aufgabe eines Schauspielers ist die Entwicklung seiner Persönlichkeit.«

Super Tipp! Aber was meint er damit, und wie geht das?

Bei mir setzten der wesentliche Entwicklungsprozess und das beste Menschlichkeitstraining in dem Moment ein, als ich meiner heutigen Frau Angelika begegnete.

Sie besaß eine unbeirrbare Liebe nicht nur zu mir, sondern auch zur Wahrhaftigkeit. Nachdem die überbordende Euphorie der ersten Verliebtheit auf ein normales Niveau heruntergekühlt war und der Alltagsstress und das Zusammenleben bewältigt werden mussten, ging die überaus empfindliche Beziehungsarbeit los. Ein Prozess über eine lange Zeit, ehrlich gesagt: bis heute.

Wir bemühten uns, mit Liebe, Respekt, Humor, Geduld und Beharrlichkeit unsere eigenen Defizite zu erkennen und zu bearbeiten. Das war ungewohnt, absolut neu für mich und meistens ziemlich unangenehm. Solche auslotenden Gespräche über innerste Gefühle hatte es in meinem Zuhause nie gegeben.

Wie Sie in fast jedem meiner Kapitel lesen werden, hatte Angelika einen riesigen Anteil an meiner Entwicklung und an meinem Erfolg. Ohne sie wäre ich nie so weit gekommen. Nie! Ich wäre sonst wo gelandet. Deshalb mussten auch unbedingt vier Geschichten von ihr in diesem Buch auftauchen. Gott sei Dank hat sie sich von mir dazu überreden lassen.

Alles auf Anfang

Kurz vor dem Ende des Zweiten Weltkriegs, im Jahr 1945, wurde ich in einer kleinen Stadt in Westpommern geboren. Unsere Familie hatte dort Verwandte, und es schien sicher genug zu sein, um dort ein Kind auf die Welt zu bringen. Drei Tage später wurde das Krankenhaus evakuiert: Die Russen kamen in bedrohliche Nähe.

Da ich gleich nach der Geburt an Diphtherie erkrankte, meinte der Arzt zu meiner Mutter: »Versuchen Sie so schnell wie möglich, in den Westen zu kommen. Lassen Sie das Baby hier, es stirbt sowieso.«

Aber sie ließ mich natürlich nicht zurück. Sie schloss sich einem Treck an und landete in Neumünster in einem Auffanglager. Mein Vater war zu der Zeit als Offizier auf dem Russlandfeldzug und geriet in Gefangenschaft. Ich lernte ihn erst kennen, als ich fünf Jahre alt war.

Von Neumünster ging es nach Oldenburg in Oldenburg in das kleine Reihenhaus meiner Großeltern. In einem der oberen Zimmer stand mein Kinderbettchen. Als ich drei Jahre alt war, wurden dort zwei Flüchtlingsfrauen aus Ostpreußen zwangsuntergebracht und ich landete auf dem Dachboden. Ich erinnere mich, dass ich dort oben schreckliche Angst hatte. Es spukte, es knackte, es war unheimlich. Auch das Zusammenleben mit den Flüchtlingsfrauen gab immer wieder Anlass zu Auseinandersetzungen, weil eine der beiden heimlich im Zimmer rauchte. Besonders schlimm wurden die Streitereien, als das ganze Haus plötzlich mit Wanzen verseucht war. Mein Opa lief Amok. Für ihn war es eindeutig, dass die Damen die Schuldigen waren. Der Kammerjäger räucherte und räucherte. Ich fand den Gestank ätzend – ich glaube, er arbeitete mit Ammoniak –, aber trotzdem war die Aktion für mich ein spannendes Unterfangen: ein Jäger im Haus, dunkel angezogen, ein bisschen gespenstisch mit seiner Giftspritze. Jede Ecke wurde untersucht und eingesprüht. Ich folgte ihm neugierig auf Schritt und Tritt. Wie diese Monster wohl aussahen? Allerdings bekam ich nie eine Wanze zu Gesicht. Vielleicht hatte mein Opa das auch nur erfunden, um die Frauen loszuwerden, denn sie wurden danach umgesiedelt. Ich weiß es nicht. Mein Bett wurde wieder runtergestellt, ich schlief wie ein Murmeltier. Und dann, oh Schreck, war plötzlich auch noch der Holzwurm im Gebälk! Es rieselte und rieselte, aber dafür fand Opa keinen Schuldigen ...

Im Ersten Weltkrieg war mein Opa schwer verwundet worden. Nach seiner Genesung hatte er bei der Reichsbahn gearbeitet, und auch im Rentenalter war er noch ein begeisterter Eisenbahner. Am Bahnhof zeigte er mir Züge mit der Aufschrift »DR«. Das bedeutete »Deutsche Reichsbahn«, aber er flunkerte: »Kuck mal, da sind meine Initialen auf jedem Waggon, DR!«

Sein Name war Diedrich Remmers. Ich war so stolz auf meinen Opa, auch weil er alle Bahnstrecken kannte, samt Zwischenstationen und Umsteigemöglichkeiten. Ich fand das phänomenal und wollte unbedingt auch zur Bahn, am liebsten natürlich als Lokomotivführer.

Opa wurde meine Hauptbezugsperson. Er und meine Oma hatten einen Sohn im Babyalter verloren, was vielleicht eine Erklärung dafür ist, warum er sich so um mich kümmerte. Ich war so etwas wie ein Ersatzsohn. Er radelte mit mir aufs Land zu Bauern, um etwas Essbares zu ergattern. Dort bekam ich dicke Brotschnitten mit Speck. Herrlich. Obwohl es sonst meistens nur wenig zu essen gab, oft nur Mahlzeiten mit Steckrüben und Kartoffeln in diversen Variationen, hatte ich nie ein Mangelgefühl. Es war einfach so. Opa ging mit mir spazieren und erklärte mir die Natur.

Als ich vier oder fünf Jahre alt war, meldete er mich im Turnverein an. Das war allerdings überhaupt nicht mein Ding, einmal und nie wieder. Ich konnte mit Barren, Reck und Ringen nichts anfangen. Er selbst muss wohl in seiner Jugend ein großer Turner gewesen sein. Im Garten hatte er eine Reckstange, wo er mir hin und wieder seine 15 Klimmzüge zeigte. Irgendwann schaffte ich immerhin zwei. Opa war glücklicherweise nicht enttäuscht, als meine Turnversuche scheiterten. Wir gingen einfach mehr spazieren, schauten den Anglern an einem Teich zu, kümmerten uns um unseren kleinen Gemüsegarten.

In dieser Zeit kam mein Vater aus der Gefangenschaft zurück. Doch davon erzähle ich an anderer Stelle.

Meine Mutter hatte der Krieg völlig aus der Bahn geworfen. Sie war verstummt. Sie half nicht im Haushalt, machte eigentlich gar nichts. Oma sorgte für alles. Heute würde ich sagen, meine Mutter hatte eine schwere Depression. Sie saß irgendwo im Sessel und wartete. Auf was, wusste ich nicht. Oder sie stand in ihrem grünen Bademantel vor dem Fenster, schaute verloren in den Garten und weinte. Warum, wusste ich auch nicht. Hin und wieder unternahm ich einen Versuch, sie zu trösten, sie anzusprechen oder abzulenken. Ich wollte mit ihr im Garten spielen oder mit ihr spazieren gehen, aber jedes Mal wandte sie sich ab und verwies auf Opa. Keine Umarmung, keine Nähe. Mein Opa fing dieses Defizit mit Wärme auf. Von ihm fühlte ich mich angenommen und geliebt.

Manchmal spielte Mutter Klavier und sang. Sie war Sopranistin und liebte Lieder, vor allem von Franz Schubert oder Hugo Wolf. Früher hatte sie mit diesen Liedern Konzertreisen zur Truppenunterhaltung gemacht. Bei einer dieser Reisen hatte sie meinen Vater kennengelernt. Jetzt spielte sie mir etwas vor. Nach jedem Lied schaute sie mich mit hungrigen, traurigen Augen an. Ich sollte das eben Gehörte schön finden, sie loben. Ich fand diese Lieder aber einfach langweilig bis scheußlich,

ich konnte absolut gar nichts damit anfangen. Aber damals rang ich mir irgendein »Hm ..., schön« ab. Das beruhigte sie. Und sie lächelte ein bisschen.

Opa war ein Choleriker der reinsten Art und konnte sehr rüde mit meiner Mutter und meiner Oma umgehen. Vielleicht weinte sie auch deshalb. Immer wenn etwas nicht so lief, wie er es wollte, knallten sämtliche Türen, dass man es bis auf die Straße hörte. Er schrie und legte sich dann zwei Tage lang ins Bett. Zwei Tage! Nicht ansprechbar. Stur. Man durfte ihm nichts zu essen bringen. Keiner durfte ihn stören. Keiner durfte in sein Zimmer. Selbst ich nicht. Alle schlichen auf Zehenspitzen durchs Haus. Oma musste auf dem Sofa im Wohnzimmer schlafen. Auch ich traute mich nicht zu ihm. Eiszeit. Am dritten Tag stand er morgens wieder auf wie immer und tat, als wäre nichts gewesen. Alle waren erleichtert, aber gesprochen wurde nie darüber, jedenfalls nicht in meiner Gegenwart. Gott sei Dank war ich nie die Ursache für seine Ausbrüche.

Ein großes Glück in meiner Kindheit war ein Kino, das ganz in unserer Nähe lag. Nachdem ich sechs Jahre alt geworden war, besuchte ich so viele Vorstellungen, wie ich konnte. Wenn das Taschengeld nicht reichte, nahm ich den Rest heimlich aus Opas Geldbörse. Ob er es je bemerkt hat, weiß ich nicht. Ich weiß nur, dass ich im Tarzan-Film die erste nackte Frau meines Lebens gesehen habe. Meine Güte, war das aufregend! Eigentlich war der Film erst ab zwölf, aber irgendwie hatte ich mich, angestachelt durch ältere Jungen, reingeschummelt. Nacktheit war ein absolutes Tabu in meiner Familie, und da schwamm Jane völlig nackt von links nach rechts über die Leinwand. Diesen Film habe ich mehrmals angeschaut, weil er mich ziemlich neugierig auf das weibliche Geschlecht machte. Das musste ich genauer wissen!

Ich war zehn Jahre alt, als wir nach Hamburg zogen. Eine neue Volksschule für zwei Monate, daneben die Prüfung fürs Gymnasium. Alles klappte so leidlich. Aber ich vermisste meinen Großvater. Mit wem sollte ich reden, meine Probleme besprechen? Mein Vater war sehr streng, autoritär. Er redete tagelang nicht mit mir, wenn ich etwas »falsch« gemacht hatte. Entsprechendes kannte ich ja schon von meinem Opa ... Aha, so lösen Männer also Probleme? Mit Schweigen?!

Meine Mutter taute in Hamburg zwar langsam aus ihrer Ohnmacht auf, aber ich hatte immer das Gefühl, ich müsste sie unterstützen. Ich war traurig. Allein. Ohne meinen Großvater schien mir das Leben nicht lebenswert. Als ich 15 oder 16 Jahre alt war, starb er, jetzt konnte ich nicht einmal mehr die Ferien in seiner Nähe verbringen.

Meinem Vater täuschte ich vor, dass ich sehr interessiert an neuen gymnasialen Lernbereichen sei. Ich dachte, dann würde er mich sicher mögen. Er sollte auf keinen Fall merken, wie langweilig ich die Schule fand. Hat er auch nicht. Aber es war demzufolge kein Wunder, dass ich zweimal sitzen blieb. Schule war eine Tortur für mich, es war grauenvoll, lediglich die letzten drei Jahre auf dem musischen Zweig mit Zeichnen und Malen als Hauptfach waren einigermaßen erträglich. Aus Angst, etwas Falsches zu sagen und ausgelacht zu werden, beteiligte ich mich nie am Unterricht. Ganz schlimm war es, wenn ich aufgerufen wurde und an die Tafel musste. Wie der Gang zur Guillotine. »Robert, dann zeig du uns doch mal, wie das geht!«

Ich wusste es nicht. Ich hatte meine Hausaufgaben nicht gemacht. Diese Matheaufgabe an der Tafel war für mich unlösbar. Verlegen schlich ich nach vorn. Wie konnten drei Brüche multipliziert werden? Ach ja, erst gleicher Nenner, und was dann? Die Klasse johlte schon. Alle weideten sich an meiner Unwissenheit. Ich schrieb irgendeine vermutete Zahl hin. Nenner 24. Schallendes Gelächter. Ich war schweißgebadet.

»Wie wär's mit Nachhilfe? Wer kann helfen?«

Ein Klassenkamerad, nicht gerade mein Freund, löste es mit links. Ich stand doof daneben.

»Ja, das sieht nicht gut aus für dich, Robert. Setz dich.« Der Lehrer schrieb irgendwas in irgendein Heft.

Glücklicherweise hatte ich in den letzten drei Klassen einen sehr liebevollen Klassenlehrer, der mich akzeptierte, wie ich war. Ohne ihn hätte ich das Abitur nie geschafft. Ich bin sicher, alle meine Lehrer haben vereint mitgeholfen, dass ich endlich die Schule verlassen konnte. Ich war schließlich überfällig.

Jetzt half nichts mehr, ich musste mich für einen Beruf entscheiden. Da der Zeichenunterricht mein Überleben in der Schule gesichert hatte, wollte ich erst einmal weiter zeichnen. Eine Grafikerausbildung schien mir ziemlich geeignet. Das kam mehr aus dem Kopf als aus dem Herzen. Ich bewarb mich an einer Hamburger Grafikschule, wurde angenommen und begann verhalten mit dem Studium. Freude kam nicht wirklich auf.

Ein Lichtblick während meiner Schulzeit war der Jugendring, über den man verbilligte Veranstaltungskarten bekam. Sooft ich welche ergattern konnte, war ich im Theater. Am liebsten verbrachte ich meine Freizeit im Deutschen Schauspielhaus oder im Thalia Theater, dort fühlte ich mich zu Hause. Ich hatte Bilder von Ulrich Haupt, Will Quadflieg, Richard Münch und Heinz Reincke aus den Programmheften ausgeschnitten. Das waren die Idole meiner Jugendzeit. Riesenplakate in der heutigen Form gab es noch nicht. Auf die Idee, selbst Schauspieler zu werden, kam ich nicht. Zu groß war meine Bewunderung und Hochachtung für diese Künstler.

Drum Fever

Ein Schulfest im Gymnasium. Eine Schülerband spielte, die Jungen waren bereits in der Oberstufe. Ich war fasziniert davon, wie durch verschiedene kleine Verstärker ein immenser Sound entstand. Rock 'n' Roll vom Feinsten. Songs von Chuck Berry, Elvis, den Everly Brothers und anderen. Es hörte sich fast so gut an wie auf einer Platte. Fast.

Vor allem die Drums, wow! Ich starrte wie gebannt. So was hatte ich noch nie aus der Nähe gesehen. Sie hörten sich gigantisch an, sahen phänomenal aus und versprachen überdurchschnittlichen Erfolg bei den Mädchen – das war mein Instrument!

Auf der nächsten Klassenreise hatten zwei Jungen ihre Gitarren dabei. Und sie spielten Skifflesongs von Lonnie Donegan. Ich war animiert, überwand meine Schüchternheit, schnappte mir aus der Jugendherbergsküche einfach einen Eimer und trommelte mit. Die Jungen fanden das super, mit der Betonung auf zwei und vier konnte nicht viel schiefgehen. Mir gelang sogar ein kleines Trommelsolo. Die Klasse freute sich, sang mit. Ein Waschbrett wurde aufgetrieben, und die Rhythmen purzelten mir aus den Händen.

Ich fühlte mich großartig. Endlich war mir mal was Tolles gelungen. Ein grandioses Erfolgserlebnis.

Diese Klassenreise war der Beginn. Ein Schlagzeug musste her oder zumindest einige Basisteile desselben. Meine Eltern hatten Angst vor der Lautstärke, Angst vor den Nachbarn. Wir wohnten in einem ziemlich hellhörigen Haus im zweiten Stock, sie stellten sich meinem Wunsch vehement entgegen. Irgendwie konnte ich es verstehen, aber nicht wirklich.

»Lern lieber Klavier spielen. Wir haben doch diesen schönen Flügel!«

»Nö.«

Dazu hatte ich nun überhaupt keine Lust. Durch die langweiligen Gesangsübungen meiner Mutter mit Klavierbegleitung war der Flügel für mich zu einem persönlichen Störfaktor geworden, dem ich rein gar nichts abgewinnen konnte.

Gott sei Dank hatte ich zu der Zeit noch meinen Opa. In den nächsten Ferien fuhr ich zu ihm und ließ ihn an meiner Begeisterung teilhaben.

Er hörte sich geduldig meine Sehnsucht an, seufzte mehrmals tief, dachte nach und meinte schließlich: »Komm mal mit, mien Jung, ich weiß was. Wir besuchen einen alten Kameraden.«

Seine alten Kameraden waren Überlebende des Ersten Weltkriegs. Oft und gern hatte ich meinen Opa zu den Treffen mit seinen Kameraden begleitet, denn ich bekam dort immer eine Zitronenbrause zu trinken. Etwas ganz Besonderes. Hochgefühl. Die Gespräche der acht oder neun Männer waren für mich ziemlich langweilig. (Heute würde ich allerdings ein Band mitlaufen lassen.) Der eine alte Kamerad war tatsächlich Inhaber eines Musikgeschäftes. Er rüstete die örtliche Blaskapelle aus. Von einem Schlagzeug beziehungsweise Drumset hatte er noch nichts gehört, aber er hatte – eine Marschtrommel. Opa zückte sein Portemonnaie, und ich war happy. Mir war völlig egal, auf welcher Trommel ich anfangen würde zu lernen. Hauptsache, es war endlich ein Instrument da.

Unverzüglich wollte ich nach Hause und loslegen, doch ich hatte es schon befürchtet: Zuerst gab es noch ein längeres Gespräch zwischen den beiden alten Kameraden. Ich bekam mit, dass es sich um eine Schlacht bei Verdun handelte und dass sie beide etwas Französisch gelernt hatten. Immerhin konnten sie bis vier zählen, nämlich: »Un, dö, katre, keng.«

Sie wiederholten es immer wieder: »Un, dö, katre, keng.« Und freuten sich diebisch über ihre enormen Fremdsprachenkenntnisse.

Ich war unruhig, mimte freundliches Interesse, lachte mit. Dass sie die »troi« vergessen hatten, teilte ich ihnen nicht mit, das hätte die Situation unnötig verlängert. Irgendwann waren wir trotzdem zu Hause, ich griff zu meinen Stöcken und war nicht mehr zu bremsen. Endlich! Oma und Opa liefen sofort in die nächste Apotheke und besorgten sich Ohrenstöpsel. Meine Seele wurde weit. Ich war glücklich!

Wieder in Hamburg wurde ich mit meiner kostbaren Fracht sofort und ultimativ in den Keller verbannt. Mit den verständnislosen Nachbarn wurden nach einigem Hin und Her Übungszeiten vereinbart. Ich weiß noch genau: Montag und Donnerstag jeweils von fünfzehn bis sechzehn Uhr. Ich übte. Autodidaktisch. Versuchte, Songs aus dem Radio mitzuspielen. Hörte mit stundenlanger Geduld das Schlagzeug heraus und spielte es nach. Aber es fehlten wesentliche Teile des Instruments. Ich sparte mein Taschengeld, bis es für eine Hi-Hat reichte, ein Becken-Paar, das per Pedal bedient wurde. Klang schon besser. Fortschritt. Neben der Schule arbeitete ich in einem Lebensmittelgeschäft, füllte die Regale auf, trug Waren aus und – kaufte ein Schlagzeug-Becken.

An meinem 14. Geburtstag geschah ein Wunder: Mein Vater hatte nach einem halben Jahr erkannt, dass mein Trommeln sich zu einer Leidenschaft entwickelt hatte, die nicht mehr zu bremsen war. Er fuhr mit mir in ein Musikgeschäft und schenkte mir ohne Kommentar, einfach so, ein Sonor-Schlagzeug, komplett mit Snare, Bass Drum, Tomtom, Standtom, Becken, einem richtigen Drummersitz und allem, was sonst noch so dazugehörte. Ich konnte es kaum glauben.

Aber damit nicht genug. Er hatte noch eine Überraschung vorbereitet: Weiter ging es zum NDR in die Rothenbaumchaussee. Wir stürmten in ein leeres Aufnahmestudio. Big-Band-Instrumente standen herum, und hinter einem Trixon-Schlagzeug saß mutterseelenallein der Schlagzeuger des NDR-Unterhaltungsorchesters. Er stand auf, begrüßte meinen Vater herzlich. Es stellte sich heraus, dass dieser Freund eine Gruppe von Nachwuchstrommlern unterrichtete.

»Setz dich mal ran und leg los«, forderte er mich auf.

Mein Herz schlug bis zum Hals. Ich hatte eine trockene Kehle, hustete verlegen. Er drückte mir seine Stöcke in die Hand.

»Trau dich!«

Jetzt musste ich Farbe bekennen. Ich saß hinter dem für mich damals unüberschaubaren, mit allen Raffinessen ausgestatteten Set und wusste nicht, wie loslegen.

»Genieße es«, rief er.

Ich begann, einen Rhythmus zu erzeugen. Es gelang so gut wie gar nicht, war furchtbar, hölzern, langweilig, unstimmig.

»Stopp!«

Ich hörte nichts, zu laut schlug ich zu, teilweise aus Frust, da nichts funktionierte.

»He, stopp mal. Ich weiß, was los ist!«

Ich war erschrocken, dachte schon, er hätte die Nase voll von mir.

»Ich merke, du bist Linkshänder, da müssen wir was umstellen!«

Die Drums wurden umgestellt, und jetzt lief es rund. Einige ganz gute Schläge gelangen.

»Weiter!«

Allmählich kam ich rein.

Schließlich unterbrach er: »Stopp, okay, nicht unbegabt. Wir können anfangen. Nächste Woche kommst du in die Gruppe. Notenblatt mitbringen.«

Ich war das, was man heutzutage als *geflasht* bezeichnen würde. Das hatte mein Papa für mich getan, das hatte er für mich eingefädelt! Ich war sprachlos, musste meine Tränen zurückhalten. Ich umarmte ihn, bedankte mich aus tiefster Seele. Auch er war gerührt. Zum ersten Mal gab es zwischen uns eine Art Einklang der Herzen.

Tatsächlich zum allerersten Mal, denn unser Verhältnis war von Anfang an seltsam belastet. Ich hatte ihn ja erst mit fünf Jahren kennengelernt, als er 1950 aus russischer Gefangenschaft zurückgekehrt war. Plötzlich stand da ein ewig langes, abgemagertes und verdrecktes Wesen im Wohnzimmer, und meine Mutter sagte: »Das ist dein Vater.«

Ich war verwirrt. Nie war in meiner Gegenwart von einem Vater gesprochen worden. Er existierte für mich überhaupt nicht, und plötzlich war dieser Vater-Mensch einfach da. Wozu brauchte man überhaupt einen Vater? Ich hatte doch meinen Opa!

Meine Mutter dagegen lachte, steckte mich zusammen mit ihm in eine Badewanne. Ich fühlte mich überhaupt nicht wohl, nur überfordert. Nackt mit einem Fremden in der Badewanne. Was sollte das? Es sollte uns wohl miteinander vertraut machen, aber ich schämte mich nur.

Ich kann mich kaum an Erlebnisse erinnern, die mit meinem Vater zu tun hatten. Vielleicht hat er sich sogar bemüht, eine Beziehung zwischen uns aufzubauen, aber diese Stelle war durch Opa bereits komplett ausgefüllt.

Das muss für ihn enttäuschend und schmerzhaft gewesen sein. Das Gefühl der Fremdheit blieb bis zu seinem Tod. Es gelang uns nicht, ein anhaltendes herzliches Gefühl füreinander zu entwickeln. Trotz mancher Versuche von beiden Seiten.

Mein Bruder wurde neun Monate nach der Rückkehr meines Vaters geboren. Die beiden hatten von Anfang an eine ganz andere Vater-Sohn-Beziehung. Kein Wunder, mein Vater hat ihn ja auch als Baby erlebt und aufwachsen sehen.

Er hat nie über seine Kriegserlebnisse gesprochen. Ich spürte nur immer seinen verzweifelten Versuch, die Bilder nicht hochkommen zu lassen. Meine Mutter erzählte mir später, dass er nachts oft geträumt und dabei geredet oder auch geschrien hatte. Auch auf direkte Nachfragen erzählte er nie etwas. Sein gereizter Kommentar war immer wieder: »Darüber rede ich nicht. Ich hasse es, wenn andere von ihren großartigen Erlebnissen erzählen und sich als große Helden darstellen. Die sollen lieber ihren Mund halten.«

Er saß auf einem riesigen Aggressionspotenzial.

Als mein Vater zehn Jahre alt war, starb seine Mutter und er wurde in ein Jesuiteninternat gesteckt. Dort legte er ein super Abitur hin, sagte er jedenfalls, sollte Priester werden, entschied sich aber für ein Ingenieurstudium. Doch der Krieg brach aus, er wurde eingezogen, und nun war er zu alt für die Fortsetzung des Studiums. Es hieß: Jetzt sind die Jungen dran. Er war Anfang dreißig. Das war eine fürchterliche Ablehnung für ihn, denn seinem Gefühl nach hatte er für Deutschland den Kopf hingehalten, fünf Jahre russische Gefangenschaft überlebt, und als Dank bekam er keinen Studienplatz. Eine grenzenlose Demütigung. Er begann zu trinken. Er trank eigentlich immer.

Ein Freund, der für die Oldenburger Nordwest-Zeitung journalistisch arbeitete, verschaffte ihm einen Job als Volontär. Er arbeitete jeden Tag sehr lang, ich bekam ihn kaum zu Gesicht. Durch Learning by Doing wurde er ein anerkannter Journalist und ging einige Jahre später zu Axel Springer. Das bedeutete für uns alle: Umzug nach Hamburg. Da war ich zehn Jahre alt.

Doch jetzt hatte mein Vater mich mit einem wunderbaren Schlagzeuglehrer zusammengebracht. Ich wurde ein äußerst gelehriger Schüler, obwohl ich mit seiner Musikrichtung nichts anfangen konnte. Er liebte und spielte nämlich Tanz- und Unterhaltungsmusik. Ich wollte selbstverständlich Rock 'n' Roll spielen. Nach einiger Zeit merkte er meine leise Ablehnung.

»Ich spiele dir alles, glaub mir, ich kann alles spielen«, meinte er. »Aber spiel doch das erst mal.«

Er zeigte mir die Noten irgendeines Benny-Goodman-Songs. Ich sah hin, ja, das war wirklich verzinkt und herausfordernd.

»Mit dieser Musik der großen amerikanischen Bands bin ich groß geworden. Swing ist mein Leben.«

»Okay«, sagte ich, »versteh ich, ist ja auch nicht schlecht. Aber ich möchte viel lieber Rock 'n' Roll spielen!«

»Okay, das akzeptiere ich«, sagte mein Schlagzeuglehrer. »Trotzdem bleiben wir erst mal bei den Grundrhythmen des Swing. Aber pass genau auf: Der Drummer ist der Herzschlag einer Band. Er gibt das Tempo vor, und er hält es, egal was passiert. Alle müssen sich darauf verlassen können.«

Das gefiel mir allerdings.

»Denk immer daran: Drumming ist nie Solo, außer du spielst eins, nie Ego. Du fügst dich ein, du dienst dem Gesamtsound. Immer im Hintergrund, aber unverzichtbar. Du trägst die anderen.«

Die strikten Übungszeiten zu Hause nervten mich. Ich sparte für ein Practical, ein Übungsschlagzeug mit Gummiflächen. Damit konnte ich spielen, wann immer ich wollte. Mein Lehrer war sehr streng. Technisch und musikalisch war er nicht zu überbieten. Er bestand beispielsweise auf dem traditionellen Griff für die Stöcke. Oder er ordnete ständiges Üben von Paradiddles und sämtlichen Betonungsmöglichkeiten der Triolen an. Und ich sollte erst einmal sämtliche Grundrhythmen erfassen: Swing, Shuffle, Sechsachtel- und Dreivierteltakt. Außerdem das Ungleichgewicht zwischen linker und rechter Hand ausbügeln.

Drums, das war meine Welt. Die erste Schülerband wurde gegründet. Wir spielten alles nach, was uns gefiel und was wir hinbekamen. Die Wochenenden verbrachten wir im Star-Club oder im TopTen auf der Reeperbahn, um uns von den englischen Livebands Anregungen und Ansporn zu holen. Leider habe ich die Beatles dort nie gehört.

Wir übten in der Schule und in irgendwelchen Kellern. Die ersten Auftritte kamen, mehr oder weniger erfolgreich. Wir spielten im Grünspan. Wurden Zweiter beim Schülerband-Festival im Star-Club. Parallel zu uns gab es eine Band, die im Star-Club regelmäßig auftrat: The Rivets. Sie boten mir an, als Schlagzeuger einzusteigen, aber ich war unentschlossen. Sie wollten nämlich richtige Profis werden, also Schule schmeißen und auf Tour gehen. Sie hatten durchaus Chancen, ähnlich wie die Lords damals, hatten bereits eine oder zwei Platten auf dem Markt, komponierten selbst. Ich war mir aber nicht sicher, ob Musiker wirklich mein Beruf werden sollte.

Allerdings hatte ich die Schule wieder komplett vernachlässigt und blieb zum zweiten Mal sitzen. Dieses Mal musste ich die elfte Klasse wiederholen. Meine Eltern waren sehr tolerant, sie schimpften nicht, halfen mir, die Schule zu wechseln und die Oberstufe auf einem musischen Gymnasium zu überstehen. Da ging es mir besser. Mein Klassenlehrer war so etwas wie ein Laienspielpapst, er schrieb Theaterstücke und inszenierte sie mit Schülern, ich probierte mich aus. Das Spielen machte mir großen Spaß, aber auf die Idee, es zu meinem Beruf zu machen, kam ich noch nicht.

Nach meinem Abitur zog meine Familie nach München. Mein Vater hatte die Außenredaktion der *Hörzu* übernommen. Zum Abschied schenkte mir mein Schlagzeuglehrer sein komplettes Drumset. Er hatte sich eine neuere Version zugelegt. Ich war zutiefst gerührt. Mit dem überragenden Sound dieses Sets hatte ich in München in kürzester Zeit eine Band gefunden. Sie hatten einen afroamerikanischen Sänger, und wir traten meistens in den Klubs der amerikanischen Kasernen auf. Eine unvergessliche Zeit. Wir spielten alle bekannten Motown-Titel. In den Pausen gab es echte, frisch gebratene Hamburger. Mir läuft noch heute das Wasser im Mund zusammen, wenn ich daran denke. Dazu ein kaltes Bier. Einfach unwiderstehlich.

Meine Liebe zu den Amerikanern wuchs. Der Humor, die Leichtigkeit, ich wollte unbedingt in die USA reisen. Aber das sollte noch dauern.

Als ich nach dem Abitur auf die Schauspielschule ging, lief die Musik noch parallel, und ich konnte das Schulgeld davon bezahlen. Doch als das erste richtige Engagement kam, war Schluss mit lustig: Die Drums wurden verkauft.

Nichtsdestotrotz: Mein Interesse für das Schlagzeug ist geblieben. Wenn ich heute in irgendeiner Stadt an einem Musikgeschäft vorbeikomme, drücke ich mir immer noch die Nase platt. Ich will die neuesten Kreationen und Verbesserungen der Drums sehen. Und wenn die Sehnsucht überhandnimmt, schaue ich auf YouTube »Drummerworld«.

Mit diesem Schauspieler kann ich nicht arbeiten

In Hamburg hatte ich nach dem Abitur ein Grafikstudium begonnen, das wollte ich in München fortsetzen. Aber das einsame Sitzen vor einem leeren Blatt Papier gefiel mir nicht wirklich. Beim Zeichnen bist du immer allein. Ich war schüchtern, wollte raus aus dieser Einsamkeitsfalle, war neugierig aufs Leben. Vielleicht doch die Schauspielerei?

Das Schicksal half. Eines Abends brachte mein Vater Wolfgang Reichmann mit in unsere Wohnung, um ihn zu interviewen. Ich hatte ihn schon einige Male im Fernsehen gesehen, als Othello etwa oder als Lenny in *Von Mäusen und Menschen*. Ein wunderbarer Mensch. Das war eine günstige Gelegenheit. Ich vertraute mich ihm an. Er meinte, so einfach könne er nicht beurteilen, ob das etwas für mich sei. Deshalb trafen wir uns an einem der nächsten Tage in der Wohnung einer befreundeten Schauspielerin. Er ließ mich die Suchsituation »Portemonnaie weg« improvisieren. Es machte Spaß, und er war wohl ganz angetan, denn er empfahl mich seiner Kollegin. Ich nahm ein paar Stunden bei ihr, bis ich an der Falckenberg-Schule vorsprechen konnte.

An anderer Stelle erzähle ich, warum ich diese Schule schnellstens wieder verließ und auf einer Privatschule landete, nämlich auf der Neuen Münchner Schauspielschule. Dort platzte eines Tages meine Schauspiellehrerin Ali Wunsch mitten in eine Rollenstunde.

»Robert, kommst du mal?«

Schreck lass nach. Wieso ich? Der Unterricht wurde unterbrochen.

»Gehen wir nach nebenan.«

Ich folgte ihr irritiert. Es klang nach einer Übeltat. Hatte ich etwas falsch gemacht? Aber was? Irgendjemand hatte einen anonymen Liebesbrief an die Chefin geschrieben, und es ging das idiotische Gerücht herum, ich sei das gewesen. Völliger Quatsch, ich war doch an einem ganz anderen Mädchen interessiert. Glaubte meine Lehrerin das etwa auch? Das konnte ja wohl nicht wahr sein, an älteren Damen war ich nicht so sonderlich interessiert.

»Ich habe gerade einen Anruf vom Residenztheater bekommen.«

Der besagte Brief war es also nicht.

»Die sind in den Endproben von Schillers *Räubern*, mit Martin Benrath und Helmut Griem. Von den Räubern, also von den Rollen ohne Text, ist plötzlich einer wegen Erkrankung ausgefallen, und die brauchen Ersatz. Ich denke, du könntest das.«

»Wirklich?«

»Geh sofort hin und stell dich vor.«

»Jetzt?«

»Ja, beeil dich, ich habe dich vorgeschlagen, die proben seit zehn Uhr. Je schneller du da bist, desto besser. Premiere ist in sieben Tagen!«

»Danke! Toll!«

Ich rannte los. Das Residenztheater war mit der U-Bahn von Schwabing aus leicht zu erreichen. Der Pförtner wusste schon Bescheid und alarmierte den Regieassistenten. Ich war sehr aufgeregt, hatte den größten Respekt und auch Angst vor den großartigen, bekannten Schauspielern.

Der Assistent meinte: »Sei ganz leise. Du weißt ja, wir haben nicht mehr viel Zeit. Ich stelle dich gleich in die Reihe der Räuber, die sind mitten in einer Probe. Allererster Durchlauf. Du kennst ja das Stück!«

Ich kannte es nicht, aber ich ließ ihn in seinem Glauben.

»Griem wiederholt gerade einen seiner Monologe.«

Obwohl ich so viel Theater gesehen hatte, waren mir Schillers *Räuber* nie untergekommen. Der Assistent schummelte mich an die vierte Stelle in einer Reihe Kleindarsteller. Es waren zehn Räuber, teilweise kostümiert, mit Messern oder Degen ausgestattet. Er wollte die Einwechslung ohne großes Aufsehen durchführen. Also sagte er niemandem etwas, ich war plötzlich einfach da.

Griem war für mein Empfinden richtig gut. Ich war beeindruckt. Einen so hervorragenden Schauspieler hatte ich noch nie aus der Nähe erlebt. Solche gekonnten Wutausbrüche gab es auf unserer Schauspielschule nicht. Die Rede war intelligent und durchdacht aufgebaut, mit lauten und dezenteren Momenten. Griem benutzte die komplette Probebühne, ging die ganze Räuberreihe auf und ab und schaute jedem von uns mitten ins Gesicht. Auch ich war dran. Das irritierte mich, denn ich wusste nicht, wie ich zurückgucken sollte. Ich wusste ja überhaupt nicht, worum es ging. Er zögerte kurz, dann ging er weiter, setzte den Monolog fort, schreiend oder auch wimmernd. Dann kam er wieder zurück in meine Richtung. Einer nach dem anderen wurde mit fordernden Vorwürfen dem Stück entsprechend bedacht. Vor mir blieb er stehen. Stockte. Brach ab. Wie hätte ich denn schauen sollen? Wütend, betroffen, erstaunt oder verblüfft? Keine Ahnung! Eins war klar, mein Blick war falsch.

Griem schaute zum Regisseur und rief laut zu ihm hinunter: »Mit diesem Schauspieler kann ich nicht arbeiten!«

Stille. Mir stockte der Atem. Ich bekam Herzrasen und wusste nicht, was ich machen sollte. Am liebsten wäre ich im Erdboden versunken.

Regisseur Hans Lietzau rief von unten: »Jetzt beruhige dich mal, Helmut. Der ist heute eingesprungen. Ganz neu. Das wird schon.«

Ich stand mit knallroter Birne da. Sagte gar nichts. Nur ganz leise nach ein paar Sekunden: »Ja, äh ...Tut mir leid.«

»Die Szene machen wir morgen noch mal, und Sie ... wie heißen Sie eigentlich?«, fragte der Regisseur.

Ich räusperte mich: »Hrrrkr ... Robert Atzorn.«

»Ja, also, Sie ... Herr ... äh ...? Sie bereiten sich bis morgen vor.«

»Ja, klar, mach ich.«

»Helmut, wir wiederholen die Stelle. Mach das noch mal, allein. Mir ist aufgefallen, du bist immer noch zu schnell ... Versuch mal, die Erregung noch mehr nach innen zu nehmen ...!«

Ich war zunächst erlöst. Erleichtert verschwand ich mit den anderen Richtung Kantine. Ich stellte mich den Kollegen vor. Ich wurde nicht rausgeschmissen.

Der Assistent kam zu mir: »Ich hätte dich nicht so einfach reinstellen sollen. Das war falsch, Entschuldigung! Wenn wir das morgen wieder machen ... Es geht um Folgendes ...«

Er umriss das Thema, ich ging mit dem Textbuch aufgeregt nach Hause, las die Fassung über Nacht, und von der nächsten Probe an lief alles wie geschmiert. Ich fand mich schnell in das Konzept ein. Es gab jede Menge Gruppenauftritte, meist mit kämpferischem Gesang. Die Vorstellung wurde ein großer Erfolg. Sogar mit mir als viertem Räuber.

Und es ging weiter: Wir gastierten mit den *Räubern* in Moskau. Die Russen nahmen uns herzlich auf. Nach der gelungenen Premiere wurden mehrere Reden über den fruchtbaren Kulturaustausch gehalten, wir beklatschten uns gegenseitig und es gab jede Menge zu essen und zu trinken. Besonders zu trinken. Wodka im Übermaß. Daneben Kaviar. Einige tranken hemmungslos.

Die Räuberbande schlief jeweils zu zweit in einem Doppelzimmer. Die Schauspieler mit den großen Rollen hatten natürlich Einzelzimmer. Ich teilte mir mit einem gleichaltrigen Jungschauspieler, einem riesigen Bodybuilder, das Zimmer. Er hatte exzessiv getrunken. Zwei Stunden nachdem ich aufs

Zimmer gegangen war – ich schlief schon –, riss er die Tür auf und versuchte, sich wankend zurechtzufinden. Er zog sich erst gar nicht aus, peilte gleich sein Bett an. Dabei stolperte er über einen Stuhl und stürzte neben das Bett. Sein Kopf streifte die metallene Bettkante. Das hörte sich nicht gut an. Unter Stöhnen rappelte er sich halb hoch, Gott sei Dank blutete er nicht. Mühsam hielt er sich am Bettrahmen fest, rülpste mehrmals laut, würgte, schluckte Verdächtiges wieder runter, schnappte nach Luft und richtete dann den Blick aufs Zielgebiet Bad. Ein Ansatz in die Richtung gelang ihm noch, doch schlagartig entlud sich das nicht mehr Festzuhaltende. Er übergab sich mehrmals auf den Boden. Bei dem Versuch, doch noch das rettende Ufer zu erreichen, rutschte er aus und landete kopfüber in der Suppe. Er kam nicht mehr hoch. Alles stank. Erst mal Fenster auf. Ich habe keine Ahnung, wie es mir gelang, diesen Hünen ins Bett zu hieven. Ich konnte nicht mehr schlafen, er röchelte unregelmäßig, dann eine beängstigend lange Stille, also Atemlosigkeit. Ich fürchtete schon, er würde ersticken. Sollte ich vielleicht einen Notarzt holen? Aber ich sprach kein Russisch ...

Irgendwann, gegen fünf Uhr morgens, wurde mein Zimmergenosse wach und registrierte, was los war. Ich glaube, er schämte sich. Verzweifelt versuchte er, alles zu reinigen. Das Wasser im Bad lief ununterbrochen. Ich stellte mich schlafend, irgendwann schlief ich tatsächlich ein.

Am nächsten Abend trank er wieder, allerdings verhaltener. Wollte alles wiedergutmachen, entschuldigte sich und lud mich auf einen Wodka ein. Dankend lehnte ich ab.

Zurück in München lief das Stück weiter. Das war ein schönes Taschengeld neben der Schauspielschule. Zwischen unseren Auftritten hatten wir während der Vorstellung lange Wartezeiten. Einige lasen, manche unterhielten sich, andere, auch ich, spielten Tischtennis. Bei den Turnieren schnitt ich gar nicht schlecht ab. In einer der letzten Vorstellungen passierte es dann: Der Inspizient hatte uns schon auf die Bühne gerufen, wir hatten noch bis zur letzten Sekunde um einen Turniersieg gekämpft. Mittendrin, so ein Mist, mussten wir abbrechen und rasten geräuschlos auf die Bühne. Das Stück fand auf einer Schräge statt, die sich quer über die ganze Bühne zog. Hinten war sie sicher drei Meter hoch, zur Rampe hin dann abgesenkt. Griem hielt gerade den Monolog, der einst so ungut für mich geendet hatte. Wir Räuber waren alle in Habachtstellung und warteten auf das Stichwort, bei dem wir mit erhobenen Armen in Jubelgeschrei ausbrechen sollten. Das Stichwort kam, wir schrien, rissen unter lautem Gegröle die Hände aus den Hosentaschen – doch was war das denn? Nein, nein, nein, bitte nicht, ein Tennisballhopser-Geräusch – nein, stopp, oh Gott, nein! Einer der Bälle hatte sich wohl in der Hand meines Nachbarn verklemmt, er wurde mit aus der Hosentasche gezogen, fiel auf den Bühnenboden und hüpfte lautstark von ganz hinten – hops, hops, hohohops, kuller, kuller, kuller – über die schiefe Ebene ins Publikum. Das Geschrei war allen im Halse stecken geblieben. Stille. Das durfte doch nicht wahr sein! Das war auf offener Bühne passiert? Alle standen unter Schock.

Und noch jemand stand unter Schock: Helmut Griem. Er hatte einen Hänger. Totale Irritation. Er wusste nicht, wie er reagieren sollte. Im Publikum erst Starre, dann Lacher. Griem war außer sich wegen dieser maßlosen Dämlichkeit. Aber er fing sich nach ein paar Sekunden wieder, es blieb ihm ja auch gar nichts anderes übrig. Er baute seine persönliche Wut in die Rede ein und schmetterte den Rest als Kanonade in Richtung Publikum. Szenenapplaus! Es folgte unser planmäßiges Jubelgeschrei.

Ab sofort wurde das Tischtennisspielen strikt verboten.

»Welcher Idiot war das?«

Keiner verriet den Schuldigen. Einer für alle, alle für einen, wie es sich für eine richtige Räuberbande gehört. Doch intern wurde dieser Schlamassel dem Pechvogel noch lange unter die Nase gerieben. Ironische Bemerkungen bei jeder Vorstellung. Helmut Griem hatte sicher irgendwie herausbekommen, wer der Schuldige war, aber er verschonte ihn. Der Intendant Helmut Henrichs setzte für alle eine Ordnungsstrafe fest: zehn Mark. Sie wurde mit der nächsten Gage einbehalten.

Ich war begeistert, vor allem von mir selbst

Die Neue Münchner Schauspielschule war bereits meine zweite Schauspielschule. Mein zweiter ernsthafter Versuch, den Beruf des Schauspielers zu ergreifen. Der erste Versuch war gescheitert. An der berühmten Falckenberg-Schule hatte ich nach einem Tag Unterricht gleich wieder gekündigt. Die Aufnahmeprüfung lief relativ problemlos mit einem zweimaligen Vorsprechen, aber den Unterricht konnte ich nicht aushalten. Ich hatte das Gefühl, dass es nur darum ging, wer besser und wer schlechter war, keinesfalls um die Qualitäten des Einzelnen. Rivalität und gegenseitige Bewertung, also Kampf auf allen Ebenen, war schon am ersten Tag zu spüren. Gegenseitiges Mustern und Einschätzen. Spannungsgeladen. Bei unserer ersten Aufgabe, einer Improvisation, schnitt ich am schlechtesten ab, dachte ich jedenfalls. Aber nach acht Vorgängern fiel mir keine neue Variante des gestellten Themas ein. Ich kam zuletzt dran, sollte einen »Sommertag am Ufer« in Szene setzen. Ich war blockiert, hatte keine neue Idee. Darum ging ich einfach weg, mitten im Unterricht. Ich war der festen Meinung, ich hätte mich zu sehr mit Unbegabtheit blamiert.

Direktor Gerd Brüdern schrieb mir tags darauf einen Brief und bot ein Gespräch an. Aber ich wollte nicht reden, ich wollte aufgeben. Plötzlich hatte ich verstanden, dass die Beurteilung von außen ein Teil des Schauspielberufs ist und mehr als schmerzlich sein kann. Ich war zutiefst verzweifelt. Der Beruf könnte ja toll sein, aber ich fühlte mich zu mickrig. Zu schlecht. Einen anderen Berufswunsch hatte ich jedoch nicht. Leere.

Ich dachte daran, mich umzubringen; vielleicht nicht wirklich, aber ich sah keinen anderen Ausweg. Es gab keinen Menschen, dem ich diesen peinlichen Vorfall hätte schildern können. Also kaufte ich jede Menge rezeptfreier Schlaftabletten, schrieb einen unsentimentalen Abschiedsbrief und wanderte stundenlang mit den Tabletten in der Tasche an der Isar auf und ab. Keine Ahnung, ob diese zwei Röhrchen etwas gebracht hätten. Es kam glücklicherweise nicht dazu. Der Brief wurde von meiner Mutter auf meinem Schreibtisch gefunden. Mehrere erschrockene Menschen machten sich auf die Suche nach mir. Ein Kollege meines Vaters fand mich und holte mich aus meiner verzweifelten Sackgasse, indem er mir lange, wirklich lange zuhörte, nachdem ich es gewagt hatte, ihm mein Versagen zu offenbaren. Er machte mir klar, dass Niederlagen zum Leben gehören.

»Es geht nie nur steil aufwärts! Bei keinem Menschen.« Er brachte einige Beispiele aus seinem Leben. »Misserfolge sind die größten Chancen zum Lernen!«

Das beruhigte mich insoweit, dass ich mich leichten Herzens von den Tabletten trennte und sie in die Isar warf.

Vielleicht also doch mit Grafik weitermachen? Nach dem Abi war ich in Hamburg ein halbes Jahr lang auf die Kunstschule Alsterdamm gegangen. Ich hatte noch eine Mappe mit Zeichnungen und Bildern, die ich dort angefertigt hatte, und lief damit immer wieder um die Kunstakademie München herum. Wie geht das denn mit der Abgabe der Zeichnungen und Bilder? Wohin muss ich gehen? Ins Sekretariat? Ich traute mich nicht hinein und fuhr mit der Bahn wieder nach Hause. In Wirklichkeit wollte ich ja auch nicht unbedingt meine Zeit vor leeren weißen Blättern verbringen.

Welch ein Glück, dass ich meinen Frust bei zwei exzessiven, rockmäßigen Drum-Spektakeln in der amerikanischen Flint-Kaserne rausschmettern konnte. Fantastische Hamburger und sehr viel Bier schafften den Rest. Gott sei Dank musste ich nicht den Kleinbus der Band heimfahren. Als ich am nächsten Tag wieder einigermaßen wusste, wo oben und unten war, raffte ich mich auf und telefonierte mit der Schauspielerin, die mir vor der Falckenberg-Schule Unterricht gegeben hatte, der Kollegin von Wolfgang Reichmann. Sie war sehr mitfühlend, hatte sie doch selbst schon viele Enttäuschungen erlebt, und bot an, mir weiterhin Schauspielunterricht zu geben. Ich war glücklich und begann, wieder mit ihr zu arbeiten. Sie half mir, neue Rollen zu finden, knetete diese mit mir durch und riet mir nach ein, zwei Monaten, auf einer Privatschule bei ihr um die Ecke vorzusprechen. Inzwischen hatte sie mich so weit stabilisiert, dass ich mich dort tatsächlich zur Aufnahmeprüfung anmeldete.

Dort sah ich SIE zum ersten Mal. Wir hatten die Aufnahmeprüfung am gleichen Tag absolviert – und bestanden. Ich sah sie in irgendeiner Rolle – nicht besonders überzeugend, wie ich fand –, aber ihr Aussehen! Ich war paralysiert. In den folgenden gemeinsamen Rollenstunden lernten wir uns näher kennen. Vom ersten Moment an fand ich sie besonders. Sie war knapp 16 Jahre alt, ging noch zur Schule, durfte aber nebenbei die Schauspielausbildung machen. Bei den sogenannten Partnerübungen versuchte ich stets, in ihrer Nähe zu sein oder ihr Spielpartner zu werden. Leider klappte es nicht immer. Ich litt ein bisschen, denn es gab ja auch noch ein paar andere ansehnliche Schüler.

Trotzdem gelang es mir immer wieder, sie mit kleinen Aufmerksamkeiten zu umgarnen: Manchmal lud ich sie in ein Café ein oder holte sie vom Gymnasium ab und ging mit ihr in unsere Schauspielschule. Am Abend brachte ich sie galant nach Hause oder ging ins Kino mit ihr. Irgendwann gelang das erste Händchenhalten. Der erste Kuss. Ich war berauscht.

Das Unaussprechliche drängte und wurde stärker. Aber wo? Wir hatten kein Zimmer. Im Zimmer ihres Zuhauses waren die Wände zu dünn. Man fühlte sich ungeschützt. Bei mir war es indiskutabel, ich teilte ein Zimmer mit meinem kleinen Bruder. Damit das unvermeidbar Schöne endlich passieren konnte, überredete ich eine Schauspielkollegin, mir ihre kleine Schwabinger Wohnung für einen Nachmittag zu überlassen. Sie kam mit. Ein Gläschen Sekt oder zwei ... Es war unbeschreiblich. Sie war nackt noch viel schöner als Jane! Behutsam fiel ich auf sie drauf und in sie hinein. Ich war begeistert – von ihr, aber besonders von mir selbst. Ich wusste, diese Frau behalte ich, komme, was da wolle. Mit ihr wollte ich für immer zusammenbleiben.

Wir wurden beide zusammen an der Esslinger Landesbühne engagiert. Großer Sieg. Große Freude! Nach zwei Jahren Schauspielschule hatte ich nämlich gedacht, ich wüsste nun wirklich genug. Was sollte der Quatsch? Immer nur üben, üben, üben! Nein, Schluss! Es war Zeit für die Praxis, an einem richtigen Theater. Geld verdienen. Deshalb hatte ich mich ganz schlau bei einem Theateragenten um ein Engagement für uns beide bemüht. In aller Heimlichkeit. Unsere Lehrerin war entsetzt, als sie dahinterkam. Zutiefst beleidigt, dass so etwas hinter ihrem Rücken passiert war.

»Die Ausbildung ist ausgelegt auf drei Jahre! Ihr dürft das nicht!«, wetterte sie. Wir klappten die Ohren zu, verließen die Schule und waren nur glücklich. Endlich richtig auf einer Bühne stehen, das tun, wovon jeder junge Schauspieler träumt.

Mit der Eisenbahn fuhren wir nach Esslingen. Von heute auf morgen war es die schönste Stadt Deutschlands mit dem besten Theater der Welt geworden. Wir suchten eine kleine Wohnung. Woran wir überhaupt nicht gedacht hatten: der

Kuppelparagraf. Niemand wollte einem unverheirateten Paar eine Wohnung vermieten, erst recht nicht, wenn die Frau noch minderjährig war. Außerdem hörten wir immer wieder, wir seien viel zu jung und unsere Gagen viel zu gering, um damit eine Miete nebst Lebenskosten zu stemmen. Keiner wollte uns, es war extrem frustrierend. Nach mehreren Wohnungsbesichtigungen und ernüchternden Gesprächen saßen wir bei Flammkuchen und Federweißem in einer fürchterlich braven Gaststätte.

Sie meinte melancholisch: »Die letzte Wohnung hätte mir schon gefallen, oder die erste!«

»Ja, mir auch. Die erste mit dem Minibalkon fand ich auch super, sie war auch überhaupt nicht teuer.«

Wir knabberten den weichen Flammkuchen, er schmeckte so gar nicht.

»Wir müssen wohl zwei Apartments mieten. Oder wollen wir in eine Wohngemeinschaft?«

»Gibt's hier so was überhaupt?«

»Weiß ich nicht.«

»Ne, das find ich doof. Das kann ich nicht ... so mit anderen ... und alles teilen. Moment mal!« Ich strahlte sie an, mir war ein genialer Gedanke durchs Hirn geschossen. »Weißt du was? Weißt du, was wir machen?« Meine Stimme überschlug sich, so aufgeregt war ich.

»Ne, was denn?«

»Du, wenn das hier so spießig ist ... Wir wollen doch zusammen sein und Theater spielen, dann ... dann ... dann heiraten wir eben!«

»Was?!«

»Ja, wir heiraten!«

Sie schaute verblüfft. Offener Mund.

»Was hältst du davon?«

Ihre Gesichtsfarbe wechselte in leuchtendes Rosa. Sie musste dieses Angebot verarbeiten.

Ich schob nach, fühlte mich unbesiegbar: »Stell dir vor: Wir heiraten und können endlich machen, was wir wollen! Wir sind frei!«

»Frei! Tolle Idee!«, stimmte sie freudig zu. »Das machen wir! Ja! Super!«

Wir küssten uns.

»Morgen gehen wir zu der Vermieterin und teilen ihr mit, dass wir heiraten werden. Vielleicht kriegen wir die Wohnung.«

»Meinst du, die tut das?« Ein Hoffnungsschimmer.

»Keine Ahnung. Wir versuchen es.«

Die Vermieterin ließ sich nicht umstimmen, aber das war uns egal. Wir fuhren nach München mit diesem traumhaften Plan, der alles versprach.

Am nächsten Tag kaufte ich einen großen Blumenstrauß, zog das einzige Sakko an, das ich hatte, dazu ein weißes Hemd mit Fliege. So suchte ich die Wohnung der Angebeteten auf. Ihre Mutter öffnete, ließ mich ein und freute sich über die Blumen.

Außer mir vor Aufregung stammelte ich ganz förmlich, wie ich es in einem Film gesehen hatte: »Ich möchte Sie um die Hand Ihrer Tochter bitten.«

Die Mutter schmunzelte, der Antrag hatte wohl etwas von Opas Theater. Doch sie war gerührt und umarmte mich glücklich. Meine Eltern hatten auch keine Einwände, im Gegenteil, sie mochten dieses Mädchen. Also heirateten wir kurz darauf standesamtlich. Eine kleine Feier im engsten Familienkreis fand bei meiner Schwiegermutter statt. Meine junge Frau war stolz darauf, dass sie mit 17 Jahren die Erste in ihrer Schulklasse war, die heiratete. Von nun an war die Wohnungssuche in Esslingen kein Problem mehr.

In Esslingen erwartete mich meine erste Rolle. Meine Frau hatte, wie damals üblich, meinen Namen angenommen. Aus diesem Grund wollte das Theater nicht, dass wir gemeinsam in einem Stück spielten. Zweimal derselbe Name im Programm mache einen schlechten Eindruck, war die Ansicht. Sie bekam eine kleine Rolle in einem anderen Stück. Ich spielte »Volk« in einem Sternheim-Stück. Dabei musste ich in einer Versammlung einen Satz über alle hinwegschreien. Das Ergebnis war, dass ich jeden Abend nach der Vorstellung fast heiser nach Hause ging. Stimmübungen hatten noch nie zu meinen Lieblingsfächern gehört. Das rächte sich jetzt. Am nächsten Abend war die Stimme zunächst wieder da, hinterher wieder weg. Man besetzte mich dann im Weihnachtsmärchen als Hans im Glück, allerdings auf der wesentlich kleineren Studiobühne. Die Stimme hielt.

Der Intendant wollte nach Würzburg wechseln und nahm mehrere Schauspieler des Ensembles mit. Uns beide nicht. Enttäuschung! Doch mit Wolfgang Reichmanns Hilfe hatten wir glücklicherweise genau zu diesem Zeitpunkt im Züricher Schauspielhaus ein Vorsprechen und wurden genommen. Riesige Hochstimmung, das war ja noch viel besser! Ein legendäres Großstadttheater. Na, dann mal los!

Ein Altmeister wie Dürrenmatt sagt nicht viel

Meine junge Frau und ich waren jetzt in Zürich engagiert. Wolfgang Reichmann, der an meinem Entschluss, Schauspieler zu werden, wesentlich beteiligt gewesen war, hatte uns empfohlen. In Zürich hatte ein Intendantenwechsel stattgefunden, viele junge Schauspieler bekamen eine Chance.

Ein seltsames Stück von Rainer Werner Fassbinder mit einigen Songs stand auf dem Spielplan. Die Musik probte der Komponist, ein sympathischer Jazzmusiker, mit uns. Eines Tages tauchte mitten in einer Probe der neue Intendant auf. Wahrscheinlich hatten Kollegen ihm zugetragen, dass die Arbeit des Regisseurs ziemlich unorthodox war und wenig Gutes verhieß. Nach einer gewaltigen Standpauke wurde die Probe abgebrochen, das Stück komplett vom Spielplan genommen und alle gingen mutlos und traurig auseinander.

Ich verlies den Bühneneingang mit Kollegen und meiner Frau. Ein auffälliger Zweisitzer, ein Chevrolet Camaro, hielt am Straßenrand. Wer stieg aus? Der Jazzmusiker! Er öffnete die Autotür, machte einladende Zeichen zu meiner Frau, sie stieg ein – Hallo? – und die beiden fuhren davon! Ohne zu winken! Ohne mich! Um die Ecke, weg waren sie.

Ich stand mit offenem Mund da, war fassungslos. Hatte ich was verpasst? Aber sicher doch. Einige Kollegen verkrümelten sich, ohne mich anzuschauen oder was zu sagen. Sollte das bedeuten, alle wussten Bescheid, nur ich nicht? Ich hatte nichts bemerkt während der Proben. Keine heimlichen Blicke, keine vertrauten Berührungen. Sie waren äußerst raffiniert vorgegangen. Allerdings war meine Frau vorgestern sehr spät nach Haus gekommen. Wo war sie gewesen? Angeblich auf einer Extra-Probe. Meine Güte, war ich naiv. Ich wusste nicht, wohin mit meiner Wut und Trauer. Verloren stand ich vor dem Theater. Ich hätte schreien mögen. Wohin jetzt? Nach Hause? Wir sind doch verheiratet! Du gehörst mir! Fremdgehen gehört bestimmt nicht in ein Eheversprechen!

Stundenlang rannte ich durch die Stadt, mochte nicht in die leere Wohnung, trank irgendwo ein Bier, schaute auf die Menschen der Stadt und fand alle und alles scheußlich.

Meine Frau kam erst am übernächsten Tag nach Hause. Ich war außer mir! Die ganze Zeit hatte ich nicht geschlafen, ständig die erotischsten Szenen mit den beiden vor Augen. Mir ging es saumäßig schlecht! Große Fantasie kann auch ein Nachteil sein. Warum macht sie das? Will sie mich fertigmachen? Was hat er, was ich nicht habe? Auf jeden Fall viel Kohle.

Immerhin, sie war wieder da. Wir redeten nur das Nötigste. Sie sagte nichts, ich wagte nicht zu fragen. Wir lebten nebeneinander her. Gingen uns aus dem Weg. Umkreisten uns. Beobachteten uns. Ich war hilflos.

Das Fassbinder-Stück war weg, deshalb sollte ich in Friedrich Dürrenmatts *Urfaust* den Schüler spielen. Dürrenmatt hatte Goethes *Urfaust* noch mal überarbeitet und modernisiert ... Attila Hörbiger war Faust, Hans Helmut Dickow Mephisto. Regie führte der Altmeister selbst, Friedrich Dürrenmatt. Das war eine große Chance für mich, neben diesen erstklassigen Schauspielern zu agieren. Jetzt konnte ich beweisen, dass ich zu Recht in Zürich engagiert war. Ich arbeitete Tag und Nacht, war aufgeregt. Lernte den Text immer wieder, las Sekundärliteratur, vertiefte mein Verständnis, baute Eselsbrücken, versetzte mich in die Schülersituation. Ich tat alles, was ich konnte.

Und ich rang mich durch und verzieh meiner Frau den Fehltritt, wenigstens ein bisschen ... Notgedrungen, denn ich brauchte sie zum Abhören des Textes. Das machte sie auch tatsächlich, sie half mir.

Die erste Probe – nach einer schlaflosen Nacht – lief recht gut. Dachte ich. Der freundliche, menschliche Herr Hörbiger meinte am Schluss: »Gut gemacht, Junge!«

Ich war beruhigt, aber nicht lange, denn der korpulente Weltmeister der Literatur saß mit kalter Zigarre missmutig in seinem Sessel, blickte nicht auf und sagte gar nichts. Ich fand es seltsam und ging ohne Abschied etwas beunruhigt nach Hause.

Nachmittags kam ein Anruf vom Theater: »Sie sind umbesetzt! Herr Dürrenmatt hat sich etwas anderes vorgestellt.«

Was denn? Was hat er sich denn vorgestellt? Kann er nicht direkt mit mir sprechen, wenn ihm was nicht passt? So was von feige! Ich war fix und fertig. Umbesetzung ist ja wohl das Peinlichste, das einem Schauspieler passieren kann. Ich mochte nicht mehr ins Theater gehen, mich den hämischen Blicken der Kollegen aussetzen. Jeder wusste es, schrecklich.

Keine Arbeit, immer noch halbe Ehekrise, keine Perspektive. Ich betrank mich, nicht zu knapp, denn meine Frau war zu allem Überfluss mal wieder aushäusig. Was für ein Schlamassel! Ich wusste nicht, wie es weitergehen sollte.

Eine weitere undurchsichtige Geschichte kam dazu: Meine Frau verschwand während einer Party mit einem Mann, in tiefe Gespräche verwickelt, in eines der oberen Stockwerke. Wut stieg in mir hoch. Ich stand allein herum, verloren, kannte niemanden, kaute Erdnüsse, trank Fendant, natürlich viel zu viel. Ein Schweizer Kollege textete mich zu. Ich verstand nur Bruchteile, meine Laune verbesserte sich dadurch nicht gerade. Ich wartete. Warum ich nicht nach Hause verschwand, weiß ich nicht. Sie konnte ja auch jeden Moment wiederauftauchen. Tat sie aber nicht.

Nach endlos langer Zeit kam sie allein herunter. Glühend. Tat so, als wäre nichts.

»Er hat mir seine Bilder gezeigt.«

Ich musste meine Empörung bändigen, versuchte, souverän und gelassen zu reagieren.

»Tatsächlich? Was malt er denn für Bilder?«

»Er malt ... sehr ungewöhnlich ... gegenständlich.«

»Was heißt ungewöhnlich?«

»Na ja ...«, sie stockte, »ziemlich ... erotische Themen.«

Nicht schon wieder dieses Thema.

»Was denn für Erotismen?«

Ich erfand das Wort. Sie überhörte die Frage.

»Ich male ja auch manchmal, aber er ist viel, viel besser. Ich darf ihn in seinem Atelier besuchen!«

»Als Aktmodell?«, konnte ich mir nicht verkneifen.

»Nein, wo denkst du hin! Einfach so. Er will die Bilder ein paar Freunden zeigen.«

»Schön, ich komme mit!«

»Ja, klar«, log sie schamlos.

Ich wusste, dass das nie passieren würde. Alles verletzte mich. Sie war schön, viel zu jung, neugierig aufs Leben und insbesondere auf andere Männer. Als wir heirateten, war sie 17, ich 22. Kinderehe.

Zwei Tage später kam ein Anruf, der neue Hoffnung brachte: Dr. Horst Gnekow, Intendant in Münster. Eine Legende. Er hatte viele junge Schauspieler entdeckt, etwa Klaus Kammer. Ob ich Lust hätte, ihm vorzusprechen? Ob ich Lust hätte? Natürlich!

Er war in Zürich, aus welchen Gründen auch immer. Ich suchte ihn in seinem Hotel auf, sprach St. Just und Camille aus *Dantons Tod* vor, woran Wolfgang Reichmann mit mir gearbeitet hatte. Er bot mir an, den Faust in Münster zu spielen.

Wie – Faust? Ich? Faust? Meinte er das wirklich? Das konnte doch nur ein Witz sein nach meinem Reinfall. Er hatte sich wohl versprochen, oder hatte ich mich verhört?

Ich traute mich kaum nachzufragen: »Meinen Sie Faust, die Hauptrolle?«

»Sicher!«

»Aber ich bin doch viel zu jung!«

»Ach, das lösen wir mit einem starken Bart für die ersten Szenen, nach der Verjüngungskur in der Hexenküche stimmt doch alles!«

»Danke!«

Ich war platt vor Glück. Wusste nicht, wohin mit meiner Siegesfreude. Wir hatten gar nicht über die Gage geredet. Das war mir auch völlig egal. Ich rannte nach Hause, überbrachte die Frohe Botschaft.

Sie war *not amused*. Sie freute sich überhaupt nicht.

»Ich soll hier alleine wohnen?«

»Das ist nicht mein Problem. Ich gehe nach Münster. Du kannst dir ja eine kleinere Wohnung suchen. Übrigens: Was heißt allein? Du kannst ja deinen Lover heiraten, diesen Musik-Heini.«

Das musste raus, ich merkte, ich hatte ihr doch nicht verziehen.

»Er ist verheiratet!«

»Das tut mir aber leid.«

Ich hatte einen Höhenflug. Ihr weiteres Schicksal war mir völlig egal. Im Moment zumindest.

Vor meinem Umzug zur neuen Münsteraner Spielzeit kam noch eine Rolle in Goethes *Egmont* dazu. In dem Stück gibt es am Schluss eine kurze Szene im Gefängnis zwischen Egmont und seinem jugendlichen Verehrer Ferdinand. Ferdinand ist der Sohn seines größten Feindes, des Herzogs von Alba. Ullrich Haupt spielte Egmont. Ich hatte ihn schon in meiner frühen Jugend im Hamburger Schauspielhaus in den verschiedensten Rollen gesehen und bewundert. Und jetzt sollte ich mit ihm spielen?!

Es ging nicht. Ich kam nicht in die Szene, ich kam nicht ins Spielen. Ich war überfordert. Ich war wie paralysiert, konnte ihm nur zusehen. Ich staunte, was er machte, liebte seine kunstvolle Fähigkeit, mit der Rolle umzugehen, seine Bandbreite. Ich bewunderte, was er aus den kleinsten Nebensätzen machte, wie er ihnen Lebendigkeit verlieh. Ich wusste nicht, wie ich mithalten sollte. Er war zu groß, zu weit weg von meinen Möglichkeiten. Es war katastrophal. Ich schämte mich.

Als ich ihm in einer Pause während der Proben zaghaft von meinen allgemeinen Schwierigkeiten mit der Schauspielerei erzählte, meinte er lächelnd: »Weißt du, wie ich überlebt habe? Du musst das Leben wie einen Boxkampf sehen: Beim Knock-out einmal tief durchatmen, dann schnell wieder aufstehen, einmal schütteln und weitermachen!«

Also atmete ich tief durch, stand schnell wieder auf, schüttelte mich und spielte die diversen Vorstellungen mehr oder weniger gut. Ich begann, mich mit meiner Angst oder meinem Respekt vor großen Schauspielern auseinanderzusetzen. Mir war klar, dass ich etwas ändern musste.

Meine Frau hatte plötzlich ihre Zuneigung zu mir wiederentdeckt. Der Jazzmusiker wollte auf keinen Fall eine längere Beziehung.

»Musiker eben, was erwartet sie?«, dachte ich.

Also wollte sie mich dabehalten oder mitkommen, beglückwünschte mich, beneidete mich. Doch ich hatte erfahren, es gab inzwischen einen ungarischen Zahnarzt, der ihr schöne Augen machte. Vielleicht war das ja derjenige, der im ersten Stock hobbymäßig Erotik aufs Blatt oder die Leinwand brachte.

Ich zog allein nach Münster und freute mich über die Beziehungspause.

Münster mit dem kleineren Stadttheater zog mich magisch an. Ich hatte ja festgestellt, dass ein großes Theater wie Zürich mit vielen Berühmtheiten viel zu früh für mich kam. Dem Anspruch war ich noch nicht gewachsen. Erst einmal brauchte ich Zeit, um mich auszuprobieren, um Sicherheit zu gewinnen. Ich wollte das durchleben, was die älteren Kollegen immer als »freispielen« bezeichneten, jeden Tag auf der Bühne stehen mit allen großen Rollen der Weltliteratur. Das stellte ich mir für die Zeit am Stadttheater Münster vor. Pustekuchen, es lief ganz anders. Doch davon an anderer Stelle.

Wie das Leben so spielt: Viele Jahre später spielte ich am Münchner Residenztheater selbst den Egmont. Und – nicht zu fassen – Ullrich Haupt spielte mit, eine Minirolle im Volk. Eins meiner Vorbilder, ein Theaterstar, in so einer kleinen Rolle? Er war wohl weit über siebzig, hatte immer noch ein athletisches Aussehen (Boxer eben), aber Textschwierigkeiten ohne Ende. Alle Kollegen zitterten, wenn er etwas sagen musste. Das hat mir sehr weh getan. Warum spielte er noch? Ich kam aber nicht in ein richtiges Gespräch mit ihm. In der Garderobe vor den Kollegen tat er so, als wäre alles in Ordnung.

Dazu fällt mir noch eine andere Geschichte ein, die den Wert beziehungsweise Unwert eines Schauspielers zeigt: Am Residenztheater spielte neben anderen auch Max Eckard. Er war ein begeisterter Theaterschauspieler, der unzählige Rollen neu kreierte. Unvergesslich sein Valentin aus Gustav Gründgens berühmter und nicht zu überbietender *Faust*-Inszenierung. Die letzte Vorstellung seines Lebens spielte er in einem Stück, das ich vergessen habe. Doch danach ging er einfach nach Hause. Keine letzte Dankesrede, kein offizieller Abschied, kein Lob, keine Blümchen, keine Wertschätzung – einfach nichts.

So sah das Karriereende eines großen Schauspielers aus. Grausam. Das hat mich sehr nachdenklich gemacht. Das Ende meiner Berufslaufbahn sollte nicht so aussehen. Deshalb habe ich aus freien Stücken rechtzeitig mit dem Spielen aufgehört.

Faust, diesmal geflüstert

Ich war glücklich! Die *Faust*-Proben machten Spaß – Erlösung! Ich konnte mich frei entfalten, Gänge erfinden, Haltungen ausprobieren, Texte streichen und wieder aufmachen, einfach Neues ausprobieren. Der Intendant Gnekow war sehr geduldig und tolerant, was meine Vorschläge betraf. Ein wunderbarer Regisseur, der nie aggressiv wurde und stets alle unterstützte, um das Optimum aus seinen Schauspielern herauszuholen.

Der Darsteller des Mephisto war sehr von sich eingenommen. Mephisto ist ja auch die weitaus bessere oder wenigstens komödiantischere Rolle, es ist die Rolle zum Absahnen im *Faust*. Der Kollege ließ nichts aus, aber mich ließ er zufrieden, mischte sich nicht in meine Arbeit ein. Viele Kollegen machen ja auch Vorschläge, wie man zu spielen habe. Das tat er nicht. Er war sich aber sicher, der bessere Schauspieler zu sein, achtete genau darauf, dass er immer näher an der Rampe stand als ich. Ich musste aufpassen, neben ihm nicht unterzugehen. Er war eine klassische Rampensau.

Mir war das egal, ich war einfach froh, diese Rolle spielen zu dürfen. Ich tastete die wunderbaren Texte mit der Seele ab. Die Gage war auch erträglich. Anfänger, so sah ich mich, haben sowieso kaum Ansprüche. Die Arbeit, also die Rolle, ist entscheidend.

Etwa die Hälfte meiner Kollegen war homosexuell, wie ich nach einiger Zeit merkte. An die Schwulenkneipe, die jeden Abend aufgesucht wurde, gewöhnte ich mich schnell. Es war für mich eine neue Welt. Ich mochte die Selbstironie und den sarkastischen Humor der Männer. Auch einige Frauen gesellten sich dazu. Es stellte sich heraus, dass hier fast das ganze Ensemble ein zweites Zuhause gefunden hatte. Heteros waren ebenfalls gern gesehen. Vielleicht war der eine oder die andere ja doch nicht so hetero? Unbeobachtet auf die Toilette zu gehen war jedenfalls nicht möglich.

Die Premiere kam näher. Kurz vor der ersten Hauptprobe wurde mir siedend heiß klar, dass ich den Abend tragen musste. Wegen mir, wegen Faust, kamen die Menschen. Die Angst vor dem Versagen kroch in meine Glieder. Ich schlief schlecht bis gar nicht, kam todmüde zu den letzten Proben. Die Stimme ging weg, ich wurde von Tag zu Tag heiserer. Panik ergriff mich, die Freude am Spielen hatte sich in Entsetzen verwandelt.

Der Arzt diagnostizierte eine Kehlkopfentzündung. Was tun? Ich war ratlos. Von »Krankschreiben lassen« hatte ich noch nie etwas gehört. Ich wusste nur von tapferen Kollegen, die selbst in höchsten Fieberzuständen großartige Vorstellungen abgeliefert hatten – und danach tatsächlich wieder »gesund« waren. Man höre und staune. Ich glaube, solche Legenden werden für den Nachwuchs gestrickt, damit keine Vorstellungen ausfallen müssen.

Jedenfalls hatte ich mit vielem gerechnet, aber nicht mit dem Versagen meiner Stimme. Irgendwie überlebte ich die Generalprobe, vollgepumpt mit Vitaminen und Hustensaft. Ich ernährte mich nur noch von Orangen und Zitronen, spielte die Premiere fast ohne Stimme.

Wieder eine Katastrophe. In der Pause kam ein schadenfroher Kollege hinter die Bühne: »Man versteht dich schon in der dritten Reihe nicht mehr. Mach was!«

Was sollte ich machen? Meine Stimme war ja weg.

In der zweiten Hälfte wuchs und wuchs mein Partner und badete in seiner Überlegenheit. Es war schlimm für mich. Der Applaus ging zu 99 Prozent an Mephisto.

Horst Gnekow überspielte seine Enttäuschung, blieb mitfühlend und verständnisvoll. Weshalb er mich allerdings ins Messer laufen ließ und die Premiere nicht um eine Woche verschob, ist mir bis heute unbegreiflich. Von mir aus hätte ich es auch nie vorgeschlagen, ich war viel zu brav. Eine Verschiebung lag komplett außerhalb meines Vorstellungsvermögens.

Die Presse war vernichtend: »Unverständlich, dass dieser Schauspieler für diese Rolle engagiert wurde. Wir haben doch einen so wunderbaren Schauspieler für dieses Fach im Ensemble!«

Abschuss pur! Ich wusste, wer dieser »wunderbare Schauspieler« war, und das verschlimmerte meine Situation.

Am Tag nach der Premiere saß ich in meinem miserablen, preiswerten Zimmer – schreckliche Tapete, Klo auf dem Gang, das Bad teilte ich mit einer netten arabischen Familie. Innerlich war ich am Boden und dachte: »Was ist das für ein Beruf? Warum mache ich das? Bin ich so schlecht? Wie soll ich je wieder an ein großes Theater wie München kommen? Sollte ich vielleicht wieder mit Grafik weitermachen?«

Es klopfte. Frieda, eine Bekannte, stand vor der Tür. Sie strahlte mich an, aber nur eine Sekunde, dann fragte sie besorgt, während sie nach meiner Hand griff: »Was ist denn los? Du siehst schlimm aus!«

»Ach du ... Meine Premiere gestern, das war großer Mist ... Meine Stimme war zu leise, alles Scheiße!«

»Wieso, ich war drin, wir alle waren drin. Du warst doch super!«

»Was? Verarschst du mich?«

»Nein, du warst spitze! Wir sind stolz auf dich!«

»Aber habt ihr denn was verstanden?«

»Aber klar! Alles, wir saßen ganz vorne!«

Ich wusste, es war nicht spitze gewesen, aber es tat mir in diesem Moment unendlich gut. Vielleicht war ich ja doch nicht ganz so entsetzlich schlecht gewesen. Wir tranken einen Wein, dann noch einen. Frieda wurde immer schöner, ihre dunklen Augen leuchteten. Sie tröstete mich schließlich auf eine sehr erotische, mir unbekannte Weise.

Am Tag danach ging es mir natürlich weiterhin miserabel und ich dachte an die vierzig Vorstellungen, die ich mit dieser Kritik im Nacken spielen musste. Jedes Mal war es eine immense, übermenschliche Überwindung. Keiner, der die Kritiken gelesen hatte, würde mich als Faust sehen wollen. Ich nahm es als Training gegen Widerstände. Weitergehen, auch wenn es schmerzt. Was hatte Ullrich Haupt mir geraten: »Nach dem Knock-out durchatmen, aufstehen ...«

Jeden Vorstellungsnachmittag stand ab fünfzehn Uhr Vorbereitung auf dem Plan: den gesamten Text wiederholen, Stimmübungen, Körpertraining. Langsam kam die Stimme zurück. Ich wurde sicherer. Nach etwa acht Vorstellungen war ich mit meinem Mephisto wieder auf gleicher Höhe. Das gefiel ihm nicht so besonders.

Meine Frau war weiterhin in Zürich engagiert. Telefoniert hatten wir nicht sehr oft, da ich kein eigenes Telefon besaß und daher immer zu der Telefonzelle am Bahnhof gehen musste. Außerdem hatte ich genug mit mir zu tun. Von meinen Nöten hatte sie noch nichts mitbekommen.

Jetzt aber rief ich sie an und flüsterte: »Hallo! Vorgestern war Premiere.«

»Wie ist es gelaufen?« Es war ehrliches Interesse.

»Nicht so toll. Ehrlich gesagt: beschissen. Ich bin krank, meine Stimme ist weg.«

»Das höre ich. Tut mir leid. Du, ich vermisse dich!«

»Ich dich auch!«, entfuhr es mir.

Ich wunderte mich über meine spontane Äußerung, aber es stimmte. Ich fühlte mich allein.

»Ich melde mich wieder, wenn's mir wieder gut geht!«

»Ja, mach das!«

»Hast du wieder eine Rolle?«

»Nein. Ich bin ganz traurig, es läuft nicht. Ich würde so gern spielen, aber alle Besetzungen dieser Spielzeit sind raus, ohne mich.«

»Mist.«

»Kann ich dich besuchen? Kommenden Montag vielleicht?«, fragte sie.

Das war mir zu nah im Moment: »Ne, äh ... nicht so gern, ich soll das nächste Stück probieren.« Das stimmte. Eine Komödie. »Dazu habe ich eine kleine Übernahme.« Das stimmte nicht. »Ich bin total eingespannt. Ich weiß gar nicht, wie das alles mit meiner Stimme gehen soll. An sich kannst du gern kommen, aber nicht momentan. Ich sag dir Bescheid, wenn das nächste Stück raus ist.«

»Ja, gut, okay. Versteh ich. Mach's gut und gute Besserung.«

Sollte sich da etwas einrenken?

Sie war künstlerisch begabt und neugierig aufs Leben. Aufs Leben? Vielleicht nur auf andere Männer! Ob sie wirklich die richtige Frau für mich war? Inzwischen aber war so viel passiert, dass ich momentan lieber allein leben wollte. Sollte sie ihre Neugier doch in Zürich ausleben, ohne mein Beisein. Ich wollte davon nichts mitkriegen. Ehepause.

Eine ganz andere Frau

Ich kam von der Probe von Schillers *Maria Stuart* in Dortmund, wo ich den Mortimer spielte, und war missmutig, da sie sehr holprig gelaufen war. Ich war übereifrig. Laut Regisseur sollte ich aufhören, mit meinen Händen rumzufuchteln. Das engte mich ein. Machte mich nervös und ärgerlich, denn ich fand mich eigentlich sehr natürlich. Man bewegt sich doch beim Reden? Unterstreicht Dinge gestisch? Es gab mehrere Dispute, besser gesagt harsche Meinungsverschiedenheiten. Aus heutiger Sicht war der Vorwurf des Regisseurs absolut gerechtfertigt, denn ich versuchte wohl, mangelnde innere Vorstellungskraft durch große Gesten zu ersetzen. Wie dem auch sei, damals fand ich mich ungerecht beurteilt, denn ich war ja noch experimentierend und ausprobierend unterwegs. Premiere erst in drei Wochen.

Unzufrieden stolperte ich durch den Eingangsbereich des Theaters, da sah ich die »Neue«: Angelika Hartung. Auch ich war neu im Ensemble, zu Beginn der Spielzeit von Köln nach Dortmund gewechselt. Schicksalsübereinstimmung? Sie stand deprimiert vor den Besetzungslisten der nächsten Stücke. Nirgends war ihr Name aufgeführt, sie hatte also im nächsten halben Jahr so gut wie nichts zu tun außer der Minirolle der Hofdame in *Maria Stuart*. Sie interessierte mich, ich hatte sie während der Leseprobe beobachtet und war von ihrer Präsenz und Neugier fasziniert, sie hatte einige sehr interessante Bemerkungen zu *Maria Stuart* gemacht.

Wie ich erfahren hatte, war sie Tänzerin an der Hamburgischen Staatsoper gewesen. Nebenbei hatte sie eine Schauspielausbildung gemacht. Wie, nebenbei?

»Alle Achtung«, dachte ich, »so viel Energie, wie kann man das zeitlich schaffen?«

In Hamburg war ich früher oft im Ballett gewesen, die Ausdrucksmöglichkeiten des Körpers faszinierten mich. Ich selbst war ziemlich unsportlich, mehr an Roth-Händle und Bier interessiert. Die starke Körperlichkeit von Angelika zog mich magnetisch an. Vielleicht hatte ich sie sogar schon mal in der Staatsoper auf der Bühne gesehen? Das wollte ich genauer wissen.

Dortmund war Angelikas erstes Schauspielengagement. Ich atmete tief durch und sprach sie behutsam an: »Na, du?«

Sie wandte mir ihr trauriges Gesicht zu.

»Alles okay?«

»Na ja, geht so!«

Ich glaubte allerdings, versteckte Freude in ihren Augen auszumachen.

»Geht's wirklich?«

Keine Reaktion.

»Kommst du mit zum Essen? Ich gehe zum Jugoslawen. Ich habe keine Lust, mir daheim Spiegeleier zu braten. Unsere Kantine ist auch nicht der Hit. Meine Probe war so schwierig, immer soll ich alles anders machen, ich brauche eine Belohnung.«

Ein Zögern.

»Hast du was anderes vor?«

»Nein.«

»Also, was ist?«

Noch ein Zögern. »Ja, gut!«

Sie kam mit. Ich erfuhr ihre private Situation. Mit ihrem Freund in Hamburg hatte sie gerade Schluss gemacht. Mein Herz schlug etwas schneller. Sie erzählte aus Hamburg. John Neumeier hätte sie engagiert, aber sie hatte leider schon gekündigt, weil sie mit dem Tanzen aufhören wollte. Sie wollte in die Schauspielerei – Ziel Musical. Aufgrund dessen hatte sie keine Abfindung bekommen wie der Rest des gekündigten Ensembles. Sehr ärgerlich. Und jetzt spielte sie hier in *Maria*

Stuart nur eine Hofdame. Das bedeutete Langeweile für eine an harte Arbeit gewöhnte Tänzerin – und viel Alleinsein. Warten auf eine neue Chance ist eine harte Prüfung.

Ich fand sie entzückend. Ich musste sie tatsächlich in einer Aufführung gesehen haben: *Apollon musagète!* Choreografie George Balanchine.

»Da warst du dabei? Tatsächlich?«

»Ja, klar!«

»Das war sensationell, großartig! Ich weiß nicht, was ich sagen soll ... toll ... ich bewundere dich!«

Ich konnte mich natürlich nicht direkt an sie erinnern. Aber die Aufführung war legendär gewesen.

Ihre schönen, ungewöhnlichen, leicht verschiedenen Augen ließen mich nicht mehr los. Was mache ich mit dieser Frau? Wie kann ich sie fröhlich stimmen? Eine Idee schoss mir durchs Hirn.

»Langweilen sollst du dich nicht. Was hältst du davon, wenn wir für die Schauspieler hier ein körperliches Training nachmittags oder vor der Vorstellung zum Warmwerden anbieten?« Ich dachte dabei in erster Linie an mich selbst. »Du hast doch so viel Ahnung von Bewegung! Um die Lebendigkeit zu steigern!«

»Wird jemand Lust dazu haben?«

»Wir fragen mal.«

Das fand sie wunderbar. Das Essen war beendet.

»Nachspeise?«

Sie zündete sich eine Zigarette an.

»Du rauchst, als Tänzerin?«

»Fast alle rauchen, man muss so mit dem Essen aufpassen.«

»Ich rauche nicht mehr, hab's mir abgewöhnt«, berichtete ich mit Stolz in der Stimme.

»Seit wann?«

»Elf Tage!«

»Wie geht's dir damit?«

»Meistens gut, aber zwischendurch kommt tierischer Frust. Verlangt großen Willen!«

»Ich wollte auch aufhören!«

»Warum tust du es nicht?«

»Äh, ich weiß nicht …«

»Dann fang doch einfach an, auf was wartest du?«

Leichte Aggression blitzte auf. »Wenn du glaubst, ich schaffe das nicht …«

Sie drückte ihre Zigarette aus und hat tatsächlich nie wieder geraucht.

»Geht doch!«

»Okay, dann Nachspeise! Was gibt's denn?«

Wir bestellten Eis mit Sahne, ich erzählte von mir, und mein Missmut war verschwunden.

Wir organisierten ein Körpertraining für die Schauspieler. Es klappte. In Köln hatte ich viel von dem englischen Regisseur Geoffrey Reeves gelernt, der größten Wert auf körperliche Präsenz legte. Und so trainierten wir zweimal pro Woche nachmittags fünf bis sieben Schauspieler. Das kam gut an.

Besonders ich kam gut bei ihr an, wie mir schien. Wenn wir uns berührten, fuhren Blitzschläge durch meinen Körper, das Verlangen nach Nähe wurde stärker. Es blieb nicht aus, das Unvermeidliche musste passieren: Eines Abends waren wir mit mehreren Kollegen bei mir zu Hause. In meiner kleinen, schräg eingerichteten Wohnung. Ein beliebter Treffpunkt. Mahavishnu Orchestra, Cream, Udo Lindenberg. Austausch und Musik. Dazu Hähnchen mit Pommes aus einer Braterei nebenan, wo mehrmals Nachschub geholt wurde. Wie immer gab es viel zu trinken, natürlich billigst, keiner verdiente viel. Die Stimmung war gelöst und aufgedreht. Nach und nach gingen die meisten, am nächsten Morgen war Probe. Übrig blieben zwei Frauen:

Angelika und meine Ophelia aus unserer *Hamlet*-Aufführung. Sie wollte auf keinen Fall nach Hause laufen, warum wohl nicht? Also komplimentierte ich sie in mein Bett: »Du bist doch schon seit einer Stunde todmüde, schlaf doch schon mal.«

Das fand sie zunächst super. Sie wartete wohl darauf, dass ich mich dazulegte.

Ich fragte Angelika: »Soll ich dich nach Hause bringen?«

Zögern. Und noch mal Zögern.

»Du könntest ja auch hierbleiben.«

»Wo soll ich denn schlafen?«, fragte sie unsicher.

Jetzt oder nie: »Du, ich habe eine große Luftmatratze. Ich blase sie einfach mal auf, okay? Dann kannst du sehen, was dich erwartet.«

Auf derselben landeten wir. Unsere erste gemeinsame Nacht. Es war so aufregend, berührend, zärtlich und schön, dass eine Fortsetzung nicht auszuschließen war.

Ophelia war nicht besonders glücklich am nächsten Morgen. Sie hatte sicher einiges mitbekommen, obwohl wir sehr, sehr leise gewesen waren. Bemüht leise. Auf jeden Fall konnte sie sich denken, dass etwas passiert war. Die *Hamlet*-Vorstellungen gingen nun ohne besondere Augenkontakte weiter. Wir schauten gezielt aneinander vorbei.

Das Weihnachtsmärchen für Kinder wurde besetzt. In diesem Jahr stand *Aschenputtel und der Prinz* auf dem Spielplan – mit uns beiden in den Hauptrollen. Wir waren inzwischen so vernarrt ineinander, dass wir für uns auf der Probebühne Extraproben ansetzten. Zum einen natürlich, um die Inszenierung zu verbessern. In Wirklichkeit aber, um uns nahe zu sein, um miteinander etwas auf die Beine zu stellen, um ein gemeinsames, bombiges Projekt zu haben. Ich kann mir nicht vorstellen, dass Aschenputtel und der Prinz auf einer Bühne jemals so verliebt waren.

Dem Ensemble war unsere Affäre natürlich nicht verborgen geblieben. Es hagelte zynische Bemerkungen, da ja auch bekannt war, dass ich verheiratet war.

Für Angelika und mich war dies eine unvergessliche Zeit. Und der Beginn einer neuen, ernsthaften Beziehung. Jede *Aschenputtel*-Vorstellung war ein Genuss – das Hinterher noch mehr!

Auf zu neuen Ufern

Inzwischen wohnten wir entweder in meiner Miniwohnung oder im Zimmer von Angelika. Ihre Vermieterin hatte glücklicherweise nichts dagegen. Bestimmt hatte sie mein *Hamlet*-Plakat gesehen, das überall in der Stadt klebte. Manchmal hat so was ja auch Vorteile.

Angelika hatte einen Teil einer Wohnung gemietet, groß genug, dass man auch zu zweit darin leben konnte. Dekoriert war sie mit einfachsten Mitteln, aber unendlich einladend und gemütlich. Besonders ihr selbst gebauter Sekretär beeindruckte mich.

»Wirklich selbst gemacht? Wie hast du den Bogen hingekriegt?«

»Das Holz in Wasser einweichen und dann biegen. Letztlich ganz einfach!«

»Klar, wenn man weiß, wie!«, staunte ich und bewunderte sie.

Das waren sicher Bonuspunkte aus ihrer Kindheit, sie war mit drei Brüdern groß geworden. Außerdem Folgen der Nachkriegszeit, in der alles selbst gemacht wurde. Ich allerdings hätte es nicht gewusst und nicht gekonnt. Bei uns hatte es solche praktischen Handwerkskünste nicht gegeben. Was nicht da war, fehlte eben. Selbst mein geliebter Opa hatte nicht gern gebastelt. Oma schon gar nicht. Meine Mutter hatte lieber ihrer Gesangskunst gefrönt, als Fehlendes in hobbymäßigem Eifer selbst zu erstellen. Papa hatte irgendwo in Hamburg unzählige Artikel und Kolumnen in die Schreibmaschine gehauen. Keinen der vier habe ich je mit Hammer und Nagel in der Hand gesehen.

Mein Geburtstag stand an. Geburtstage hatten für mich überhaupt keine Bedeutung. Null. Zero. Nada. Ein Tag wie jeder andere. Nie hatte ich jemanden eingeladen. Es wurde nicht gefeiert. Was denn auch? Gratulation und fertig. Auch als ich klein war, war das so gewesen. Selbst bei meinem Opa.

»So etwas Altmodisches brauchen wir nicht«, meinten meine Eltern, »wir sind doch eine moderne, aufgeklärte Familie.«

Heute vermute ich, es war ihnen zu mühsam, einen Kindergeburtstag auszurichten. Seit ich selbst zwei Söhne habe, weiß ich, was das bedeutet.

Nach einigen Jahren des Befremdens hatte ich mich damit abgefunden, Geburtstag war ein ganz normaler Tag.

Dieses Mal hatte ich abends noch eine Besprechung mit einer Dramaturgin, kam erst gegen elf Uhr abends nach Hause. Ich schloss die Wohnungstür auf – da lag ein ausgeschnittenes rotes Papierherz, dann noch eins und noch eins und viele weitere, die mich direkt zu einem kleinen geschmückten Geburtstagstisch führten. Blümchen, Geburtstagskuchen, eine brennende Kerze und ein großes Einmachglas bis obenhin mit medizinischen Proben gefüllt. Ein Geschenk!

Angelika hatte vor Kurzem in der Theatergarderobe meine Schublade aufgezogen und erschrocken festgestellt, was da alles drin war: sämtliche nicht verschreibungspflichtigen Medikamente für die Stimme, dann natürlich Augentropfen, Nasentropfen, vieles für die Konstitution und diverse Nahrungsergänzungsmittel. Seit meinem Stimmversagen im Münsteraner *Faust* war ich auf alles vorbereitet.

Angelika wollte meine hypochondrische Ader ad absurdum führen und mich veräppeln. Sie war von Apotheke zu Apotheke gelaufen, um die unterschiedlichsten Proben zu ergattern. Jetzt stand dieses großartige Symbol meiner Angst vor eventuellen Krankheiten auf meinem Geburtstagstisch. Angelika stand daneben, umarmte mich und gratulierte mir.

Ich war vollkommen durcheinander, wusste gar nicht, wie ich damit umgehen sollte. Zum ersten Mal in meinem Leben ein Geschenk zum Geburtstag! Zum ersten Mal so viel

Aufmerksamkeit. Für mich! Ich musste meine Tränen zurückhalten, so erschüttert war ich. Solche Mühe nimmt jemand auf sich, um mir eine Freude zu machen?!

Geburtstagsgeschenke wurden zu einem schwierigen Thema in den nächsten Jahren. Ich werde drauf zurückkommen.

Wenn wir in meiner Wohnung übernachteten, klingelte hin und wieder in der Nacht zwischen ein und zwei Uhr das Telefon. Wir wurden wach. Es konnte nur meine Ehefrau sein. Als würde sie auf irgendeiner Ebene spüren, dass ich mich entfernte. Anrufbeantworter gab es noch nicht. Irgendwann ging ich ran. Angelika lag hellwach im Bett, beobachtete mich. Sie ahnte, wer dran war.

»Ja?«

»Ich bin es. Du, Robert, stell dir vor, ich bin jetzt in Bremen engagiert.«

»Tatsächlich? Sag bloß. Das ist ja schön.« Es interessierte mich null.

»Ja, find ich auch, ganz toll. Man hat mir hier zwei Rollen angeboten!«

»Super!« Ich fragte nicht, welche.

»Danke. Ich habe übrigens noch Zeit, bis meine Proben hier losgehen. Was hältst du davon, wenn ich dich besuche? Wenn du arbeiten musst, kann ich ja Text lernen und mich vorbereiten. Ich würde gern mal sehen, wie du lebst. Was spielst du denn gerade?«

Mein Hirn raste, den Besuch wollte ich auf keinen Fall. Angelika hörte nichts, das Telefon laut zu stellen war damals noch nicht möglich. Aber sie war alarmiert.

»Och, nicht der Rede wert, Polyneikes in *Antigone.* Das muss man nicht gesehen haben. Wirklich nicht!« Ich brauchte dringend eine Ausrede. Meine Frau wusste noch nichts von Angelika, obwohl wir schon fast ein halbes Jahr zusammen waren. »Wann würdest du denn kommen?«

Angelikas Augen wurden größer.

»Vielleicht übermorgen, und dann so drei bis vier Tage bleiben. Geht das?«

»Ach so, ja, richtig …«

Plötzlich der rettende Gedanke, der sogar der Wahrheit entsprach: »Es geht im Moment gar nicht, tut mir leid. Wir haben hier nämlich ein Gastspiel, und ich habe ab morgen für einen Schauspieler meine Wohnung zur Verfügung gestellt.«

Ich wollte während dieser Tage bei Angelika wohnen, von dieser Möglichkeit wusste sie ja noch nichts.

»Sicher eine Schauspielerin?«, frotzelte meine Frau. Sie vermutete wohl, ich würde die Wohnsituation ausnutzen.

»Mach keine Witze, das ist eine furzkatholische Truppe. Alles sehr moralisch. Die haben einen Pfarrer als Aufpasser dabei, der verteilt die Zimmer. Ich glaube, die spielen Claudels *Der seidene Schuh* oder so was.« Plötzlich wollte ich reinen Tisch machen wegen meiner neuen Situation. »Ich würde vorschlagen, unter diesen Umständen besuche ich dich! Wie wäre das?«

Angelika war alarmiert, sprang nackt aus dem Bett mit einem Muss-das-sein-Blick.

Ich signalisierte ihr gestisch: »Geduld, Geduld.«

»Ja, gut, dann komm du. Wie wär's übermorgen? Ich würde mich freuen, dich zu sehen.«

»Okay. Das geht. Übermorgen so gegen Mittag bin ich da.«

Angelika war besorgt: »Da willst du hin? Warum?«

»Ich will sie mit dir konfrontieren; mit der Tatsache, dass sich etwas Wesentliches für mich verändert hat!« Ich zog sie an mich. »Das geht nicht telefonisch, das muss ich persönlich machen. Je eher, desto besser.«

Das beruhigte Angelika nicht wirklich, aber sie freute sich darüber und fand es hochanständig.

Ich fuhr also nach Bremen in meinem klapprigen Ford. Meine Frau hatte sich verändert. Sie war erwachsener geworden. Sie war jetzt Anfang zwanzig, sehr attraktiv. Sie hatte sich so richtig in Schale geworfen, offenherzige Bluse, unverschämt kurzer Minirock. Das griff bei mir aber überhaupt nicht. Ich hatte nur ein Ziel: ein Klärungsgespräch.

Sie zeigte mir ihre kleine Wohnung, meinen Schlafplatz direkt neben ihr. Selbstverständlich. Die Wände voller selbst gemalter Bilder. Begabt war sie schon, aber ich hatte kein Auge dafür, lobte die neuen Bilder nur halbherzig. Ich musste raus aus der Enge ihrer Wohnung.

»Du, ich habe Durst, können wir irgendwo was trinken gehen? Die Fahrt war mühsam.«

Das war sie nicht wirklich gewesen, denn Staus gab es damals kaum. Das Mühsame war der alte Ford, der nicht schneller als 110 Stundenkilometer fuhr und seltsame Geräusche von sich gab. Bremsbeläge?

Wir landeten in einem Lokal. Gott sei Dank war ein Tisch zwischen uns, der mich vor der magnetischen Kraft des Minirocks schützte. Wir bestellten ein Glas Fendant, den wir so gern und oft in Zürich getrunken hatten und der hier erstaunlicherweise auf der Karte stand.

»War doch schön damals, oder?«, meinte sie strahlend.

»Na ja, für dich vielleicht, für mich nicht so besonders. Oder was meinst du?« Hatte sie ihre Liebhaber vergessen, was sollte das?

Wir stießen an.

»Zum Wohl!«

»Auf die Zukunft!«, verbesserte sie mich.

Meinte sie etwa unsere gemeinsame?

Sie erzählte von finanziellen Schwierigkeiten und vom Umzug. Für sie war alles wie immer. Sie suchte meine Nähe, auch körperlich. Sie war allein, sie wollte etwas reparieren zwischen uns. Zu spät. Die Themen langweilten mich, ich saß wie auf Kohlen. Ich hatte nur den Gedanken, wo ich einhaken könnte, um das loszuwerden, weswegen ich gekommen war.

Es blieb mir nichts anderes übrig, ich musste mit geballter Lautstärke in eine ihrer Tiraden fahren.

»Du, hör mal, jetzt mal was ganz anderes.«

Sie unterbrach ihren Redeschwall. Wartete.

»Ich muss dir was sagen.«

Ihre dunklen Augen durchbohrten mich. Mir wurde mulmig.

»Ja, wo soll ich anfangen ... Ich weiß nicht, wie ich es dir sagen soll ...«

Obwohl sie mich mehrmals betrogen hatte, fiel es mir schwer, weiterzusprechen. Ich trank mein Glas leer, schenkte nach.

»Ja? Was gibt's?« Ihre Stimme klang neutral, sie ahnte nichts, oder sie tat so.

»Du auch noch einen Schluck?«

»Klar!«

Ich schenkte nach. Wir tranken.

»Du, ähm ... Ich habe jemanden kennengelernt.«

Blick nach unten, wieder rauf zu ihr. Jetzt war es raus.

Sie zuckte für den Bruchteil einer Sekunde zusammen, fing sich sofort wieder. Sie wollte es nicht glauben, ich sah es an ihrem spöttischen Lächeln. »So what!« Sie trank wieder. »Ein Affärchen ... War's schön?«

»Nein, kein Affärchen.« Ich schaute ihr in die Augen. »Ich habe mich richtig neu verliebt.«

Sie verstand sofort, was ich damit sagen wollte. Sie konnte nicht mehr auf mich zählen. Ich war ja letztlich immer irgendwie als Backup für sie da gewesen.

»Schlaf mit mir.«

Sie lächelte siegesgewiss. Sie wusste, dass sie mich mit diesem Angebot immer wieder zurückbekommen hatte.

»Wir gehen zu mir, wir reden hinterher.«

Ich schüttelte den Kopf und stand auf.

»Nein, ich will das nicht.«

Ich wollte gehen und gab der Kellnerin ein Zeichen.

»Wie geht es weiter mit uns?«

Eine ehrliche Frage. Sie klang bestürzt.

»Ich weiß es nicht!«, sagte ich und zahlte.

Jetzt zog sie das Ass aus dem Ärmel, das ich am meisten gefürchtet hatte: »Wir haben uns etwas versprochen!«

»Ich weiß. Bestehst du darauf?«

»Ja, absolut!«

Das Versprechen bedeutete, dass wir im Moment einer sich anbahnenden Trennung oder elementaren Krise noch einmal zusammen wegfahren wollten, um uns Zeit für eine ehrliche Aussprache zu nehmen. An einem neutralen Ort. Ich hatte keine Lust dazu, aber die Fairness verlangte es.

»Gut. Wir machen das. In den Sommerferien. Ich ruf dich an.«

Wieder in Dortmund reagierte Angelika enttäuscht: »Ich dachte, wir fahren gemeinsam weg!«

»Das dachte ich auch!«

Ich versuchte, sie zu beruhigen: »Ich muss das machen. Wir haben es uns versprochen. Umgekehrt hätte ich auch darauf bestanden!«

Angelika atmete tief durch.

»Ich fände es mit dir auch viel schöner, aber dieses Versprechen muss ich halten. Ich hätte sonst das Gefühl, ich drücke mich vor irgendwas, ich weiche aus. Ich hätte permanent ein schlechtes Gewissen. Ich könnte mit dir nicht unbelastet verreisen. Tut mir leid. Das gehört zu den letzten Hindernissen, es muss ausgeräumt werden.«

Angelika war irritiert. Es war sehr schmerzhaft für sie. Auf der anderen Seite hatte sie aber Verständnis für meine

Situation, weil es ihr deutlich machte, dass ich auch mit ihr immer anständig umgehen würde.

Drei Tage später war meine Wohnung wieder frei. Wir wollten wieder bei mir schlafen. Dem Zustand der Wohnung nach zu urteilen, hatte nicht eine Person dort übernachtet, es hatten Hunderte darin gehaust. Ich dachte schon, ich hätte mich in der Etage geirrt. Alles war chaotisch und verdreckt. Also erst mal eine Grundreinigung. Es mussten massenhaft Partys in meiner Wohnung gefeiert worden sein. Die sollten doch einen Pfarrer dabeigehabt haben? Wo war der mit seiner Aufsichtspflicht gewesen? Ata und Vim hatten Großeinsatz, und Angelika half, die Betten neu zu beziehen.

Letzteres ist deshalb erwähnenswert, weil sich nach einigen Tagen Juckreiz in einer nicht weiter benennbaren Körperregion einstellte – zunächst zaghaft, dann immer penetranter. Auf der Suche nach der Ursache stellte ich seltsame dunkle Winzlingspunkte fest, die sich in meiner Schamgegend befanden. Sollten das etwa Läuse sein? Igittigitt! Ne, wirklich ...!

Ich rief Angelika an, begann gleich mit Schuldzuweisungen:

»Sag mal, hast du Filzläuse?«

Sie war entsetzt. »Nein! Spinnst du?« Sie hatte nichts bemerkt. »Nein, wie kannst du so was behaupten?«

»Schau bitte mal nach!«

»Okay. Moment. Bleib dran«.

Nach genauer Begutachtung der entsprechenden Zonen stellte sie bei sich das gleiche Desaster fest.

»Oh, nein, wie ekelhaft! Wie schrecklich. Woher kommen die?«

Es konnten ja nur die Theaterleute gewesen sein. Ich ärgerte mich tierisch, mein Zimmer zur Verfügung gestellt zu haben.

Ein betagter Herr Doktor stellte mehr oder weniger schmunzelnd den Sachverhalt fest:

»Filzläuse! Wo haben Sie beide sich denn rumgetrieben?«

»Keine Ahnung … Eigentlich waren wir ganz brav!«

»Das kann ja jeder sagen«, meinte er skeptisch.

Ich fühlte mich verkannt und erzählte von meinen Theatergästen.

»Ach so, Schauspieler!«

Damit war für ihn alles klar. Er verschrieb uns ein ätzendes Anti-Läuse-Mittel. Es stank, war unangenehm aufzutragen, aber es half. War das schön, wieder ohne tierische Begleitung und permanente Kratzversuchung durch die Welt zu gehen.

Inzwischen war es Hochsommer. Meine (Noch-)Frau wollte so liebend gern nach Portugal, also fuhren wir mit dem Zug dorthin. Zigmal Umsteigen. Schließlich landeten wir in einem einfachen Hotel in Lissabon. Nachts war es so heiß, dass an Schlaf nicht zu denken war. Eine flüchtige Stadtrundfahrt, dann weiter mit dem Zug an die Algarve. Rappelvoll. Ein Sonnenschirm am Strand zwischen Massen von Menschen. Pisswarmes Wasser. Das Essen schmeckte nicht, das Hotelzimmer war billig und schmuddelig. Wirklich keine Umgebung, um eine gescheiterte Beziehung zu reparieren. Nach drei Tagen war uns beiden klar, dass der Urlaub eine Fehlentscheidung gewesen war. Wir wollten abbrechen und zurückfahren, doch ausgerechnet jetzt streikten die Eisenbahner. Ich schrieb einen Brief an Angelika: »Streik! Komme wahrscheinlich erst später zurück.«

Wir tranken zu viel, wir stritten zu viel, machten uns gegenseitig Schuldzuweisungen. Es gab kein konstruktives Gespräch. Wir hatten uns verloren, völlig unterschiedlich entwickelt. Nichts passte. Nichts stimmte. Wir mochten uns nicht mehr. Von Tag zu Tag wurde deutlicher, dass wir die Scheidung einreichen sollten. Eines Abends sprach ich es mit dem Mut der Verzweiflung aus. Sie zögerte keine Sekunde, war sofort einverstanden.

Ab da gab es keinen Streit mehr. Oh Wunder, es wurde sogar wieder freundschaftlich. Ich verstand ihren Freiheitsdrang. Unsere Ehe war eine Absurdität. Keiner von uns hatte eine Ahnung davon gehabt, was es heißt, eine ernsthafte Beziehung zu führen. Wir waren viel zu jung gewesen, Kinder. Voller Erwartungen an den Partner, die nicht erfüllbar waren. Nach der Hochzeit sollte alles nur noch schön sein. Wir verstanden nicht, wie unsere Eltern diese Verbindung überhaupt hatten zulassen können.

Mit dieser neuen Zukunftsperspektive wurde unser Zusammensein besser. Ich konnte frei von meiner neuen Liebe erzählen, sie von ihren Zukunftsplänen. Wir mochten uns wieder, waren Freunde.

Das Wiedersehen mit Angelika war ein einziges Fest. Ich wusste jetzt, wo ich hingehörte. Bis auf den Knoblauch, den sie am Vorabend auf einer griechischen Party in Massen verzehrt hatte, war alles stimmig. Wir umarmten uns, strahlten uns an, ein langer Kuss war allerdings unmöglich. Zunächst machten wir eine Hafenrundfahrt, um viel frische Luft zu bekommen. Ich erzählte von der überflüssigen Reise und dem guten Ergebnis: Scheidung in Sicht.

Angelika war glücklich. Sie war zur gleichen Zeit mit einer Freundin in Italien, gedanklich aber die meiste Zeit bei mir und dem ausstehenden Ergebnis gewesen. Sie hatte einen unumstößlichen Vorsatz gefasst: Wenn Robert sich nicht für mich entscheiden kann, bin ich weg. Dieses Spiel mit zwei Frauen spiele ich nicht mit.

In Hamburg hatte Angelika einen befreundeten Rechtsanwalt, der die Scheidung vorantrieb. Da es keinen gemeinsamen Besitz, keine Kinder gab, war alles problemlos. Mehr oder weniger eine Formalität. Dennoch traf uns diese offizielle Trennung tiefer als erwartet. Nach dem Gerichtstermin gingen meine Ex-Frau und ich in ein Café. Still. Sahen uns in die Augen. Versöhnlich. Verbunden. Auch traurig. Wir hatten das Klassenziel nicht erreicht, aber immerhin eine gemeinsame Biografie für die letzten sechs Jahre. Sie war 23, ich 29 Jahre alt. Es war alles noch drin. Auf zu neuen Ufern!

Wir wollten Kontakt halten, aber dazu kam es nie. Ein inniger Abschiedskuss, dann ging sie in eine Richtung, ich in die entgegengesetzte. Ich habe sie nie wiedergesehen.

Als ich Angelika danach begrüßte, war ich nicht so fröhlich und erlöst wie erwartet. Im Gegenteil, ich war unendlich traurig. Sie nahm mich in den Arm. Tränen flossen.

»Nie wieder heirate ich!«, war meine Konsequenz dieser Geschichte. »Nie wieder.«

Angelika ließ sich ihre Enttäuschung über diesen Satz nicht anmerken. Ihr zuversichtlicher Kern, ihr Herz aber signalisierte ihr: »Schauen wir mal!«

Zwei Jahre später war Angelika auf der Suche nach einem neuen Engagement und hatte deshalb einen Termin bei der ZBV, der Zentralstelle für Bühnenvermittlung in München, das war die Künstlervermittlung der Agentur für Arbeit. Wir fuhren gemeinsam hin, ich wartete mit unserem Sohn Jens auf dem Arm im Auto. Sie ging in das Büro, und wer saß da? Meine Ex! Ausgerechnet! Angelika hatte sie einmal in Dortmund gesehen, als diese mich kurz besucht hatte – vor unserer Affäre.

Beide waren bei dem Zusammentreffen im ZBV natürlich irritiert und erschrocken. Angelika begrüßte sie freundlich, meine Ex reagierte höflich, aber distanziert. Also verkniff es sich Angelika, sie im Anschluss an ihre Berufsgespräche zu einem Kaffee einzuladen.

Die Tür ging auf: »Frau Atzorn, bitte!«

Zwei Frauen standen auf.

Ohne dich macht mir das keinen Spaß

Regelmäßig waren wir von Dortmund nach Bochum gefahren. Dort war Peter Zadek Intendant. Die Aufführungen waren für uns unbeschreiblich aufregend. Das Beste, was wir je auf einer Bühne gesehen hatten – modern, frisch, neu erzählt, ohne aufgesetzt zu sein. Großartige Schauspieler waren dort wie Rosl Zech, Hannelore Hoger, Eva Mattes, Ulrich Wildgruber und unser Liebling, der sehr spezielle Hermann Lause.

Es sollte dort ein Musical über die Beatles entstehen, inszeniert von Jochen Preen, dem engsten Assistenten von Zadek. Natürlich sprachen wir vor und wurden tatsächlich engagiert. Angelika für mehrere Rollen, ich als Brian Epstein, der Manager der Band. Es wurde eine bunte Mischung aus Beatles-Songs sowie einer von ihrer Hamburger Zeit inspirierten Geschichte. Ein riesiger Erfolg. Wochenlang ausverkauft und dann – eine Einladung zu den Festspielen in Wien.

Die Festspiele in Wien stellten sich allerdings als alles andere als erfreulich heraus. Die Bühnentechniker blockierten die Vorstellung. Die Umbauten funktionierten nicht. Alles ging viel zu langsam oder lief geradezu falsch. Eine Szene sollte zügig auf die andere folgen, Schlag auf Schlag. Aber das bekamen die Techniker nicht hin – oder sie wollten es nicht. Es gab laute Worte, schließlich Krach. Ein Schauspieler rastete aus. Die Sängerin verlor infolge der Aufregung ihre Stimme, musste die Premiere quasi ohne Stimme singen, da der Wiener Theaterarzt ihr kein Attest ausstellen wollte. Katastrophe. Man wollte uns einfach nicht. Die Premiere war mies, ein Reinfall. Es war nach unserer erfolgsverwöhnten Zeit eine grandiose Enttäuschung. Betrübt verließen wir Wien. Nach zwei weiteren Vorstellungen in heimischen Gefilden fanden wir aber wieder zur alten Form zurück.

Ein weiteres Gastspiel ging nach Hamburg ans Operettenhaus. Direkt an die Reeperbahn. Die Vorstellungen machten Spaß und waren erfolgreich. Die echten Beatles waren damals am anderen Ende der Reeperbahn gelandet, wir spielten hier den Anfang ihrer Karriere nach. Nach der letzten Vorstellung bot uns einer der Techniker eine Handvoll Freikarten für das legendäre Salambo an. Das musste wohl so sein, schließlich waren wir mitten im Kiez.

»Ihr Kinder müsst ja mal was zu sehen kriegen!«

Nicht alle gingen mit. Aber die meisten. Was wir dort zu sehen bekamen, war Sex pur. Ich dachte, ich träume. Konnte nicht glauben, dass die da richtig …? So etwas hatte ich noch nie gesehen. Wir war das möglich? Der Techniker, groß geworden auf St. Pauli, informierte uns. Angeblich machten die Darsteller die Show vier- bis sechsmal am Abend. Ich staunte. Wie geht das denn? Rein physisch gesehen? Im Hotel gab es für Angelika und mich eine Fortsetzung. Einmal. Immerhin.

Wir waren von Bochum so angetan, dass wir unbedingt fest engagiert werden wollten. Wir hatten alles auf eine Karte gesetzt und in Dortmund gekündigt. Also frischten wir unsere Vorsprechrollen auf, arbeiteten mit gegenseitiger Hilfe daran. Angelikas Lachmarie aus Shakespeares *Was ihr wollt* war super, schon beim Vorsprechen hatte sie Jochen Preen so zum Lachen gebracht, dass er fast vom Stuhl gefallen wäre. Ihre Beatie aus Arnold Weskers Drama *Tag für Tag* war ebenfalls nicht zu toppen.

Der schwierigere Kandidat war ich. Wieder aus *Dantons Tod* den St. Just und aus Christian Dietrich Grabbes *Scherz, Ironie und tiefere Bedeutung* den Dichter.

Angelika versuchte zu retten: »Du spielst das viel zu ernst, da fehlt dein Humor!«

»Ja, wie soll ich das denn machen?«

»Mach's noch mal, einfach leichter!«

Ich versuchte es wieder und wieder, aber es wurde nicht wesentlich besser, geschweige denn leichter und humoriger. Es wurde immer verkrampfter. Ich hatte das Stück vor Jahren im Hamburger Schauspielhaus gesehen und mich kringelig gelacht. Aber selbst bekam ich es nicht hin. Der Knopf ging nicht auf. Und das Vorsprechen rückte näher. Ich hätte vielleicht was ganz anderes, etwas Neues nehmen sollen, aber es war zu spät.

Der Termin war da. Peter Zadek saß mit mehreren Leuten im Zuschauerraum. Ich war nervös, mein Herz schlug bis zum Hals. Angst, Prüfungsangst, Versagensangst.

Ich begann: »Ach, die Gedanken, die Gedanken ...«

Die Stimme saß nicht, ich hörte mir selbst zu, es klang belegt. Ich war nicht frei, nicht locker, nicht in der Rolle. Einfach miserabel und langweilig. Ein ekelhaftes Gefühl, wenn man es selbst merkt. St. Justs Kälte und Menschenverachtung waren irgendwo, aber nicht auf der Bühne.

Ich ging ab, todunglücklich.

Ich hatte noch nicht mal durchgeatmet, da bekam ich von einem grinsenden Assistenten Zadeks prompt die Bewertung überbracht: »Er hat über Sie gesagt: Das ist das spießigste Arschloch, das er je auf einer Bühne gesehen hat.«

Na danke, vielen Dank. Damit ließ er mich stehen, ich knickte ab. Ich hätte ihm eine reinhauen können. Dieses schadenfrohe Grinsen, unterfüttert von dem überlegenen Bewusstsein, zu Peter Zadeks Entourage zu gehören.

»Frau Hartung, bitte!«

Angelika hatte diese Abfuhr nicht mitbekommen, sie wartete noch in einem anderen Raum. Mutig ging sie raus und spielte großartig. Zadek arbeitete mit ihr. Ich traute mich an die Bühnenseite, konnte zusehen.

»Jetzt mach's doch mal komplett anders!«

Sie improvisierte.

»Und noch mal anders. Ganz neu.«

Es gelang ihr, facettenreich zu sein. Sie faszinierte. Ich spürte ihre Qualität. Die unglaubliche körperliche Präsenz einer Tänzerin. Jemand klatschte unten. Sie bekam sofort ein Angebot nach Bochum. Ich wusste, dass sie talentiert war, aber so hochbegabt, dass Zadek sie sofort wollte? Das war mir bis dato nicht bewusst gewesen. Ich staunte und war extrem eifersüchtig. Sie durfte an mein Lieblingstheater. Und ich, was sollte ich jetzt machen?

Wie doof stand ich da. Als Versager. Sicher, ich hätte nach Ulm gehen können, aber was sollte ich da? Genauso ein Provinztheater wie Dortmund, also keine Verbesserung. Kein Millimeter. Ich war bedient.

Ich spürte, ich musste irgendwas unternehmen, sonst würde ich nie an ein größeres Theater kommen. Aber was? Wie wird man besser? Ich war in Esslingen, Zürich, Münster, Köln, jetzt Dortmund gewesen, jeweils ein bis zwei Spielzeiten, jeweils mit anstrengender Wohnungssucherei und verlustreichen Umzügen. Viele große Rollen, aber kein wirkliches Weiterkommen. Selbst mein Hamlet war von einem Regisseur aus Köln verrissen worden: »Absolute Scheiße!«

Woran lag es, was war los mit mir? In einer Ecke ganz weit hinten ahnte ich doch, dass ich es konnte ...

Angelika gelang auf Anhieb, wovon ich immer geträumt hatte. Sie hatte etwas, das mir fehlte. Ich wusste es: ihre Natürlichkeit beim Spiel, ihr Improvisationstalent und ihr Mut zum Risiko. Ich war gefangen. Es stimmte, was Zadek überspitzt formuliert hatte, ich war konventionell, mutlos, verklemmt. Wie kommt man da heraus?

Ich war mehr als deprimiert, fühlte mich unter aller Kanone. Ich war unendlich traurig. Wie sollte es für mich weitergehen? Sie an der Spitze und ich in der Provinz? Passte das noch?

Wir fuhren mit dem Zug zurück. Ich hatte ihr gratuliert. Zerrissen, mehr gelang mir nach meiner Niederlage nicht. Wir schauten aus dem Zugfenster. Stumm. Endlose Pause.

»Ich war nicht gut!«

Ich schaute in ihre Augen, sie war nicht besonders glücklich. Wieso eigentlich nicht?

»Ich hab dir ja gesagt ...«

»Ja, ja, Scheiße ... weiß ich doch, kein Humor, kein Abstand zur Rolle. Ach Mensch ... ich weiß nicht ... was mach ich bloß? Ich kann das alles nicht.«

Wieder Stille. Wir schwiegen sehr lange.

»Ich kann's einfach nicht.« Komplette Resignation.

Wir waren beide innerlich mit der vermeintlich anstehenden Trennung beschäftigt. Wie konnten wir zusammenbleiben? Ich hier in der Provinz, sie in Bochum im Zenit. Keine Augenhöhe. Einfach furchtbar. Ich tiefer als sie, das ging für mich überhaupt nicht. Nie würde ich das aushalten. Ich Durchschnitt, sie Elite. Na toll!

Der Zug näherte sich Dortmund. Plötzlich in die Stille: »Ich geh nicht.«

»Was?« Ich glaubte, mich verhört zu haben.

»Ich geh nicht!«

»Wie, du gehst nicht?«

»Nein, ich gehe nicht.«

»Wieso das denn?«

»Ohne dich macht mir das keinen Spaß.«

Das konnte doch nicht wahr sein.

»Weißt du, was du da ausschlägst? Das ist die Chance deines Lebens! Das kannst du nicht machen! Du spinnst doch!«

»Ich gehe nicht«, wiederholte sie ganz einfach. Ich konnte es nicht glauben. Sie wollte dieses Engagement nicht antreten? Ich war fassungslos. Im umgekehrten Fall wäre mir das nie in den Sinn gekommen. Never! Ich wäre in jedem Fall zu Zadek gegangen, egal was sie gemacht hätte.

Später sagte sie mir, dass sie genau gewusst hatte, dass ich das nie verwunden hätte. Nie. Die Beziehung wäre damit beendet gewesen. Sie wollte das nicht riskieren. Sie wollte mich behalten. Ich war ihr wichtiger als ein Engagement bei Zadek? Dieses Opfer konnte ich doch nicht annehmen?!

Und tatsächlich: Sie ging nicht nach Bochum. Nach der letzten *Beatles*-Vorstellung, diesmal wiederum in Bochum, trafen wir uns zum Abschiedsfest in der Wohnung eines Kollegen. Alkohol, Chips, Komplimente, Musik, Gespräche, Austausch, Gelächter, ein lebendiges Durcheinander.

Plötzlich tauchte Peter Zadek mit seinem Gefolge auf. Die Stimmung wandelte sich sofort in höchste Anspannung. Irgendwie wollte jeder etwas von ihm. Aufmerksamkeit oder besser noch eine Rolle. Auf jeden Fall wollte jeder von ihm bemerkt werden. Angelika stand auf.

Zadek hielt sie auf: »Wo willst du hin?«

»Aufs Klo!«

»Dann lass doch die Tür auf!«

Alle erstarrten. Angelika überlegte eine Sekunde, dann verschwand sie und machte die Tür wortlos zu.

»Gott, wie spießig!«

Peter Zadek war sauer. Er testete ständig.

Angelika kam von der Toilette, wir gingen ohne Abschied.

Zu meiner Rehabilitierung möchte ich noch hinzufügen, dass Jahre später, nämlich 1983/84, Zadek mich für eine Rolle in dem Musical *Ghetto* anfragen ließ, das er in Berlin inszenieren wollte. Er hatte wohl den Film von Bergman gesehen oder *Das schöne Ende dieser Welt* von Rainer Erler. Das freute mich sehr. Doch schweren Herzens musste ich absagen, da ich andere Verpflichtungen hatte.

»Was machen wir jetzt?« Die Frage stand im Raum.

»Ich weiß nicht. Willst du mit nach Ulm kommen?«, fragte ich zweifelnd.

»Nicht wirklich. Ich weiß ja auch nicht, ob der neue Intendant mich überhaupt engagieren würde.«

»Wenn du ihm von deinem Erfolg bei Zadek erzählst, klappt es sicher.«

»Willst du denn nach Ulm?« Sie spürte meinen Unwillen.

»Ehrlich gesagt, was soll ich da? Es ist ja nicht wirklich eine Verbesserung. Kommt natürlich auf die Rollen an, aber mehr als *Hamlet* hier geht ja eh nicht. Höchstens in München, aber in Ulm ...«

»Eben. Wie lange würde denn unser Arbeitslosengeld reichen?«, überlegte sie.

»Keine Ahnung. Ich würde grob schätzen vielleicht ein Jahr. Ich müsste mal nachgucken, und wenn deins dazukommt ...«

»Und wenn wir erst mal eine Pause machen?«

»Diese Frauen«, dachte ich, »immer sind sie einen Schritt voraus.«

Ein verlockender Gedanke, einmal zu pausieren.

»Einfach so?«

»Klar, wir spielen unsere Vorstellungen hier zu Ende, und dann ist erst mal Schluss.«

Ich fand das eine brillante Idee. »Ich habe momentan sowieso keine Lust mehr zum Spielen. Ich möchte mal nachdenken. Zeit haben. Für mich, für uns.«

»Ich auch! Mir geht es genauso!«

Also spielten wir unsere Vorstellungen zu Ende.

Die Ferien waren da. Kein Engagement. Freiheit. Das Arbeitslosengeld reichte für ein knappes Jahr, wie wir ausgerechnet hatten.

»Fährst du mit mir weg?«

»Wir zwei?« Ihre Augen leuchteten.

»Klar, lass uns an die Nordsee fahren, deine Eltern besuchen. Ein paar Tage Seeluft, Strand und Schwimmen.«

Schnell fiel die Entscheidung für die Nordseeinsel Wangerooge. Wir packten und fuhren mit dem alten Auto und neuen Bremsbelägen Richtung Norden.

Der erste Urlaub zu zweit. Meine Güte, war das schön auf der Insel. Ein kleines Zimmer, frische Brise, Krabbenbrot mit Spiegelei, endlose Spaziergänge, Lebensfreude, ausgiebige Liebesnächte.

Plötzlich durchfuhr es mich: Das ist meine Frau. Das ist der Mensch, mit dem ich leben möchte, immer!

»Willst du mich heiraten?«

Pause. Viel zu lang. Ein scheuer Blick von ihr.

»Was hast du gesagt?«

Ich stockte. War ich zu direkt vorgegangen? Hatte sie mich wirklich nicht verstanden oder zögerte sie mit der Antwort? Ich bekam Angst. Was, wenn sie Nein sagt?

»Ich habe gefragt: Willst du mich heiraten?«

»Ja!« Die Tränen stiegen ihr in die Augen. »Ja, ja, ja!«

Wir verschlangen uns trunken vor Glück. Alles stimmte. Die Welt stand still. Es gab nur noch zwei Menschen.

Das große Aufräumen

Beseelt kamen wir von Wangerooge zurück. Die Eltern von Angelika freuten sich über unsere Entscheidung. Wir hatten gleich ein vertrauensvolles Verhältnis, sie akzeptierten mich sofort als potenziellen Schwiegersohn. Angelika kam aus einem Beamtenhaushalt, der Vater war Direktor einer Sonderschule. Ein regelmäßiges Einkommen war bei mir nicht zu erwarten. Trotzdem wurde ich liebevoll aufgenommen. Angelikas Familie strahlte ein großes Selbstverständnis aus, ihre Natürlichkeit war beeindruckend. Das lag sicher auch an den vier Kindern, es war immer etwas los. Nie wurde ein Pseudo-Bildungsniveau aufgebaut und etwas vorgespielt wie bei meinen Eltern. Ich war von zu Hause das komplette Gegenteil gewohnt: Vornehmheit, Anstand, Künstlichkeit, gesellschaftliche Etikette. Alles wurde in eine Form gegossen. Das pralle, befreite Leben dieser Familie war eine Erleichterung für mich. Alles war total ungezwungen. So kann man also auch leben!

Als ich Angelika meinen Eltern vorstellte, war ich noch verheiratet. Sie waren geschockt und überfordert von meiner neuen Verbindung, obwohl sie genau wussten, dass meine Ehefrau das Gegenteil von einer liebevollen, unterstützenden Partnerin war.

Umgekehrt war Angelika von meinen Eltern nicht besonders angetan: »Das ist bei euch ja alles so seltsam, so künstlich, so verklemmt!«

»Was meinst du?«

Ich hatte keinen blassen Schimmer, worauf sie hinauswollte.

»Die reden ja gar nicht. Die tauschen sich nicht aus. Es ist hier so tot, man spürt kein Leben!«

Zum ersten Mal wurde ich gezwungen, meine Eltern mit Abstand zu sehen.

»Hier kann ich nicht atmen«, stöhnte sie.

Alles in mir weigerte sich, das zu erkennen oder gar zu akzeptieren. Ich hatte doch so moderne Eltern, so fortschrittliche. Oder etwa nicht? Sicher, seit Jahren gab es keine Veränderung. Alle Möbel standen immer an der gleichen Stelle. Der Tisch war stets mit dem gleichen Geschirr gedeckt. Jeder hatte einen festen Sitzplatz. Selbst die Aschenbecher standen immer am gleichen Platz. Es gab Mengen von Alkohol in einer gut gefüllten Bar. Gespräche führte man nur über kulturelle Ereignisse oder Künstler, die gerade in Hamburg waren und von Vater interviewt wurden. So gut wie nie wurde Persönliches angesprochen. Keine Gespräche über das Leben. Über Zusammenhänge. Über Gefühle. Über Lebensperspektiven. Über Alternativen zum Abitur. Über Schauspielerei. Über verschiedene Berufe. Es stimmte, was Angelika sofort festgestellt hatte: Es war kein Leben in dieser Bude.

Als ich ehrlich in mich hineinfühlte, erkannte ich, dass ich tatsächlich immer einsam gewesen war. Ich hatte mich immer allein und unverstanden gefühlt. Fehl am Platz. Das war mir vorher nicht so deutlich bewusst gewesen. Mein Zuhause hatte ich nie infrage gestellt. Es war einfach so. Das war für mich normal. Langsam wurden die Dinge klarer. Vielleicht waren meine Eltern gar nicht so fortschrittlich, wie sie von sich behaupteten. So hochbegabt und künstlerisch. Angelika brachte mich zum Nachdenken. Ich war zum ersten Mal zutiefst irritiert, was meine Eltern betraf.

Das erste Abendessen mit Angelika in meinem Elternhaus war mehr als verklemmt. Meine Eltern wussten nicht, wie sie mit ihr umgehen sollten. Ehebruch des Sohnes. Nein, so was aber auch! Das darf nicht sein. Indiskutabel.

»Ach, Sie waren hier an der Oper Tänzerin?«, fragte meine Mutter spitz. Wenigstens ein Thema.

»Ja, ich war zuletzt in den Inszenierungen von George Balanchine«, antwortete Angelika tapfer.

»Wir sind mit dem ersten Geiger der Oper befreundet!«, trumpfte meine Mutter auf.

Angelika ließ es einfach stehen, sagte nichts.

»Sie spielen jetzt also mit meinem Sohn zusammen?«

Das war wohl eine Zumutung für meine Mutter.

»Ja, *Aschenputtel und der Prinz*!«

»Ach so, tatsächlich, das ist ja … interessant.«

Ich wusste, diese Rolle war für meine Eltern natürlich gar nichts. Sie hätte mindestens Johanna von Orleans spielen müssen oder irgendeine weibliche Shakespeare-Hauptrolle. Ich empfand meine Eltern als unsäglich taktlos. Peinlich für uns alle. Irgendwann war der Abend dann überstanden.

Aus Platzmangel schliefen wir auf Matratzen, die vom Dachboden geholt wurden – und zwar unter dem Konzertflügel. Um auf die Toilette zu gehen, musste man am Wohnzimmer vorbei. Da saß aber noch mein Vater bei offener Tür und trank Whisky, allein. Meine Mutter legte sich immer früh ins Bett.

Angelika hatte größte Bedenken: »Da gehe ich nicht vorbei!«

»Das geht aber nicht anders, es gibt nur ein Klo, und das ist dort drüben.«

»Nein, das mache ich nicht!«

Unvermittelt stand sie auf, schnappte sich die große Vase, die auf dem Tisch stand, nahm die künstlichen Blumen heraus, pinkelte hinein und stellte die Vase zurück.

»Wenn dein Vater im Bett ist, lasse ich es an der Hausmauer runterlaufen …«

Das tat sie dann später mit großem Genuss.

»Was für eine Genugtuung. Hier musste dringend was Dreckiges passieren!«

Irgendwie bewunderte ich sie. Plötzlich verstand ich besser, warum ich bei Auseinandersetzungen mit meinen Eltern immer aggressiv und ausfallend wurde. Ich warf mit Ausdrücken um mich, die schlimmster Fäkalsprache entlehnt waren. Jetzt wusste ich, warum. Das war genau das Dreckige, das rausmusste, damit man hier wieder Luft bekam. Nur so konnte die Steifheit durchbrochen werden.

Als Kind und Jugendlicher musste ich immer aufpassen, nichts falsch zu machen. Die Regeln waren streng. Bloß nicht gegen Konventionen verstoßen. Ich lebte unter stärkster Kontrolle.

»Du redest nur, wenn du gefragt wirst«, war mir von Kindesbeinen an eingetrichtert worden. Kein Wunder, dass ich nicht sehr redebegabt war, denn mich fragte nie jemand etwas. Das Trommeln war letztlich der verzweifelte Versuch, durch Lautstärke wenigstens irgendwie wahrgenommen zu werden. War ich durch mein Aufwachsen in dieser Umgebung so introvertiert und gehemmt geworden? Befreite mich deshalb der Alkohol so? Mein Vater trank ja auch jeden Tag. War das vielleicht auch seine Methode der Lockerung? Der Verarbeitung? Der Problemlösung?

Durch Angelikas leichte, unbekümmerte Art lernte ich, genauer hinzuschauen.

Angelikas Vater ging es seit einiger Zeit gesundheitlich sehr schlecht. Es war fraglich, wie lange er noch leben würde. Seine fürchterlichen Kriegserlebnisse und seine äußerst schwere Kindheit forderten ihren Tribut. Wir wollten deshalb baldmöglichst heiraten, damit Angelikas Vater die Hochzeit seiner Tochter noch erleben konnte.

Die Einladungskarten schrieben und illustrierten wir mit großer Freude selbst. Mein Bruder war entsetzt und zeigte sich als fortschrittlicher Denker: »Wieso heiratet ihr denn? Das ist doch Schwachsinn! Man kann doch genauso gut ohne diese

Unterschrift zusammenbleiben.« Er lebte seit Jahren als Assistent eines Uni-Professors in Berlin. Das Großstadtdenken schien auf ihn abgefärbt zu haben. Doch siehe da: Drei Jahre später heiratete er ebenfalls.

Angelika und mir war dieses offizielle Versprechen wichtig. Für uns würde es einen gewaltigen Unterschied machen. Wir wollten mit allen Konsequenzen zusammengehören. Der Termin stand, die Einladungen waren raus.

Plötzlich kam uns ein inspirierender Gedanke: Wie wäre es, wenn wir unter unser bisheriges Leben einen kompletten Strich ziehen und noch einmal völlig neu beginnen würden? Von null! Zu zweit ein ganz neues Leben aufbauen. Unser Leben!

Noch wussten wir nicht, wo sich dieses neue Leben abspielen, wo die Reise hingehen sollte. Wollten wir überhaupt in unserem Beruf bleiben oder etwas anderes machen? Das Einzige, was sich wirklich richtig anfühlte, war: Wir gehören zusammen, und wir brauchen eine schöpferische Pause.

Das war die Idee des Tages! Also erst einmal Trennung von allem mitgeschleppten Besitz: Weg mit den Möbeln, den Büchern, weg mit Geschirr, weg mit Besteck! Bis auf eine Minimalausrüstung wollten wir uns von allem Überfluss befreien. *Simplify your life* hatten wir damit schon vorweggenommen.

Überfluss im eigentlichen Sinn gab es in den Siebzigerjahren ja noch nicht, aber der Gedanke an einen kompletten Neuanfang beflügelte uns sehr. Ein privater Flohmarkt wurde geplant und per Kleinanzeige angekündigt.

Wir hatten jetzt frei. Nach mehreren Jahren in festen Ensembles war die Selbstständigkeit und Selbstverantwortung ein ungewohntes Gefühl, aber auch eine Befreiung – endlich keine Fremdbestimmung mehr!

Zwei Wochen lang gingen Leute in unserer Wohnung ein und aus, befreiten uns von unserem Sammelsurium. Schließlich besaßen wir nur noch unsere Pässe, Ausweise, einen gefüllten

Kulturbeutel, eine minimierte Küchenausstattung und die besagte Luftmatratze. Letztere sollte bei meinen Eltern in Hamburg auf dem Dachboden verstaut werden.

Jetzt waren nur noch die Liebesbriefe verflossener Liebhaber und Liebhaberinnen zu entsorgen. In der leeren Wohnung waren sie quasi eine letzte Erinnerung an unser bisheriges Leben. Einfach wegschmeißen? Nein, die Verflossenen mussten doch irgendwie wertgeschätzt werden. Ich hatte die glorreiche Idee, ein Verbrennungsritual zu zelebrieren. Eine herrliche Möglichkeit, fand ich, um auch die letzten Verbindungen zu den Ex-Partnern zu kappen. Ehrlich gesagt wollte ich vor allem wissen, wer da so alles an meiner zukünftigen Lebenspartnerin herumgeknabbert hatte.

Angelika fand den Vorschlag mit der Verbrennung auch sehr ansprechend. Ein übrig gebliebener letzter Metalltopf wurde bereitgestellt, Streichhölzer lagen daneben. Wir zündeten eine Kerze an, und los ging es mit der Lesung. Folgendes Regelwerk wurde vereinbart: Jeder sollte einen Brief vorlesen, dann in den Topf werfen, Zündholz drauf – adios, Ex-Liebling!

Ich fing an. Eine harmlose Liebeserklärung mit einem gemalten Herzchen. Weg damit. Sie las etwas schrecklich Langweiliges vor, im Sinne von: »Ich brauche Dich, Du bist so schön, hast Du am Wochenende Zeit für mich?«

»Was war denn das für einer?«

Ich konnte nicht glauben, dass man eine Frau mit solchen Plattitüden rumkriegen kann.

»Der wollte mich heiraten!«

»Wie bitte, was wollte der?«, staunte ich.

»Ja, aber er kam nie infrage. Nie! Es dauerte auch nicht lang, denn wir gingen immer nur Hand in Hand.«

Dann wieder ich: »Mein Gott, Du hast so schöne Füße! Ich glaub, ich liebe Dich!«

Die Münsteraner Affäre stand mir plötzlich wieder vor Augen. Das Mädchen war wohl eine Fußfetischistin gewesen. Sie hätte nie einen Mann mit hässlichen Füßen an sich rangelassen. Meine Füße hatten standgehalten.

»Was findet die an deinen Füßen?« Angelika verzog das Gesicht. Sie fand meine Füße völlig normal. Ich eigentlich auch.

Jetzt las sie eine Karte vor. Entsetzlich. Dieser ehemalige Freund verstieg sich zu den Worten: »Ich bete Dich an, meine geliebte Honigbiene! Du hast mich so wunderbar beglückt, dass ich keine Nacht mehr ohne Dich schlafen möchte!«

Ich konnte es nicht mehr ertragen: »Stopp! Hör bitte auf, es reicht!«

Über diese alten Briefe konnte man sich überhaupt nicht mehr freuen, sie waren Schnee von gestern. Bei den Texten sträubte sich einem alles. Jedenfalls bei mir. Und da lagen noch fünf bis zehn weitere Briefe, in schönster Schrift, mit Bildern, Verzierungen, Herzchen und Glücksbringerlein.

Auch meine Eifersucht war nicht mehr zu verstecken. Die nebenbei getrunkenen Gläser zweitklassigen Weines taten ein Übriges. Die zweite Flasche war fast leer.

»Wir kürzen es ab! Jeder noch einen, und dann ist Schluss, okay?«

»Okay.«

Nach zwei weiteren Briefen mit Liebesgesülze war meine Stimmung auf dem Nullpunkt.

»Warum lesen wir uns diesen Mist eigentlich vor? Was soll das? Das ist ja schlimmer als Folter!«

»Wer hat es denn vorgeschlagen?« Überlegen lächelte Angelika mich an. Ich glaube, sie genoss meine Eifersucht. »Du doch wohl!« Das kam mit Nachdruck.

Es stimmte. Ich hatte mir das aber auch ganz anders vorgestellt. Schön, erbaulich. Als so eine Art positiven Hinweis auf die Partner, die man erlebt hatte. Einfach mitteilen, wie besonders man von denen gesehen worden war.

»Wie lange hattest du denn was mit der Fußpflege?«

»Sei bloß still. Hast du noch mehr von so was? Von solch halbobszönen Briefen?«

»Ich habe noch zwei. Soll ich die mal vorlesen?«

»Ne, bloß nicht, ich habe genug davon.«

»Mach mal das Fenster auf!«

»Ja, gut, ich brauche frische Luft!«

Mit der frischen Luft beruhigte sich der Geist. Etwas.

»Den Rest schmeißen wir jetzt weg.«

»Super Idee. Ich will gar nicht wissen, wie viele Männer du da …«

»Ins Feuer damit!«

Ende. Finito. Wir waren beide zufrieden. Befreit atmeten wir tief durch.

»Lass uns spazieren gehen.«

Warum wollen Frauen immer spazieren gehen?

»Meinetwegen.«

Wir fassten uns an den Händen. Kuss.

»Ich liebe dich!«

Noch ein Kuss. Hervorragend. Wir spazierten … ins Bett.

Unser neues Leben wurde mit unserer Hochzeit in Jever besiegelt. Trauzeugen waren zwei ganz herzliche Kollegen aus Dortmund. Der ostfriesische Standesbeamte war sehr aufgeregt, saßen ihm doch zum ersten Mal vier echte Schauspieler gegenüber. Er wollte sich Mühe geben, er wollte besonders »schön« sprechen, versuchte es also mit Hochdeutsch. Es klang gestelzt und dadurch reichlich seltsam. Wir saßen in einer Reihe nebeneinander und starrten bemüht zu ihm nach vorn. Mit ernster Miene, obwohl wir uns innerlich bereits vor Lachen kringelten. Auf keinen Fall durften wir uns anschauen.

Jeder dachte dasselbe: »Warum macht er es sich so schwer?«

Als er sich dann zum dritten Mal versprach, konnten wir nicht länger in sein verunsichertes Gesicht schauen und blickten wie auf ein Zeichen gemeinsam zu Boden. Vier gesenkte Köpfe vor seinen Augen machten ihn gewiss nicht glücklicher. Und unser »Ja!« auf seine Frage, ob wir Mann und Frau sein wollten, kam etwas verzögert. Aber immer noch besser, als wenn wir schallend losgelacht hätten. Dazu kam es glücklicherweise nicht.

Angelikas Eltern hatten wunderbare Dinge auf die Beine gestellt. Es begann mit Gratulationen, Musik und Champagner auf dem Marktplatz vor dem Standesamt. Die Gruppe zog dann weiter per gemietetem Bus in ein großes festliches Lokal in einem schlossartigen Gebäude. Angelikas Vater hielt eine wunderbare Rede mit der Kernaussage, dass Langeweile der Tod einer Ehe sei. Zur Langeweile ist es bis heute allerdings nicht gekommen, eher war das Gegenteil der Fall, nämlich eine Fülle an Erlebnissen und Aufgaben. Langeweile zwischendurch wäre manchmal sogar ganz erholsam gewesen.

Nach der Ansprache folgte ein üppiges Hochzeitsmenü.

Was meine Eltern dachten, weiß ich nicht, sie äußerten sich nicht zum Fest. Ich nehme an, sie nahmen mir diese zweite Eheschließung übel.

Am späten Nachmittag, als die Gäste kamen, ging die Feier in Angelikas Elternhaus weiter. Einige Kollegen aus Bochum, unsere Geschwister, einige Nachbarn machten mit. Die Stimmung war lebendig, fröhlich, es gab gute Disco-Musik und schließlich Tanz.

Unsere Kollegen, mit denen wir zusammen die *Beatles* gespielt hatten, taten allerdings gelangweilt und ließen uns spüren, wie spießig sie die Feier und das ganze Drumherum fanden. Es verletzte uns, wir hätten sie wohl lieber nicht einladen sollen. Ein wenig trübte ihr Verhalten unsere Unbekümmertheit und Freude.

Irgendwann gegen Morgen war dann alles vorbei. Angelikas Eltern hatten sich die größte Mühe gegeben, uns ein schönes, angemessenes Fest zu bereiten. Das bleibt unvergesslich. Ich bin dafür ewig dankbar.

Wir saßen in Angelikas ehemaligem Kinderzimmer, hielten uns in den Armen, frisch verheiratet als Mann und Frau und – Tränen kullerten. Die Anspannung löste sich nach und nach. Der Tag und die ganzen Vorbereitungen waren zu fordernd gewesen. Die sogenannte Hochzeitsnacht fand einige Tage später, dafür umso lustvoller statt.

New York, New York

Wir wollten unbedingt nach Amerika. New York sollte es sein. Diese Reise sollte nicht einfach nur eine Urlaubsreise sein. Nein, sie sollte etwas Einmaliges, Unvergessliches werden.

Also saßen wir im Flieger von Hamburg nach Amsterdam, und von dort ging es über den Großen Teich. Wir beide waren noch nie zuvor geflogen, daher war unsere Aufregung mit einem reichlich mulmigen Gefühl gekoppelt. Es war schlichtweg Angst vorm Fliegen, aber keiner von uns sprach es aus. Die Anspannung verlor sich nach einigen Stündchen in der himmlischen Höhe. Man konnte das Händchenhalten aufgeben.

Unser gesamtes Vermögen von 10.000 Mark in bar hatten wir auf drei Geldbörsen verteilt. Es bestand aus unseren Flohmarkterlösen und den Hochzeitsgeschenken. Wir hatten uns ja keinerlei Geschenke für einen Hausstand gewünscht: kein Geschirr, keine Tischwäsche, keine Haushaltsgeräte, keine Eierservierschalen ... Von Kreditkarten hatten wir zwar gehört, aber wir waren noch nicht kreditwürdig.

In New York waren die Grenzformalitäten im Vergleich zu heute ein Kinderspiel, und schnell saßen wir im nächstbesten Taxi. Wir wollten nach Queens. Dort wohnte Hans, der Freund einer Freundin, der vor Jahren nach Amerika ausgewandert war und dort für eine Hamburger Firma arbeitete.

Doch wohin fuhr der Taxifahrer eigentlich mit uns? Hallo? Einsame Straßen, kleinste Brücken. Er folgte Bahntrassen, fuhr über Wiesen und Felder, durch leer stehende Industrieanlagen ... Wir blickten uns an. Das war New York? Das sah ja fast aus wie in Wilhelmsburg oder Harburg. Unser Fahrer schwieg. Irgendwo in der Ferne, kilometerweit weg, waren riesige Hochhäuser, die Skyline von New York. Sie rückte nicht näher. Ich umklammerte meine zwei Geldbörsen, Angelika rückte ihre Handtasche näher an ihren Körper. Wir hatten unzählige Horrorgeschichten über die Kriminalität in New York gehört und waren von allen gewarnt worden: Seid bloß vorsichtig! Haltet euer Geld zusammen! Kleidet euch bloß nicht zu teuer! Wenn ihr überfallen werdet, alles hergeben, nicht wehren, unbedingt defensiv bleiben!

Sollten wir so kurz nach unserer Ankunft in Amerika tatsächlich schon in einer Falle sitzen? Wenn der uns hier *in the middle of nowhere* erschießt und verbuddelt, kräht kein Hahn nach uns! Wer würde uns vermissen? Vielleicht kämen Jahre später unsere Eltern auf die Idee, sich zu fragen: Wo stecken die eigentlich? Sind die immer noch nicht zurück? Die könnten sich ja auch mal melden.

Also Nerven bewahren! Ich versuchte, männliche Kraft und Stärke, also möglichst viel Virilität auszustrahlen. In meinem Kopf hämmerte pausenlos die brisante Frage, ob der Fahrer wirklich so harmlos war, wie wir hofften, oder ob er etwa Übles im Schilde führte. Ich ließ ihn nicht aus den Augen.

»Your address!«

Ich zuckte zusammen. Er zeigte auf ein Wohnhaus. Der Wagen hielt an, das Hämmern war weg. Uns fiel ein Stein vom Herzen.

»Thank you!«

»You are welcome. Have a good time.«

Wir hatten überlebt und bezahlten erleichtert. Hans empfing uns freudig, schließlich brachten wir Nachrichten von seiner Hamburger Freundin mit.

Er hatte für uns in Plastik verpacktes Essen kommen lassen und klärte uns erst mal auf: »Die Berichte über die Kriminalität sind völlig übertrieben. Seid ein bisschen achtsamer als sonst, dann passiert nichts.«

Na, hoffentlich. Er gab uns Tipps für unseren Aufenthalt. Nur leider bereitete er uns nicht darauf vor, dass die Amerikaner alles mit dem Auto erledigen, wirklich alles. Das mussten wir am nächsten Tag schmerzhaft lernen.

Wir wollten unsere Reise in Long Island am Atlantik beginnen und dort eine Woche lang mit Nichtstun verbringen: Sonne, Strand, Wasser und Liebe – ähnlich wie auf Wangerooge.

Erwartungsvoll fuhren wir mit der Bahn auf die Insel. Dort angekommen machten wir uns mit unserem Gepäck auf die Suche nach einer Unterkunft. Kein einziger Wegweiser, wir hatten nur eine ungefähre Ahnung, wo das Wasser sein müsste. Unsere Richtung schien zu stimmen, ein Cabrio mit Menschen in Badeklamotten fuhr dieselbe Strecke. Tatsächlich erblickten wir kurz danach eine Reihe von Hotels mit eigenem Strand. Man sah das Wasser! Freude stieg auf. Gleich im ersten Hotel fragten wir nach einem Zimmer, aber es war komplett belegt.

»Can you help us to find another accommodation?«

Nein, hier im Umfeld sei alles voll, war die Antwort. Wieso das denn? In den USA war doch gerade keine Ferienzeit, oder doch? Wir konnten es uns nicht erklären.

Plötzlich fiel uns auf, dass sich nur alte Menschen im Foyer aufhielten. In der Lounge, im Restaurant oder im Frühstücksraum ebenfalls. Hin und wieder sah man Frauen in weißer Kleidung. Schwestern? Wieso das denn? Wo war die Jugend? Auch in Richtung Meer zeigten sich nur Oldies.

Wir suchten das Nachbarhotel auf, bekamen aber wieder kein Zimmer. Auch dieses Hotel war voll mit alten Menschen. Nach und nach verdunkelte sich unsere Stimmung, denn es war unmöglich, ans Wasser zu kommen. Der Strand war für die zahllosen Hotels abgeriegelt, und in all diesen Häusern bekamen wir kein Zimmer. Langsam dämmerte uns, dass zumindest in diesem Bereich der Insel alle Hotels zu Altersheimen umfunktioniert worden waren.

Long Island, das Altersheim von New York, komplett voll mit alten Menschen! Davon stand nichts in unserem Reiseführer. Eine riesige Enttäuschung. Wohin jetzt?

Als einzige Fußgänger gingen wir die Straße entlang in der Hoffnung auf eine Busstation oder auf einen Menschen, der uns hätte weiterhelfen können. Niemand tauchte auf. Autos rasten an uns vorbei, keiner ging zu Fuß, alle fuhren. Gab es hier überhaupt öffentliche Verkehrsmittel?

Verzweiflung kroch hoch. Mein schicker Lederkoffer, den ich mir extra für diese Reise zugelegt hatte, entpuppte sich als völlig daneben. Der Koffer selbst war ja schon schwer, aber gefüllt mit den meisten Klamotten von uns beiden mutierte er zu einem tödlichen Gerät. Damals hatten Koffer noch keine Rollen. Warum hatte ich bloß keinen Rucksack gekauft? Ich hätte mir in den Hintern beißen können! Warum hatten wir unser dämliches Gepäck nicht ganz einfach bei Hans gelassen? Zahnbürste, T-Shirts, Shorts, Badehose und Bikini hätten doch gereicht.

Aber wo war denn überhaupt ein frei zugänglicher Strand? Es gab nur Sonne. Sie brannte senkrecht vom Himmel, es wurde heißer und heißer. Der Schweiß lief mir in Strömen herunter. Beide waren wir völlig falsch angezogen, viel zu warm: lange Hosen, lange Ärmel. Angelika hatte bereits eine Blase an der Ferse und lief barfuß, die Schuhe in der Hand. Sie trug schwer an ihren diversen Habseligkeiten. Wir gingen wortkarg der Straße nach, völlig orientierungslos, Autos rauschten weiterhin an uns vorbei.

Wir brauchten dringend eine Landkarte. Aber es gab kein Geschäft weit und breit. Wo gab es hier überhaupt irgendetwas?

Nicht nur die Sonne brannte, auch der vorwurfsvolle Blick von Angelika, als in der Ferne endlich ein Lokal auftauchte.

Oh Freude, die Rettung? Wir schleppten uns hin. Das Restaurant hieß McDonald's. Wir warfen unser Gepäck beiseite und wollten erst mal literweise Wasser trinken. Doch so einfach, wie wir uns das vorstellten, ging das nicht. Es gab keine Bedienung. An einer Schautafel musste man sein Essen plus Getränk wählen, und nach dem Bezahlen bekam man eine Nummer. Wir warteten darauf, dass unsere Nummern ausgerufen wurden. Das Lokal war rappelvoll. Ich verstand die Ansagen akustisch nicht. Angelika auch nicht. Vielleicht lag es an dem örtlichen Dialekt oder an der schlechten Lautsprecheranlage. Eigentlich verstanden wir gar nichts. Dazu lief laute Musik.

Nach geraumer Zeit hatten viele, die nach uns bestellt hatten, ihr Essen bereits abgeholt. So schien es uns jedenfalls. Unsere Nummer kam und kam nicht. Wieso nicht? Hatten die uns vergessen, oder was? Irgendetwas musste passieren! Wir sahen zwei fertige Menüs auf dem Tresen, die uns das Wasser im Mund zusammenlaufen ließen, auch wenn sie nicht im Entferntesten so aussahen wie die von uns bestellten. Ein abstimmender Blick, wir stürzten hin und verdünnisierten uns mit dem Essen nach draußen in eine mehr oder weniger uneinsehbare Ecke. Wir spielten die Unschuld in Person, Status: Ausländer. Aber niemand kam. Niemand vermisste die Menüs. Also genossen wir die Burger plus Wasser. Mir schmeckte es sehr, es erinnerte mich sofort an die Münchner Klubs, in denen ich in jungen Jahren Musik gemacht hatte. Die Mayonnaise und das Ketchup quatschten aus den Burgern, wir waren verschmiert, eingekleckert und brauchten viele Feuchttücher, um wieder einigermaßen landfein auszusehen. Angelika regte sich fürchterlich auf über die Unmengen an Plastikabfällen in den riesigen Abfalleimern. Mir war das zunächst gar nicht aufgefallen, mich faszinierte vielmehr die ungezügelte Fresslust vieler Gäste. Sie aßen nicht, sie stopften riesige Triple Cheeseburger oder Big Macs in sich hinein, ohne zu kauen, als gäbe es nie wieder etwas zu essen.

Einen jüngeren, übergewichtigen Mann fragten wir nach Übernachtungsmöglichkeiten. Er blickte nur irritiert, vielleicht hatte er meine Frage nicht richtig verstanden. Seine Freundin, superschlank, war freundlicher und sprach von Motels im Inneren der Insel.

»Where is your car?«

»No car, sorry.«

Ein fassungsloser Blick, dann schlug sie vor: »Take the bus!«

Das machten wir. Der Bus war sehr leer. Vielleicht vier Personen mit hageren Gesichtern, die unser sperriges Gepäck missmutig zur Kenntnis nahmen. Der Busfahrer murmelte einen unverständlichen Preis in seinen Bart, ich verstand gar nichts. Auch auf mehrfache Nachfrage erschloss sich mir der Preis nicht, sodass ich ihm einfach eine Handvoll Münzen vor die Nase hielt.

»Take it, please.« Er kassierte sie komplett ein; wahrscheinlich hatte er das Zuviel als Trinkgeld verstanden.

Der Bus fuhr durch eine Art kleine Stadt. Wir hatten keine Lust mehr, waren völlig erschöpft, wollten endlich irgendwo ankommen und hielten deshalb intensiv Ausschau nach einem Hotel. Als das erstbeste Motel auftauchte, drückten wir hastig die Stopp-Taste neben der Tür und stolperten hinaus.

Das Motel war unterirdisch: nie renoviert, schmuddelig, ausgestattet mit Bett, wackeligem Tisch, zwei Stühlen, Fernseher, Dusche und Klo. Alle Parkplätze waren belegt. Wir waren sicher die einzigen Gäste, die ohne Auto eingecheckt hatten. Der Blick aus dem einzigen Minifenster ging auf eine graue Häuserwand. Richtig toll! Genau das Gegenteil unserer Vorstellungen.

Angelika war unglücklich. Kein Strand, kein Wasser, kein Erholungsurlaub. Nur ein miserables Zimmer. So hatte sie sich ihre Hochzeitsreise nicht vorgestellt. Und auch nicht ihren

Ehemann. Sie hatte geglaubt, sie hätte jetzt einen Kerl, der sich auskennt, der alles weiß und sie beschützt; einen Mann, der bis ins kleinste Detail plant und vorbereitet; einen wunderbaren Mann von Welt eben.

Sie saß auf dem Bett und fing an zu heulen. Auch das noch. Wie gehe ich mit einer weinenden Frau um? Mein Unvermögen, meine Überforderung und letztlich meine Hilflosigkeit machten ihr klar, wen und was sie da geheiratet hatte. Jedenfalls alles andere als einen souveränen Durchblicker. Sie war einfach an einen Menschen geraten, der genauso unsicher war – wie sie selbst.

Plötzlich rannte sie aus dem Zimmer, irgendwohin, nur weg, weg, weg. Was sollte das denn? Spinnt sie jetzt? Wo will sie hin? Vielleicht tut sie sich was an? Rennt vor ein Auto oder was weiß ich?! Ich sprintete hinterher.

»Jetzt warte doch mal!«

Sie rannte weiter.

»Angelika, bitte!«

Sie drehte sich nicht zu mir um.

»Jetzt warte doch mal!«

»Nein, ich geh zur Botschaft. Die sollen mir helfen. Ich fliege nach Hause!«, schrie sie, ohne anzuhalten.

Leute blieben stehen, dachten wohl, hier würde ein ausländischer Film gedreht. Wo ist die Kamera?

»Was willst du?« Ich kam schon aus der Puste.

Sie blieb bei der Lautstärke: »Ich hau ab, ich will nach Hause!«

Sollte das ein Witz sein? Welches Zuhause?

»Wir haben kein Zuhause mehr, alles ist aufgelöst.«

»Ach du Scheiße! Stimmt ja!« Sie hielt an, drehte sich hin und her, wusste nicht weiter. Schließlich wieder laut: »Ich hau trotzdem ab, ich lasse mich scheiden!«

Was? Sie rannte weiter, direkt auf eine Bar zu. An meiner Scheidung hatte sie gesehen, wie unkompliziert das letztlich gehen kann.

Noch ein Versuch: »Jetzt warte doch mal!«

Keine Reaktion.

»Angelika ... lass uns reden!« Ich versuchte, sie zu bremsen. Ich war völlig perplex über ihren Ausbruch, so etwas kannte ich von ihr bislang nicht.

Sie wartete nicht, sondern verschwand tatsächlich in der Bar. Sie geht da allein rein? Und betrinkt sich? Was sollen die Männer da drin denken? Lässt sie sich etwa ansprechen und abschleppen? Ich bekam Angst. Oder war es Eifersucht? Auf ihren Mut?

Ich dachte, ich müsste sie vor sich selbst schützen, also folgte ich ihr in die schreckliche Kaschemme. Es dauerte etwas, bis sich meine Augen an die Düsternis gewöhnt hatten. Wenige Tische, vereinzelt mit dunklen Gestalten besetzt. Irgendwie Western Style. Schreckliche Luft. Musik aus einer Musikbox, ausgerechnet *Under the Boardwalk*, mein Lieblingssong mit Strandthema. Wer verarschte mich da?

Angelika hatte am Tresen schon ein riesiges Bier vor der Nase. So schnell? Sie saß ganz aufrecht, mit geradem Rücken. Tänzerin eben. Ich liebte diese Haltung an ihr. So voller Grazie. Krumm und wortlos setzte ich mich daneben, bestellte das Gleiche. Verschnaufpause. Keiner wusste, wie loslegen. Sie zitterte noch immer vor Wut auf mich und die ganze verfahrene Situation, trank ihr Glas leer und bestellte ein weiteres. Ich fühlte mich verantwortlich. Jetzt bloß nichts Falsches sagen. Ich wusste, dass ich ihre Erwartungen nach Souveränität nicht erfüllt hatte. Sie war enttäuscht. Jetzt half nur Ehrlichkeit.

»Entschuldige, ich dachte, es geht hier alles viel einfacher.«

Sie hörte nicht zu, sondern scannte den Barkeeper, der ihr mit zweideutigem Lächeln ein eindeutiges Angebot sendete und nebenbei ein neues Glas hinstellte. Ziemlich verwegener Typ. Tolle Muskeln.

Ich versuchte, ihre Aufmerksamkeit wieder auf mich zu lenken. »Ich weiß, ich hätte mich besser und genauer vorbereiten müssen. Tut mir leid. Woher soll man auch wissen, dass man hier nicht ans Wasser kommt.«

»Reisebüro!«, zischte sie leise.

Plötzlich verstand ich, was Männer meinen, wenn eine Frau sich fürchterlich aufregt und sie das so aufregend finden.

»Ja, stimmt, blöd von mir. Du hast ja recht. Ich habe nicht genug über Long Island gelesen.«

»Ich hätte mich auch kümmern können«, lenkte sie ein.

»Stimmt«, dachte ich. Das klang gut.

»Ich kaufe einen zweiten Reiseführer.«

»Ja, vielleicht.«

Wir schwiegen und tranken einen Schluck.

»Wir mieten ein Auto! Vielleicht kommen wir woanders ans Meer«, schlug sie vor.

»Ja, vielleicht. Ich weiß nicht. Aber nein. Ich fahre nicht mit dem Auto in New York herum, da habe ich zu großen Respekt.«

»Dort gibt's ja auch genug Busse, U-Bahnen und so was.«

Wir tranken weitere Schlucke.

Ich überwand mich: »Ich finde, wir sollten zurückfahren.«

»Kein Strand?«

»Nö.« Ich zuckte mit den Schultern. »Kein Strand.«

Ich bestellte ebenfalls ein zweites Bier.

»Okay. Dann fahren wir wieder. Ist zwar schade, aber was soll's.«

Ein Fernseher lief lautstark in einer Ecke, und die News berichteten vom heutigen Labor Day. Ein Tag für die *knights of labor*, die Ritter der Arbeit. In einer Stunde sollte Jerry Lewis mit einer 24-stündigen Marathon-Show loslegen. Jerry Lewis war unser Lieblingskomiker, wir hatten alle Filme von ihm gesehen. Viele Freunde fanden ihn ja schrecklich, viel zu übertrieben und zu platt, aber wir bewunderten, wie genau, intelligent und artistisch seine Nummern ausgearbeitet waren. Man musste die Filme zweimal sehen, dann ging man vor Bewunderung in die Knie.

»Ich weiß was: Wir kaufen uns was zu essen und schauen uns Jerry an!«

Diese Aussicht schien sie zu versöhnen. Sie lächelte mich an.

»Alles wieder gut?« Meine Hand landete behutsam auf ihrem Oberschenkel.

»Ja, fast.«

»Was fehlt?«

»Ich will mein Bier noch austrinken.«

»Ich auch.« Wir stießen an.

»Übrigens mag ich Streit überhaupt nicht.«

»Ich auch nicht.«

»Scheidung verschoben oder gestrichen?«

»Verschoben.«

In einem Supermarkt gegenüber des Motels kauften wir ein Hühnchen in der Dose. Ja, wirklich, eingemacht in einer Dose, dazu ein paar Brötchen, ein bisschen Obst und eine Flasche billigen Wein. Nach der Bewältigung dieses ersten USA-Tages fanden wir unser Zimmer plötzlich super. Wir aßen das erstaunlich gut schmeckende Hühnchen zu den Witzen von Jerry Lewis. Der lief zur Höchstform auf. Wir lachten, kuschelten uns zusammen, und unser erster großer Streit war Geschichte.

Am nächsten Morgen fuhren wir zurück nach Manhattan. Mithilfe unseres schlauen Buches fanden wir auf Anhieb ein preiswertes Hotelzimmer am Times Square im achten Stock. Einfach, aber funktionell. Unverzüglich machten wir uns auf den Weg, um die Stadt zu erspüren. Wir mussten gar nichts Besonderes tun, überließen uns ganz der Atmosphäre. Es war fantastisch: die Lebendigkeit, der Verkehr, die riesigen

Wolkenkratzer, die Menschen sämtlicher Hautfarben, die Geschäfte, die Radio City Music Hall, der Central Park, die Wall Street, das Empire State Building und die Fifth Avenue mit den teuersten Geschäften und Wohnungen der Welt.

Unser Shopping Center war nicht die Fifth Avenue, sondern ein winziger Kiosk am Times Square, gleich neben unserem Hotel. Hier wurden Theater-Restkarten zu Spottpreisen verschleudert. Jeden Tag schauten wir, wofür es Karten gab. Und jeden Tag waren wir im Theater, egal ob Musical, großes Theater oder Off-Off-Theater. Angelika war überwältigt von den Musical-Darstellern, die alles konnten: singen, tanzen und spielen. Genau das, was sie selbst seit frühester Jugend ersehnt hatte, seit sie im Kino *Sweet Charity* gesehen hatte. Das war die Motivation für ihre doppelte Ausbildung gewesen. Hier lebte ihre Vision.

Auch ich war so euphorisiert von dem künstlerischen Atem, dass ich am liebsten auf eine Schauspielschule in New York gegangen wäre. Regelmäßig kaufte ich die *Village Voice*, das Kulturblatt von Greenwich Village, und verschlang gierig die Anzeigen der *acting schools*, der *casting agencies*, studierte die Castings für Theater und Film. Zu gern wäre ich zu einem Casting gegangen, aber die Sprache ... *no chance.*

Die deutsche Branche fand ich plötzlich wahnsinnig brav und langweilig. Wir nahmen alles mit offenem Herzen auf. Einen Fotoapparat hatten wir bewusst zu Hause gelassen, weil wir Tagebuch schreiben wollten. Das taten wir auch, abends nach den Theaterbesuchen – alles wurde schriftlich festgehalten.

Gegessen haben wir in Billigrestaurants wie Nathan's. Da gab es Hotdogs, Rolls, süßsaure Gurken, Austern. Sie hatten einen defekten Senfspender, der nie mit dem Spenden aufhörte, wenn man ihn einmal ausgelöst hatte, und eimerweise Senf auf den Boden laufen ließ. Irgendwann erbarmte sich dann einer der wenigen Angestellten und drückte die richtigen

Stopp-Knöpfe. Oder wir aßen im etwas besseren Thad's, wo es Steaks mit Pommes gab. Wenn wir ein wenig Sehnsucht nach daheim verspürten, landeten wir im Wienerwald. Den gab es damals sogar in den USA.

Essen war überhaupt kein Thema, jeden Morgen freuten wir uns auf einen erlebnisreichen Tag. Bevor es losging, gab es ein karges Frühstück im Hotelzimmer: Brötchen aus dem Supermarkt, Käse oder Marmelade, der *instant coffee* wurde mit heißem Leitungswasser angerührt.

Wir waren glücklich in dieser Stadt. Nach drei Wochen voller Abenteuer und Theater ging uns zum ersten Mal die Luft aus. Wir setzten uns in einem Lokal nebeneinander mit dem Gesicht zur Wand, um niemanden sehen zu müssen. Zu viele neue Gesichter, wir waren übervoll, überfüttert mit Eindrücken. Also gingen wir zurück ins Hotelzimmer und blieben erst einmal dort. Rückzug. »Bitte nicht stören« außen an der Tür. Wir ruhten uns aus, rekapitulierten und fingen an zu erzählen. Aus dem Nichts heraus. Von uns. Ganz langsam. Jeder ein kleines Erlebnis. Pause. Zuhören. Warten. Nachdenken. Immer intensiver. Wir schauten uns an. Ich erfuhr von Angelikas Verletzungen, erzählte von den schmerzlichen Erfahrungen mit meinem Vater und den daraus resultierenden Ängsten vor Autoritäten. Ihr fehlte eine echte Freundin, es folgten Horrorerlebnisse aus der Schule, von denen wir beide einige erlebt hatten. Wir hörten einander zu, erzählten Geheimnisse, die wir bis dahin nie jemandem mitgeteilt hatten. Wir tauschten uns aus, nahmen uns Zeit füreinander. Wir waren allein.

Angelika erzählte prägende Erlebnisse aus ihrer Kindheit.

Am nächsten Morgen weckte sie mich aufgeregt: »Du, Robert, wir sind schwanger!«

»Wie, schwanger? Woher willst du das wissen?«

»Doch, ich bin schwanger. Ich spüre es. Da ist was passiert. Wir bekommen ein Baby.«

Wir waren frisch verheiratet, keine Arbeit in Sicht, kein wirkliches Zuhause, alles war offen, aber wir waren glücklich. Eine neue kleine Seele umkreiste uns.

Mit der Bahn machten wir einen Ausflug nach Washington. Beeindruckt standen wir vor dem Weißen Haus. Ein einsamer Mensch mit einem Protestplakat ging vor dem langen Zaun auf und ab.

Wogegen er protestierte, habe ich vergessen, aber ich wollte seinem Mut meine Bewunderung zollen, indem ich so was sagte wie: »Great, what you are doing here!«

Er stoppte nicht, sondern erwiderte sehr aggressiv: »Piss off, mind your own business!«

Das sollte wohl so viel heißen wie: »Hau bloß ab, kümmere dich um deinen eigenen Mist!«

Ich war geschockt, Angelika zog mich vorsichtshalber weg.

Und noch einen Wunsch erfüllten wir uns: einen Trip an die Niagarafälle. Dafür schlossen wir uns einer Schweizer Reisegruppe an. Es war äußerst gewöhnungsbedürftig, denn Gruppen waren nicht unser Ding. Egal, die Wasserfälle waren atemberaubend: die gigantische Größe, die Kraft, das Dröhnen, die unendlichen Wassermengen.

Einige Menschen sollen sich ja in gepolsterten Holztonnen die Wasserfälle hinuntergestürzt haben. Das war zwar verboten, aber ein paar Menschen haben es trotzdem versucht. Jeder zweite Versuch endete tödlich.

Wir wollten zurück. Zurück in vertraute Gefilde. Amerika hatte uns pausenlos ge- und schließlich überfordert. Aber nicht sofort nach *good old Germany,* einen Abstecher hatten wir noch vor: England mit Exeter und London.

Tänzerin oder Krankenschwesterin?

von Angelika Atzorn

Wieder einmal tanzte ich auf dem schmalen roten Läufer, der im Wohnzimmer lag. Ich liebte es, mich nach Musik zu bewegen, alles schien in Ordnung, ich war in einer anderen Welt. Egal welche Stimmungslage, ob fröhlich oder traurig, stets war ich eins mit der Musik, eins mit meinem Körper.

So fragte ich meine Mutter, ich war, glaube ich, sechs Jahre alt: »Mutti, gibt es einen Beruf, in dem man tanzen kann?«

»Ja«, sagte sie, »Tänzerin.«

»Hmm, dann werde ich Tänzerin – oder Krankenschwesterin!«

Wie sich später herausstellen sollte, traf das den Nagel ziemlich genau auf den Kopf.

Meine Eltern hatten keine Geschwister, dafür aber vier Kinder. Ich war die Zweitgeborene und wuchs mit drei Brüdern in Norddeutschland auf. Meine Mutter war eine gebürtige Ostpreußin. Sie liebte ihre Heimat sehr, und ich spürte ihre tiefe Trauer und Wehmut, weil sie nie mehr zurückkehren konnte. Sie hatte alles verlassen müssen, was ihr lieb und teuer war.

Gegen Ende des Krieges, im Februar 1945, stand meine Mutter in einem bitterkalten Winter, schwanger mit meinem ältesten Bruder, viel zu spät mit einem Ticket in der Hand in Gotenhafen. An ihrer Seite waren ihr Vater und ihre krebskranke Mutter. Sie wollten mit dem letzten großen Passagierschiff, der Gustloff, *in den Westen fliehen. Da die* Gustloff *jedoch schon überfüllt war, wurden sie zu einem Schwesterschiff gebracht.*

Einige Stunden später hörten sie Explosionen. Sie ahnten nicht, dass die Gustloff *von russischen U-Booten torpediert worden war. Mehr als 10.000 Menschen starben.*

Mein Vater war zu der Zeit in Danzig bei einer U-Boot-Flotte stationiert. Ihr Befehl lautete: »Raus, Menschen retten, so viele wie möglich!«

Er wusste, dass seine Frau ein Ticket für die Gustloff *hatte, und er wusste, sie konnte nicht schwimmen. Aber er konnte nicht wissen, dass sie in Sicherheit war. Inmitten von treibenden Leichen und Ertrinkenden suchte er verzweifelt und vergebens nach seiner Frau. Wie lange er in dieser Ungewissheit schwebte, ob sie überlebt hat oder nicht, weiß ich nicht.*

Als meine Mutter mit ihren Eltern in Hildesheim gestrandet war, starb ihre Mutter im Alter von 49 Jahren. Also zogen sie und ihr Vater mit Pferd und Wagen nach Norddeutschland, wo der andere Großvater lebte.

Das U-Boot meines Vaters wurde im Ärmelkanal von einer Wasserbombe getroffen. Er überlebte mit einem seiner Kameraden. Die beiden teilten sich ein Einmann-Rettungsboot. Stündlicher Wechsel, einer schwamm, der andere ruhte sich im Boot aus. Nach acht Stunden wurden sie von einem britischen Marinekreuzer aufgefischt und gerieten in englische Gefangenschaft.

Mein Vater hat sich nie wieder in tiefes Wasser begeben.

Nach drei Jahren Gefangenschaft kehrte er zu seiner Frau zurück. Zwei sich fremd gewordene Menschen fanden zusammen. Beide schwerst traumatisiert, nicht nur durch den Krieg, sondern auch durch ihre Kindheitserlebnisse. Ich hatte also Eltern, die mit dem nackten Überleben und dem Wiederaufbau einer zerstörten Gesellschaft und eines zerstörten Landes beschäftigt waren. Sie hatten keine Zeit und keine

Möglichkeit, ihre persönlichen Verletzungen, ihre Schuldgefühle, ihre Trauer zuzulassen und zu verarbeiten.

Mein Vater wurde Lehrer. Bis ich sechs Jahre alt war, lebten wir in einem alten Schulhaus im ersten Stock über den Klassenräumen. Es gab keine Waschmaschine, die Wäsche wurde in einem großen Kessel im Keller gekocht. Keine Pampers, nur Stoffwindeln. Kein fließendes Wasser, das Wasser wurde im Hof mittels einer Pumpe in Eimer gefüllt, hochgeschleppt und auf einem Kohleofen erwärmt. Zum Baden setzte man uns nacheinander in einen Holztrog. Ein Eimer Wasser wurde über uns gegossen. Bei vier Kindern musste es immer schnell gehen. Ich dachte, ich würde ersticken, und schnappte verzweifelt nach Luft. Bis heute macht es mir keine Freude, in tiefes Wasser zu springen.

Es gab kein WC, nur ein Plumpsklo im Hof. Uns Kindern wurden gelb-braun karierte Romika-Hausschuhe angezogen, und dann raus in die Kälte auf den Donnerbalken. Wenn es sehr kalt war, wurden im Backofen Ziegelsteine erwärmt, die uns die Mutter ins Bett legte. Vom Bett aus sahen wir über uns die unverkleideten Dachziegel, und im Winter rieselte manchmal über Nacht eine leichte Schneedecke auf unsere Betten.

Zum Spielen gab es nicht viel, aber ich habe auch nichts vermisst, wir hatten die Natur: auf Bäumen herumklettern, Hinkepinke oder Verstecken spielen, mit Blättern werfen, mit Murmeln knickern. Was ich auch liebte: durch Kornfelder streifen, auf der Wiese liegen, den Wolken zusehen, Gänseblümchen pflücken, Schmetterlinge und Schwalben beobachten. Mit einem Hut versuchten wir, Fledermäuse zu fangen.

Hatten wir Hunger, warf meine Mutter in Papier gewickelte Zuckerbrote aus dem Fenster nach unten.

Wir wurden gut versorgt, aber die emotionale Zuwendung von den Eltern kam oft zu kurz. Trotzdem bin ich meinen

Eltern zutiefst dankbar, vor allem meiner Mutter, die unter schwierigsten Umständen so viel geleistet hat. Ich weiß heute, dass sie ihr Bestes gegeben haben, jeder auf seine Weise.

Oft hatte ich das Gefühl, dass ich nicht denselben Stellenwert hatte wie meine Brüder. Die höhere Schule kam für mich nicht infrage.

»Das schafft sie sowieso nicht!«

Was für ein Satz! Frauen gehörten an den Kochtopf, wozu denn Abitur machen?

Gern wäre meine Mutter wieder ins Berufsleben eingestiegen, aber mein Vater sagte: »Das brauchst du nicht. Ich werde doch wohl eine Frau ernähren können!«

Er meinte es natürlich nur gut mit ihr, aus diesem Satz sprach der Geist der Nachkriegszeit. Sicher wollte er uns zu anständigen, ehrlichen Menschen erziehen, deshalb ging er mit Lob sehr sparsam um.

»Lob stinkt!«

»Bilde dir mal nichts darauf ein.«

»Nimm dir mal ein Beispiel an ...«

»Wie siehst du schon wieder aus!«

»Was sollen die Nachbarn denken?«

...

Eines Nachmittags saß ich neben meinem Vater, und er meinte traurig: »Da ist man Pädagoge, kümmert sich um andere Kinder, und bei seinen eigenen Kindern macht man alles falsch.«

Auch das war mein Vater – so menschlich und liebenswert.

Als ich zehn Jahre alt war, zogen wir nach Wilhelmshaven – in die »Großstadt«! Das war für mich ein Quantensprung. In der neuen Schule bekam ich eine Lehrerin, die zahllose Kinder verstörte. Nicht nur bei mir entwickelte sich eine Lesephobie, denn man durfte sich beim Vorlesen auf keinen Fall versprechen. Sofort kam der Nächste dran. Ich hatte nur noch Angst! Angst vor dieser Frau, Angst vor der Schule und Angst, ausgelacht zu werden. Jegliche Freude am Lernen schwand dahin.

Doch eine Freude gab es, das war die Ballettschule, dort blühte ich auf. Sie war meine Rettung. Ich hatte etwas gefunden, was nur mir gehörte. Was mir unendlich viel Spaß machte und mich durch alle Sorgen und Nöte getragen hat. Ich konnte mich nach Musik austoben.

Gegen Ende meiner Schulzeit stand eine Berufsentscheidung an. Da ich mir nicht sicher war, ob ich wirklich Tänzerin werden wollte, und auch keine Idee hatte, was ich sonst machen könnte, wurde mein Vater plötzlich sehr ungeduldig mit mir. Eines Abends setzte er mir die Pistole auf die Brust: »Morgen will ich wissen, was du werden willst!«

Eine fürchterliche, qualvolle und tränenreiche Nacht war die Folge. Nach Stunden tauchte in mir die Botschaft auf: »Werde Tänzerin!«

Das war eine unglaubliche Erfahrung. Danach: Stille.

Die große Überraschung war am nächsten Morgen, dass mein Vater diesen Wunsch akzeptierte. Ich wusste, er hätte es viel lieber gesehen, wenn ich Volksschullehrerin geworden wäre und aus dem nebenan gelegenen Fliegerhorst einen Bundeswehrpiloten heimgebracht hätte. Ich glaube, es fiel ihm schwer, aber er rang sich durch und sagte: »Gut, wenn du das willst, dann mach das. Aber du weißt, das ist eine brotlose Kunst! Es gibt keine Sicherheit.«

Mir war das egal. Ich war froh, so eine klare Entscheidung getroffen zu haben.

Inzwischen hielt der »Fortschritt« Einzug: Ich kann mich noch an den ersten Staubsauger, die erste Fernsehtruhe mit integriertem Schallplattenspieler und Radio, den ersten Kühlschrank und das erste Auto, einen roten Käfer, erinnern. Später kam natürlich auch das Telefon dazu. Jedes Gerät für sich war ein großes Ereignis!

Meine Mutter war eine zupackende, patente Frau und setzte sich durch – unser erster Urlaub stand an, hurra! Großartig, Urlaub mit sechs Personen!

Eine Campingausrüstung wurde gekauft, jeder bekam einen kleinen Rucksack, den er nach eigener Wahl bestücken konnte. Platzmangel!

Nach den ersten beiden Sommerurlauben in Deutschland – Bodensee, Ostsee –, die überwiegend verregnet waren, landeten wir im dritten Jahr auf einem Campingplatz in Grado an der Adria. Ich denke, es war 1961. Es regnete in ganz Deutschland, es regnete in Österreich, und mein Vater versprach: »Ich fahre so lange, bis die Sonne da ist.«

Sie schien in Grado. Bei unserer endlosen Fahrt durch Deutschland, mit einem Zwischenstopp am Chiemsee, waren wir voller Freude, wenn wir einem Landsmann mit einem Auto aus Wilhelmshaven begegneten oder es überholten. Man winkte sich voller Begeisterung zu.

Dieser Urlaub war für die ganze Familie so rundum erfüllend und schön, dass wir auch in den folgenden Jahren immer wieder Campingurlaube in Grado machten. Man konnte kilometerlang am Strand entlanglaufen, weit und breit nur Pinienwälder und Wasser. Keine Hotels! Heute ist von diesem Zauber nichts mehr zu erkennen.

Die drei Grado-Wochen waren die schönsten und entspanntesten Zeiten mit meinen Eltern und Brüdern. Einmal gingen wir Pizzaessen, einmal gab es sogar ein Eis, vielleicht auch zweimal? Das war etwas so Besonderes.

Pinienwälder, Sonne, Meer. Es wurde improvisiert, wir rutschten zusammen, wir schwammen zusammen, wir spielten zusammen, wir hielten zusammen.

Alle Festtage waren Familientage und wurden groß gefeiert. Meine Mutter liebte es zu kochen, und sie freute sich sehr, wenn wir alle gemeinsam am Tisch saßen.

Das Allerschönste: Einmal im Jahr war nur ich wichtig – an meinem Geburtstag. Ich bekam eine Geburtstagskerze, einen Kuchen, Geschenke und durfte Freunde einladen.

Ganz anders bei Robert, da wurden Geburtstage nicht gefeiert, die Atzorns waren ja so »modern«.

Mein Freund, der Herr Pfarrer

Zurück nach Europa. Zunächst nach London, dann weiter mit dem Auto nach Exeter. Dort war Geoffrey Reeves, einer meiner Kölner Regisseure, gelandet. Er hatte in Zürich mit meinem Mentor und Vorbild Wolfgang Reichmann in der Hauptrolle eine legendäre Vorstellung von Peter Barnes *Die herrschende Klasse* inszeniert. Aufgrund dessen war er nach Köln für ein Europäisches Theater engagiert worden: Neben ihm als Engländer arbeiteten Roberto Ciulli aus Italien und Hansgünther Heyme aus Deutschland daran. Allerdings brach das ehrgeizige Projekt nach ein oder zwei Spielzeiten zusammen. Das Ensemble war durch die unterschiedlichen Ansprüche und Anforderungen zerrieben worden. Ich spielte nur in einer Uraufführung unter Geoffrey Reeves mit, das Stück hieß *Lay by*, also Parkstreifen. Wie der Name sagt, spielte es auch an einem solchen. Es ging um einen Mann und eine Frau, die versuchen, einen Pornofilm zu drehen, und dabei mancherlei Ehe- und Erektionsprobleme haben. Nach meinem heutigen Empfinden war es ein völlig überflüssiges Machwerk.

Damals lebte ich mit Geoffrey und zwei weiteren Kollegen in einer Wohngemeinschaft, wodurch ein intensiver freundschaftlicher Kontakt entstand. Bei Roberto Ciulli spielte ich eine Rolle, an die ich mich nur sehr ungern erinnere, weil ich so grottenschlecht war.

Geoffrey leitete jetzt das Theater an der Universität von Exeter. Ich wollte ihn wiedersehen und bei ihm hospitieren. Angelika und ich stolperten in seine *Hamlet*-Inszenierung. Sie waren noch in den Anfängen, also beim Lesen. Als wir nach einer Woche abreisten, lasen sie immer noch. Sie stritten erbittert um einzelne Worte und Striche. Für uns war das unbefriedigend.

Bei einem der Schauspieler, Steven, konnten wir wohnen. Er war einer der beiden Hauptdarsteller, denn Hamlet sollte abwechselnd von zwei Schauspielern verkörpert werden. Wenn der eine Hamlet spielte, spielte der andere Horatio und umgekehrt. Eine spannende Idee.

Steven brachte jeden Abend eine andere Kollegin mit nach Hause, die auch das Bett mit ihm teilte. Entweder war er ein *sex maniac*, ein Sexbesessener, oder einfach eine Granate im Bett. Wer weiß. Jedenfalls lernten wir auf diese Weise viele Schauspielerinnen kennen. Man sagt den Engländern ja eine gewisse Prüderie nach, doch das konnten wir nach unserer Exeter-Zeit absolut nicht bestätigen. Es gab ein beeindruckendes Bäumchen-wechsle-dich-Spiel, nicht nur bei Steven, sondern auch beim Rest des Ensembles. Wir staunten. Zudem standen diverse fröhliche Sex-Spielzeuge offen im Bad und Schlafzimmer herum. Für Angelika ein *shocking moment,* wir konnten diesen saloppen Umgang nicht einordnen, hatten wir uns doch gerade Treue geschworen.

Jeden Morgen vor der Probe musste ich mit Steven in eine Squash-Halle. Er wollte munter werden, denn jeden Abend floss viel Whisky. Squash kannten wir nicht, ich hatte es noch nie gespielt. Steven war sehr fordernd und natürlich haushoch überlegen. Er jagte mich von einer Ecke in die andere. Ich verlor jedes Spiel, das freute ihn maßlos.

Autofahrten mit ihm waren eine Einladung zum Selbstmord. Nie wieder haben wir einen solchen Kamikazefahrer erlebt. Von Geschwindigkeitsbegrenzung hatte er noch nie gehört.

»Is it a car?«, war sein Mantra, wenn er viel zu eng auffuhr und riskant überholte. »Of course not!«

Für ihn waren nie Autos unterwegs, höchstens Hindernisse, die überwunden werden mussten. Nach jeder Fahrt mit ihm waren wir geschafft.

Wir suchten Ruhe und wollten das Meer sehen. Deshalb fuhren wir für zwei Tage nach Bristol zu Allison und ihrer Familie. Allison war ebenfalls eine Schauspielerin, die mit Geoffrey gearbeitet hatte. Sie hatte ihn in Köln besucht, daher kannten wir uns. Aber es war wie verhext, das Meer sahen wir wieder nur aus der Ferne, denn in dieser Familie gab es nur ein einziges Thema – Cricket. Frei nach Loriot: Ein Leben ohne Cricket ist möglich, aber sinnlos.

Wir sollten dieses zutiefst britische Vergnügen von Grund auf kennenlernen, also übten wir Cricket-Schläge im Garten, auf der Straße, auf diversen Wiesen. Und wir mussten selbstverständlich mit zu einem bedeutenden Spiel. Dessen Bedeutung entging uns aber völlig, denn bis heute haben wir die Regeln nur ansatzweise verstanden. Welche First-Class-Mannschaft von Bristol besiegt werden musste, war uns auch nicht wirklich klar. Gott sei Dank gewann Bristol, sonst hätten wir alle den Rest des Tages in tiefster Depression verbracht.

Es war also ein ziemlich seltsamer Ausflug. Allison schenkte uns als Andenken einen Cricket-Schläger und versprach: »This is the beginning of an everlasting friendship!«

Wir sahen sie nie wieder. Schade eigentlich.

Nach diesen überaus sportiven zwei Tagen fuhren wir zurück nach London, um vor unserer Rückkehr nach Hamburg einen Schulfreund von mir zu treffen. Er war nach England ausgewandert und anglikanischer Pfarrer geworden. Mit einer Banklehre bei der Hamburger Sparkasse hatte er angefangen, aber es zog ihn schon immer nach England. Während der zehnten Klasse hatten wir zusammen einen Englischkurs an der Berlitz School besucht. Die Sprache lernten wir jedoch erst richtig beim Renovieren der Wohnung der Lehrerin, die ein Native Speaker war. Wände streichen, Gardinen aufhängen, Möbel verrücken und natürlich *tea time* – alles auf Englisch.

Unsere Freundschaft vertiefte sich, und meine Schulnoten wurden etwas besser. In den Ferien fuhren wir gemeinsam nach London, wo wir bei einer entfernten Verwandtschaft von ihm wohnten. Gleich am ersten Abend hatte ich große Schwierigkeiten mit der Toilettenspülung. Eine britische Besonderheit? Ich bekam sie nicht in Gang, sie lief nicht – peinlich, peinlich. Ich verließ das Klo, schämte mich zu Tode, aber die Zuordnung war glücklicherweise ja nicht auszumachen. Später war alles verschwunden. Während der nächsten Tage arbeitete ich intensiv am Auslösetrick der Spülung, und siehe da: Kraftvoll ziehen und schwungvoll loslassen war das Geheimnis! *This was it!* Super Ergebnis. Ich hätte natürlich einfach mal fragen können.

Mein Schulfreund war glücklich, mich wiederzusehen und Angelika kennenzulernen. Wir begrüßten seine Frau, konnten in seiner Wohnung schlafen. Angelika suchte am nächsten Vormittag einen Arzt auf und kam mit der wunderbaren Nachricht zurück, dass tatsächlich ein Baby unterwegs sei. Das musste gefeiert werden!

Das Feiern ging so: Die englischen Männer trafen sich abends im Pub, und die Frauen blieben zu Hause. Frauen waren in Pubs nicht gern gesehen. Jedenfalls war es 1975 so. Angelika war also gezwungen, den Abend mit der Frau meines Freundes zu verbringen, ihr beim Stricken zuzuschauen und Englisch zu parlieren. Das gefiel ihr nicht wirklich.

Mein Freund und ich gaben uns mit Stout, dem berühmten dunklen englischen Bier, die Kante und redeten von alten Zeiten. Gemeinsame andere Themen waren nur sehr begrenzt vorhanden, eigentlich hatten wir uns nicht mehr so viel zu sagen, denn unsere Lebensentwürfe lagen diametral auseinander. Ein aufsteigendes Befremden wurde jedoch schnell mit Stout hinuntergespült.

Schade, ich bedauerte, dass es nicht mehr so funktionierte. Als ich dann später in *Oh Gott, Herr Pfarrer* spielte und mich mit spirituellen Themen beschäftigte, konnte ich seine Berufswahl viel besser verstehen.

Am nächsten Vormittag flogen wir zurück nach Hamburg, nachdem Angelika ihren Frust über den vergangenen Abend im Flughafentaxi ausgiebig bei mir abgeladen hatte. Die Konversation mit der englischen Ehefrau meines Freundes war wegen fehlender Gemeinsamkeiten schwierig gewesen. Aber auch meine Fahne in der Nacht hatte sie nicht gerade frohlocken lassen – eingehüllt in eine Alkoholwolke hatte sie sehr schlecht geschlafen.

Aber, wie der Hamburger so treffend formuliert: »Jetzt mal Butter bei die Fische!« Alles in allem war unsere Hochzeitsreise voller Abenteuer und sehr schön gewesen. Und: Wir kamen zu dritt zurück!

Das machen wir mit links

Neun erwartungsvolle Monate mit allen nötigen Baby-Vorbereitungen waren vergangen. Endlich wollte sich unser New Yorker Juwel zeigen. Alles war gut verlaufen, ich hatte sogar den Schwangerschaftskurs mitgemacht, nicht selbstverständlich für werdende Väter zu jener Zeit. Jetzt war es so weit: Die Fruchtblase war geplatzt, und wir fuhren locker und beschwingt mit unserer Ente zum Krankenhaus. Es war um Mitternacht herum.

»Das machen wir mit links!«, so dachten wir beide.

Vor allen Dingen – »wir«!

Es kam ganz anders. Nach einer kurzen Bestandsaufnahme in der Klinik schickte man mich wieder heim.

»Das dauert noch. Wir rufen Sie an, wenn es so weit ist.«

Brav verschwand ich nach Hause. Heute ist mein Verhalten kaum mehr nachvollziehbar, aber vor vierzig Jahren war es noch nicht üblich, dass Männer bei der Geburt dabei waren. Wie wichtig der Partner bei diesem Ereignis ist, war mir deshalb nicht bewusst. Die Hebamme gab mir zu verstehen, dass ich nur stören würde. Also ging ich erst mal heim.

Angelika lag allein im weiß gekachelten Vorbereitungsraum. Tiefschwarze bodenlange Gummivorhänge trennten mehreren Liegen voneinander ab. Alles war kalt und funktionell. Schlachthausatmosphäre.

Sie hatte gar nicht mitbekommen, dass ich gegangen war. Ohne Abschied war ich einfach verschwunden. Ein bodenloser Absturz: Sie war völlig allein und vermisste mich schrecklich. Stundenlang musste sie die unbeschreiblichen Schmerzen ohne Beistand aushalten, ohne Zuspruch, ohne Handhalten. An der gegenüberliegenden Wand hing eine riesige Bahnhofsuhr, deren Zeiger so gut wie nicht weiterrückten.

Angelikas Beckenboden war extrem muskulös durch ihre Tätigkeit als Tänzerin, der Geburtsvorgang deshalb sehr schmerzvoll. Eine Wehe nach der anderen, ausgeliefert, ganz allein.

Ich war zu Hause, schlafen konnte ich natürlich nicht. Also saß ich in der Nähe des Telefons, langweilte mich, wartete und wartete …

Gegen fünf Uhr morgens kam endlich der Anruf: »Es ist bald so weit!«

So schnell ich konnte, raste ich ins Krankenhaus. Ich wollte unbedingt bei der Geburt dabei sein.

Angelika lag im Geburtszimmer. Sie nahm mich nicht wahr, war kreideweiß, nicht ansprechbar. Sie sah so schlimm und mitgenommen aus, dass mir sofort übel wurde. Mein Kreislauf versagte, ich fiel fast um.

»Sie gehen noch mal raus!« Ein Befehl.

Draußen atmete ich mehrmals tief durch. Als ich zurückkehrte, war es fast schon zu spät. Sie holten das Baby gerade heraus, Vakuumextraktion. Der Vorgang war martialisch. Dann: ein erster Schrei! Ein Junge! Unser Sohn! Jens.

Nachdem die Nabelschnur durchtrennt war, legte man das Baby auf Angelikas Bauch. Sie sah mich gar nicht, sie war nur erlöst. Glücklich, dass das Kind endlich draußen war. Ich war in diesem Moment völlig überflüssig.

Später sagte Angelika: »Du warst einfach weg. Ich war bodenlos enttäuscht. Ich wusste, jetzt muss ich da ganz alleine durch, ohne Unterstützung. Die unbekannte Hebamme fühlte an und in mir herum. Es war entwürdigend. Ich fühlte mich so alleingelassen und ausgeliefert.«

»Sie ist innen gerissen, wir müssen nähen. Sie gehen raus!«

Es war ungefähr acht Uhr. Auf dem Flur hörte ich sie drinnen reden.

»Wir haben keinen Anästhesisten!«

»Wo ist er?«

»Weiß ich nicht!«

»Dann suchen Sie ihn! Wir müssen jetzt nähen, sie verblutet!«

Eine andere Stimme: »Ich habe vorhin telefoniert, er kommt in einer Stunde.«

»Zu spät. Wir nähen ohne!«

Angelika wurde an Armen und Beinen festgeschnallt, wie ich später erfuhr. Sieben Stiche erfolgten in die Wunde – ohne Narkose. Ihre sieben Schmerzensschreie gruben sich mir ins Herz und in die Eingeweide, für alle Zeiten.

Sie kam in ein Dreibettzimmer, ihr Gesicht war durch das lange Pressen blau gesprenkelt. Jens lag auf der Säuglingsstation. Rooming-in lag noch in der Zukunft. In einer Privatklinik wäre es vielleicht schon möglich gewesen, ein Mutter-Kind-Zimmer zu bekommen. Aber dafür reichte unser Geld nicht. Angelika machte die Trennungssituation ein klein wenig erträglicher, indem sie sich Jens bei der Verteilung zu den Stillzeiten immer zuerst geben ließ und ihn so spät wie möglich wieder abgab. So gewann sie einige kostbare Minuten.

Beim Heimfahren konnte ich nur noch verschwommen sehen. Ich hielt an, stieg aus, zitterte, trank einen Kaffee. Wischte mir die Tränen ab. Trank einen Schnaps. Lief ein Stück richtungslos. Weinte. Landete in einem Café. Trank noch einen.

Nie wieder ein Kind! Nie, nie, nie wieder!

Das ist ja unzumutbar. Das kann kein Mensch aushalten. Das ist ja die reinste Tortur. Das bedeutet es, einen Menschen auf die Welt zu bringen? So schwer ist das? Mit so viel Schmerz verbunden?

Und wie werden Frauen im Allgemeinen behandelt? Das ist doch nicht möglich. Wo bleibt die Wertschätzung des weiblichen Geschlechts?

Ich war komplett durcheinander, verunsichert, in meinen Grundfesten erschüttert.

Warum hatte ich Idiot mich nach Haus schicken lassen? Wie konnte ich so blöd sein? Ich hatte Schuldgefühle und versuchte, es wiedergutzumachen, indem ich Angelika mehrmals täglich besuchte. Unseren Sohn durfte ich nur durch ein Fenster in der Säuglingsstation bestaunen.

Als ich die beiden nach drei oder vier Tagen endlich abholen konnte, beruhigte ich mich etwas. Wenn ich diesen neuen Menschen auf dem Arm hatte, in diese Augen der Unschuld, der Liebe und der Reinheit sah, war ich selig. Angelika war wieder zu Hause, glücklich über unser Kind. Ihre Freude, ihr Lachen erfüllten unsere Wohnung. Nachts fanden wir kaum Schlaf wegen der neuen, ungewohnten Babygeräusche und dem Schreien nach dem Busen. Aber das war uns egal. Langsam kehrte Alltag ein und mein Vertrauen ins Leben kam zurück.

Ein Berliner in der Schweiz

Noch während der Schwangerschaft waren Angelika und ich nach München gezogen. Wir wohnten ganz schön in der Nähe des Rotkreuzplatzes und verteilten die wenigen übrig gebliebenen Reste unseres Dortmunder Flohmarktes in den zweieinhalb Zimmern plus Küche. Ziemlich karg sah unser Wohnprojekt zunächst aus. Deshalb strichen wir sämtliche Zimmer in verschiedenen Farben an, wobei das Kinderzimmer natürlich der wichtigste Raum war. Eine Wand wurde liebevoll mit einer Kuh, Blumen, Sonne und Wolken bemalt.

Wir besorgten preiswerte Secondhand-Möbel. Besonderheiten wie eine Wiege oder einen Küchentisch mit Eckbank kauften wir bei einem knorzigen Schreiner in der Nähe, der Bauernmöbel auf Vordermann brachte. Er war ein absolutes Original, sicher schon über siebzig. An beiden Händen fehlten ihm mehrere Finger, das tat seiner Geschicklichkeit aber keinen Abbruch. Mit größter Zähigkeit schleppte er die Möbel in den vierten Stock. Nachdem wir dann noch Teetassen, Earl Grey und einen Wasserkocher hatten, war wieder alles im grünen Bereich. Fast.

Unseren Traum vom Leben in Bayern sollte eine hölzerne Wandverkleidung im Schlafbereich hinter unseren Matratzen vervollständigen. Ein Bett war natürlich kein Thema, viel zu spießig. Solche Wände hatten wir schon häufiger gesehen, wir fanden sie wundervoll. Richtig bayerisch eben. Aus Norddeutschland kannten wir keine Holzvertäfelung, sie vermittelte uns Geborgenheit und das Gefühl von »dahoam«.

Akribisch vermaßen wir die Wand und besorgten Profilholz, Latten für die hintere Konstruktion und die entsprechenden Krallen plus Nägel und Schrauben. Handwerkszeug war glücklicherweise noch rudimentär vorhanden. Ich sägte, nagelte, dübelte, schraubte. Ein ganzer Tag mit eifriger Handwerksarbeit ging dahin, nur manchmal eine kleine Pause mit einer Tasse Tee und Butterbrezel.

Schließlich war das Werk vollendet. Stolz rief ich Angelika herbei. Wir standen vor meinem Werk. Sie staunte dankbar – aber nicht lange. Ohne Vorwarnung, ohne das geringste Geräusch löste sich die gesamte Konstruktion von der Wand und fiel wie in Zeitlupe in einem Stück vornüber auf den Boden. Das krachte nun doch gewaltig. Holzsplitter lagen im ganzen Raum herum. Schock.

»Was war das denn?«, entsetzte sich Angelika. »Dieser Dreck! Ne, wirklich! Was hast du denn da gemacht? Wieso hält der Mist nicht?«

»Ich habe keine Ahnung. Ich dachte, es geht so ... und hält ewig.«

Angelika untersuchte die Konstruktion. Sie war, wie schon gesagt, mit drei handwerksbegabten Brüdern groß geworden, die alles selbst machen konnten. Wirklich alles!

»Du hast die Krallen falsch reingeschlagen! Außerdem müssen sie an den Leisten verankert werden!«

»Hab ich doch!«

»Hast du nicht! Auf jeden Fall nicht richtig!«

»Ach, Mist! Du weißt Bescheid, ja? Dann mach du es doch!«

Ich war stocksauer. Auf mich. Hab ich das wirklich alles falsch gemacht? Tatsächlich? Ich hatte überhaupt keine Lust mehr, das zu untersuchen. Der Tag war gelaufen. Ich verließ die Wohnung. Wollte ein oder zwei Bier trinken. Allein sein. Mich abreagieren.

Als ich zurückkam, stand die Wand.

Ich war mit einem weiblichen Genie verheiratet.

Wir hatten die Aussicht, am Residenztheater in *Faust* mitzuspielen. Beide. Schon wieder *Faust!* Der verfolgte mich. Gab es eigentlich keine anderen Stücke? In Hamburg hatte mich Michael Degen aufgegabelt, der in München *Faust* inszenieren sollte und dafür junge Schauspieler für kleinere Rollen suchte. Ideal für uns. Aber das sollte erst in einem halben Jahr stattfinden. Unser Geld würde nicht so lange reichen. Was tun?

Gott sei Dank rief der liebenswerte Theateragent an, der schon meiner Ex-Frau und mir das erste Engagement in Esslingen verschafft hatte. Er erzählte von Solothurn. Dort wollten sie *Die neuen Leiden des jungen W.* spielen und suchten noch die Hauptrolle. Ich war sofort Feuer und Flamme, das war mein Stück!

»Soll ich hinfahren und vorsprechen?«

»Nein, ich habe denen deine Vita gezeigt, du musst nur Ja sagen.«

»Moment, ich rufe gleich zurück!«

Ich besprach es mit Angelika. Sie stimmte zu, denn sie wollte ihre Eltern in Norddeutschland besuchen, ihnen unser Baby zeigen und sich ein bisschen verwöhnen lassen. Ich könnte schon mal in Ruhe ein Zimmer suchen und mit den Proben anfangen. Eine beflügelnde Perspektive, ich war glücklich.

Angelika flog mit Jens zu ihren Eltern. Ich flog mit meiner Ente in die Schweiz. Schnell fand ich ein kleines Zimmer, und die Proben begannen.

Wie man so sagt: Ich saß auf der Rolle. Mir fielen unendlich viele Nuancen ein, die die Figur des Edgar Wibeau, den ich spielte, lebendig machten und die Vorstellung bereicherten. Mein Wibeau zeichnete, spielte Waschbrett, ließ pantomimisch Regen fallen. Von Tag zu Tag wurde ich mit diesem verliebten Edgar vertrauter und verbündeter. Zum ersten Mal fühlte ich mich völlig richtig in einer Rolle und auf der Bühne.

Nach der Probe gingen wir immer gemeinsam essen. Bei strahlendem Sonnenschein saßen wir in einem Wirtshausgarten unter Kastanien und genossen das Leben.

Zu meinem völligen Glück fehlten nur Angelika und Jens. Ich rief sie an.

»Wie geht's dir da oben in Ostfriesland?«

»Ja, du, sehr gut, eigentlich.«

»Was heißt eigentlich?«

»Na ja, die Eltern sind sehr lieb, erfüllen mir jeden Wunsch, lieben den Jens, aber ich vermisse dich!«

»Ich dich auch. Und wie! Es ist toll hier, die Proben sind super, aber ihr beide solltet hier sein.«

»Das wäre schön. Ich rede mit den Eltern, ob mich einer zum Flughafen bringen kann.«

»Das Zimmer ist zwar klein, aber es reicht für uns drei.«

»Ich fliege nach München, und du holst mich ab, geht das?«

»Ja klar, ich freue mich. Übermorgen habe ich frei, vielleicht findest du einen Flug!«

Wir vereinbarten den übernächsten Tag. Nächtens war ich von Solothurn nach München gefahren, und im selben Moment, in dem ich in unsere Münchner Straße einbog, stieg Angelika mit Jens aus einem Taxi.

»Hey, du Süße!«, rief ich quer über die Straße.

Sie strahlte, ich nicht weniger.

»Was für ein geniales Timing!«

»Das kann doch kein Zufall sein, da hat jemand mitgeholfen, oder?« Sie deutete mit dem Zeigefinger nach oben.

Wir umarmten uns, ich nahm Jens ganz nah zu mir. Wie schön es war, unseren Sohn endlich wieder in den Armen zu halten. Ein warmes Gefühl durchrieselte mich. Eine eigene Familie zu haben, gab meinem Leben eine völlig neue Bedeutung und einen Sinn.

Am nächsten Tag fuhren wir in die Schweiz. Zum ersten Mal waren wir zu dritt unterwegs. Ein völlig neues Erlebnis mit zahlreichen Still-Stopps. Der Kleine fand das lange Autofahren überhaupt nicht prickelnd. Ohne Ankündigung erbrach er sich über den ganzen Rücksitz. Mit so einem nicht gerade erbaulich riechenden Sturzbach hatten wir nicht gerechnet und folglich auch kein Reinigungsmaterial dabei. In der nächsten Raststätte versuchten wir das Malheur zu beseitigen. Das gelang jedoch nur bedingt, und so fuhren wir mit offenem Fenster als etwas herb duftende Familienwolke durch die Schweizer Landschaft.

Angelika fühlte sich in ihrer neuen Rolle als Mama richtig wohl. Sie genoss es, mit umgeschnalltem Baby vormittags an dem kleinen Fluss, der Aare, entlangzuspazieren, die Natur und die Menschen zu beobachten und schließlich gegen Mittag mit der Theatergruppe zu essen.

Die Proben liefen weiterhin sehr gut, aber irgendetwas fehlte mir. Ich deutete das dem Regisseur gegenüber an, doch er vermisste nichts. Er fand alles richtig. Das war es ja auch, aber mir fehlte ein Stück Wahrhaftigkeit. Kurz vor der Premiere durchschoss es mich plötzlich: Der Berliner Slang fehlte!

Ulrich Plenzdorf hatte das Stück zwar auf Hochdeutsch geschrieben, aber es war deutlich gefühlt und empfunden im Berliner Tonfall. Ich wollte berlinern. Der Regisseur hatte Bedenken.

»Du, das geht nicht, wir sind hier in der Schweiz. Keiner wird was verstehen, wenn du berlinerst!«

»Lass es mich beim nächsten Durchlauf einmal ausprobieren!«

»Okay, einmal.«

»Einmal, ja, danke!«

Ich probierte es, es lief wie von selbst, und er fand es plötzlich auch wesentlich stimmiger.

Der Berliner Sprachduktus war auch kein Problem für das Schweizer Publikum. Im Gegenteil. Alle verstanden alles. Das Stück wurde für das Theater ein Riesenerfolg. Für mich auch. Alle wollten den Schauspieler und seine kleine Familie aus Deutschland kennenlernen. Ich hatte mich freigespielt.

Wir freundeten uns mit Monique an. Monique war Französin, sprach aber perfektes Schwyzerdütsch. Sie war verantwortlich für die Requisiten. Jeden Abend lag alles am richtigen Platz.

Monique war in Straßburg groß geworden. Als Kind hatte sie den Einmarsch der deutschen Truppen mitbekommen und immer noch die Schritte der Soldaten im Ohr. Folglich war sie zunächst sehr skeptisch gewesen, als es hieß, die Hauptrolle spiele ein Deutscher. Ausgerechnet. Aber nachdem sie mich eine Zeit lang auf der Bühne beobachtet hatte, war sie positiv überrascht, dass Deutsche auch ganz anders sein konnten, nämlich offen, liebevoll und zugewandt.

Sie war äußerst humorvoll und lebensfroh, auch mit Angelika freundete sie sich an. Wir trafen uns alle täglich, nicht nur im Theater, gingen zusammen aus, kochten gemeinsam, lachten miteinander und schmiedeten Pläne. Unsere Zuneigung entwickelte sich so weit, dass wir eines Tages den Entschluss fassten, zusammen in die Bretagne zu ziehen. Ans Meer! Sie kannte dort ein leeres Haus, renovierungsbedürftig, sehr preiswert. Sie schwärmte so bildhaft davon, dass wir uns ein gemeinsames Leben an diesem Ort vorstellen konnten. Abenteuer!

In Gedanken waren wir bereits umgezogen, tauchten in die Wellen des Atlantiks, kletterten an der Küste über Felsen, suchten Muscheln, sonnten uns. Jens würde zweisprachig aufwachsen, und wir tranken schon den köstlichen Wein in einfachen Fischerkneipen.

Nur Angelika blieb realistisch und meldete Skepsis an: »Denk an die Sprache. Wie willst du da spielen? Gibt es da ein Theater? Zum akzentfreien Lernen brauchst du Jahre. Oder willst du da etwas anderes machen? Was wird Michael Degen sagen, wenn die *Faust*-Proben losgehen? Bist du nicht schon fest gebucht?«

Das stimmte natürlich. Und mein zweiter Name war nicht gerade Romy Schneider. Wegen Französisch war ich sogar einmal sitzen geblieben. Aus der Traum.

Monique war am Boden zerstört, sie hatte fest mit uns gerechnet. Nun stand sie den Deutschen wieder skeptisch gegenüber. Das war schade, aber nicht wiedergutzumachen. Wir trennten uns mit dem Versprechen, in Kontakt zu bleiben. Aber es war beendet. Jeder wusste es. Diese Wahrheit wurde nur nicht laut ausgesprochen.

Doch alle beglückenden Erlebnisse von damals waren in unseren Herzen verankert, ich denke, auch in Moniques.

Das mache ich auf keinen Fall

Geht Theaterspielen überhaupt mit einem Baby? Das war die entscheidende Frage. Das kleine Zimmertheater in Hamburg-Pöseldorf hatte uns eingeladen, gemeinsam in einem chaotischen Stück über Familienschwierigkeiten zu gastieren. Mit Angelika auf der Bühne zu stehen, versprach viel Inspiration und Freude. Wir lasen das Stück, fanden es originell und entschieden uns für eine Zusage. Eine nicht gerade überdimensionale Gage, aber immerhin. Jens würden wir, wenn er schlief – und er schlief noch die meiste Zeit –, einfach nebenan abstellen.

Klar, das probieren wir!

Mit der Ente ging's nach Hamburg. Die erste Nacht verbrachten wir bei meinen Eltern. Sie fanden Jens ganz entzückend. Das beruhigte uns sehr, denn die erste Reaktion meines Vaters auf den angekündigten Nachwuchs war ja deutlich anders ausgefallen. Nach unserer Hochzeitsreise waren wir um den Esstisch meiner Eltern gesessen, als wir ihnen die frohe Nachricht überbrachten, dass sie Großeltern werden würden.

»Stellt euch vor, wir bekommen ein Baby!«

Pause. Eine lange Pause.

Schließlich meinte mein Vater: »Ich habe immer gesagt: Wer mich zum Großvater macht, den erschlage ich!«

Blick zu meiner Mutter. Sie sagte nichts, blickte nach unten.

Angelika nach einer Schocksekunde: »Dann musst du mich erschlagen!«

»Du kannst ja nichts dafür.«

Ich war der zu Erschlagende. Wir hatten natürlich erwartet, dass sich meine Eltern über diese Neuigkeit genauso freuen würden wie wir. Wir waren enttäuscht, konnten diese

Reaktion nicht wirklich einordnen. Sollte das ein sarkastischer Witz sein? Oder verbarg sich darin ein ernst gemeintes Gebot, Vermehrung gefälligst sein zu lassen? Uns wurde schlagartig klar, dass wir Hamburg verlassen mussten. Weit weg. Mit dieser Ablehnung wollten wir nicht leben.

Diesmal war es also glimpflich abgegangen, ich wurde nicht erschlagen.

Am nächsten Morgen studierten wir die Mietangebote. Eine Bleibe zu finden war längst nicht so schwierig wie heute. Wir telefonierten und vereinbarten Besichtigungstermine. Schon beim zweiten möblierten Zimmer in Altona sagten wir zu. Es befand sich im ersten Stock eines Reihenhauses. Zwei dunkelhäutige Kinder im Alter von fünf und sieben Jahren liefen herum. Die alleinerziehende Mutter war jahrelang als Krankenschwester für eine Hilfsorganisation in Palästina gewesen und hatte die beiden Kinder dort adoptiert. Sie hießen – kaum zu glauben – Hänsel und Gretel. Das ganze Haus war mit alten Zeitungen aus der ganzen Welt messiemäßig vollgestopft. Das störte uns nicht, wir waren froh, so schnell fündig geworden zu sein.

Die erste Probe war sehr entspannt. Wir lernten das Theater kennen, die Chefin, den Regisseur, die Kollegen. Jens lag schlafend nebenan. Es konnte kaum besser beginnen.

Am nächsten Tag Leseprobe. Alle waren wieder versammelt. Nach zwanzig Seiten meldete sich Jens, hungrig. Angelika stillte ihn, er schlief weiter. Nach weiteren zwanzig Seiten erneute Unterbrechung. Eine Wolke, nicht gerade duftneutral, zog durch die Probebühne. Jens weinte, wollte gewickelt werden. Das übernahm ich. Danach schlief er nicht wieder ein, er wollte etwas erleben. Also versuchte ich, die Lesung mit Jens auf dem Arm durchzuziehen. Mehr als ungewohnt. Wir wechselten uns ab, und Angelika las mit Jens auf dem Arm.

Pausenlose Babygeräusche. Schmatzen, Gekrächze, Blubbertöne. Wahrscheinlich wollte er mitspielen? Kündigte sich da etwa schon eine Schauspielbegabung an?

Ein Kollege wandte sich an den Regisseur: »Bei aller Liebe, Klaus, das geht so nicht. Ich kann mich nicht konzentrieren.«

»Ja, ja, tut mir leid, das versteh ich. Ehrlich gesagt, ich auch nicht.«

Ich versuchte zu retten: »Ich gehe noch mal nach nebenan, vielleicht kriege ich ihn wieder zum Schlafen. Wartet bitte kurz.«

Aber Jens schlief nicht. Im Gegenteil, er war so munter wie noch nie, wollte beschäftigt werden, sein Leben ausprobieren, Krach machen. Zwei Kuscheltiere wurden abgelehnt. Auch der Schnuller versagte. Ich kehrte zurück in die Antibabystimmung.

»Ihr könnt ihn nicht mit zur Probe bringen, ihr braucht ein Kindermädchen.«

Richtig! Das war uns auch klar.

»Was ist mit euren Eltern? Können die nicht aufpassen?«

»Nein, das ist unmöglich. Die bewältigen ja nicht mal ihren Hund«, log ich.

Meine Eltern wollte ich auf keinen Fall einspannen. Mein Vater journalisierte bei Herrn Springer, und meine Mutter war völlig ungeeignet. Sie konnte gut singen, aber die praktischen Dinge des Lebens waren nicht ihre größte Stärke. Sie war durch und durch Künstlerin: stundenlange Gespräche über kulturelle Themen, Tee trinken, das *Abendblatt* oder die *Hörzu* lesen, Maniküre, Pediküre und Nüsse knacken. Eine Dame von Welt eben!

Wir hatten also ein Problem. Die Probe ging holprig weiter. Es kam die Stelle, wo für Angelika im Text »oben ohne« stand. Komplett freigelegter Busen, sollte das wohl bedeuten. Diese Anweisung im Text hatten wir vorher nicht weiter beachtet. Ein großer Fehler, wie sich herausstellte.

Der Regisseur ließ seiner Fantasie freien Lauf: »Also, äh … Ich stelle mir vor, du kommst durch die linke vordere Tür rein, lässt sie einfach offen stehen, rennst voller Aggression zu deinem Vater hinüber. Mit einem Rutsch ziehst du dein T-Shirt aus, schmeißt es ihm mitten ins Gesicht. Wenn er dann überrascht schaut und protestieren will, verwirre ihn, fang mit erotischen Bewegungen an. Dazu lasse ich *You can leave your hat on* von Randy Newman laufen. Mach ihn langsam, aber genüsslich an. Das Ganze soll in Richtung Inzest gehen.«

Der Schauspieler, der den Vater spielen sollte, freute sich: »Ja, genau. Das finde ich ganz großartig von dir, Klaus. Tolle Idee, danke! Dadurch werden beide Rollen aufgewertet!«

Was war das denn für einer?

Er machte unbeirrt weiter: »Das alles zeigt deutlich die Motivationen unserer Figuren. Und es ist gerade für mich so wichtig, damit man die spätere, sagen wir mal …«, er umkreiste mit dem rechten Zeigefinger seine Schläfe, »die verzweifelte gegenseitige Ablehnung der beiden an dieser Stelle zu verstehen beginnt.«

Selten hatte ich so dummes Zeug gehört.

»Das stimmt doch nicht!«, donnerte ich dazwischen. »An dieser Stelle erklärt sich gar nichts Neues. Es ist doch schon von Seite eins an klar und deutlich, worauf es letztlich hinausläuft!«

Ich war sauer, dachte, dieser Kerl will nur meine Frau anglotzen, und das gefiel mir gar nicht. Ich wollte Angelikas Busen für mich behalten und für Jens. Die Öffentlichkeit sollte damit nicht beglückt werden. Trotzdem ärgerte ich mich über meine Lautstärke, weil jeder mitbekam, wie geladen ich war. Lieber wäre ich souverän geblieben, aber es war zu spät.

Der Regisseur ignorierte meinen Ausrutscher mit abwertendem Blick und wandte sich erwartungsvoll und mit leuchtenden Augen an Angelika: »Was meinst du dazu?« Er fand seine Idee großartig, erwartete Lob.

Sie war verlegen, musste sich verteidigen und antwortete mit hochrotem Kopf: »Nein, entschuldige, das möchte ich nicht machen.«

»Was? Hast du das Stück nicht gelesen?«, erboste er sich. »Da steht es schwarz auf weiß!«

»Sicher, aber ich wollte erst mit dir darüber reden. Es ist doch gar nicht notwendig.«

»Nicht notwendig? Diese Szene ist der Motor für das ganze Stück. Diese junge Frau ist hemmungslos! Das zeigt sich hier!«

»Ja, das stimmt, aber das merkt man doch schon daran, wie ungehemmt sie spricht und sich benimmt. Dazu muss sie sich doch nicht ausziehen.«

Die Stimmung wurde gereizt. Jens merkte das und fing an zu quengeln.

»Ist ja gut, mein Kleiner«, streichelte sie ihn. »Ist ja gut.«

»Wenn nichts klar ist, eins ist mehr als klar: Oben ohne ist ein *Must*. Schließlich haben wir hier St. Pauli. Die Leute haben alles gesehen. Das ist nichts Besonderes. Da können wir uns nicht dran vorbeischummeln.«

»Nö, ich kann das nicht. Das mache ich auf keinen Fall. Das geht für mich nicht! Das tue ich nicht!«, war Angelikas deutliche Ansage.

»Schlaf mal drüber. Wir reden morgen weiter.«

»Ich finde es aber wirklich sehr wichtig für unsere Beziehung«, meldete sich der Kollege, der den Vater spielte, noch mal zu Wort. Ihn umwehte ein gewisser Notstand. Ich war fassungslos.

Wir fuhren nach Hause. Das heißt in unser Zimmer. Überdachten die vergangenen Stunden.

»Das mache ich auf keinen Fall! Ich kann das wirklich nicht.«

»Beruhige dich! Ich glaube, das ganze Projekt geht sowieso nicht mit dem Baby. Schade, aber es geht nicht. Jens spürt die ganze Unruhe. Wir haben hier niemanden, der auf ihn aufpassen kann!«

»Ich glaube, du hast recht«, meinte Angelika. »Ich will für ihn da sein. Er schläft tagsüber doch nicht mehr so viel. Was machen wir?«

«Aussteigen?«, schlug ich vor.

»Ja bitte!«

Ich überlegte kurz wegen der vertraglichen Verwicklungen, aber es hatte keinen Sinn. Jens war zu klein.

»Okay, wir fahren nach Hause.«

Ein dankbarer Blick von Angelika, und so verschwanden wir von der Bildfläche des Zimmertheaters.

Die Chefin lief zunächst amokgleiche Tischrunden.

»Das könnt ihr nicht machen. Wo soll ich jetzt Ersatz herbekommen? Was mach ich bloß, was mach ich bloß?«, schrie sie.

Aber irgendwann sah sie ein, dass die Bühne für ein junges Paar mit Kind und ohne Babysitter wohl nicht der geeignete Aufenthaltsraum war. Sie entließ uns, ich denke mal, letztlich erleichtert.

Wir hatten gelernt, dass Spielen mit Kind nicht einfach so funktionierte. Als Nächstes stellten wir unsere Vermieterin vor vollendete Tatsachen. Sie war nicht allzu unglücklich, hatte sie doch die Miete für einen ganzen Monat im Voraus bekommen.

Wie überlebt man zwei Lachwurzen?

Am Residenztheater liefen die Proben zu *Faust I.* Ich hatte mehrere Kleinstrollen: einen der Studenten aus der Kneipe und diverse ungute Gestalten in der Hexenküche. Diese kleinen, undankbaren Rollen brachten mich jedoch ganz in die Nähe der schönen Helena (sie hatte sich wohl aus *Faust II* dramaturgisch hierher verirrt), die würdevoll, keusch und splitternackt durch die Bühnen-Hölle schritt und sämtliche Ungeheuer unbeachtet abblitzen ließ. Ihr verführerischer Anblick erinnerte mich an die schönen Seiten des Lebens und machten den Vorstellungsabend trotz der minimalen Aufgaben erträglich.

Michael Degen war ein großartiger Regisseur. In einer Probenpause erzählte er uns jungen Schauspielern eine Geschichte aus seiner Anfängerzeit. Er sollte Hamlet spielen in Frankfurt. Vor der Generalprobe kam ein berühmter österreichischer Kollege, Otto Tausig, in seine Garderobe, um »toi, toi, toi« zu wünschen, und meinte nebenbei: »Du weißt schon, dass Shakespeare den Hamlet für mich geschrieben hat?«

Michael Degen irritiert: »Nein ... äh, wieso?«

Shakespeare war doch schon seit vierhundert Jahren tot.

»Du wirst schon sehen!«

Die Generalprobe begann. Degen war längst mit eklatanteren Dingen auf der Bühne beschäftigt, als er zu der berühmten Stelle kam.

»O schmölze doch dies allzu feste Fleisch, zerging und löst in einen Tau sich auf ...«

Weiter kam er an diesem Morgen nicht. Er brach ab und lachte und lachte und lachte ... Der Vorhang musste fallen.

Die Probe wurde abgebrochen, und sie fingen noch mal von vorn an. Diese Stelle blieb für Degen immer eine Hürde. Jedes Mal war er glücklich, wenn er sie ohne Lachen bewältigen konnte.

Angelika bekam zwei Jahre später in München die Gelegenheit, im Theater der Jugend *Mensch Mädchen* zu spielen. Jens war inzwischen zwei Jahre alt, und ein zweites Kind kündigte sich an. Jetzt musste wirklich ein Kindermädchen her. Wir fanden eine ehemalige Krankenschwester, die sehr herzlich wirkte. Sie war sehr bemüht, aber ihre wahre Leidenschaft war nicht Kinderbetreuung, sondern Stricken. Bald hatte jeder von uns Socken, Mützen, Pullunder und Schals für die nächsten zwanzig Jahre.

Nach der Sommerpause sollte *Mensch Mädchen* weiter gespielt werden. Angelika unterrichtete das Theater fairerweise von ihrer neuen Schwangerschaft. Das Betriebsbüro bedankte sich, und wir hörten nichts mehr. Still ruhte der See. Nachdem die Wiederaufnahmeproben längst begonnen haben mussten, rief Angelika schließlich im Theater an und erfuhr, dass sie umbesetzt sei. Sie war entrüstet. Man hatte sie nicht informiert. Sie stürmte ins Theater und beschwerte sich über dieses Verhalten. Es fehlten ihr drei Wochen Arbeit, um die Berechtigung für Mutterschaftsgeld zu bekommen.

»Ihr seid ja ein tolles Theater. Ihr spielt für Kinder, aber wenn jemand selbst ein Kind bekommt, unterstützt ihr ihn nicht. Im Gegenteil. Ehrlichkeit wird bei euch also bestraft. Ich hätte euch ja gar nichts sagen müssen.«

Sie bekam eine Abfindung. Immerhin.

Nach *Faust I* kam *Faust II* am Residenztheater. Darin spielten wir beide. Ich den Kaiser, Angelika mehrere kleinere Rollen. Ehrlich gesagt hatte ich meine Rolle nicht richtig verstanden. Also war ich nicht so gut, eigentlich ziemlich lausig.

Ich funktionierte, aber ich spielte nicht. Ich mochte die Rolle nicht. Vielleicht habe ich während meiner Bergman-Zeit die Vorstellung deshalb einmal komplett vergessen. Wer weiß? Davon später.

Faust wurde von Thomas Holzmann gespielt, einem berühmten Kollegen, der eine furchtbare Lachwurzen war. Er lachte während der Vorstellung über alles und jeden. Niemand hätte das vermutet, denn er sah überaus seriös aus, hatte eine stattliche Figur und das markante Gesicht eines Heldendarstellers. Er war prädestiniert für sämtliche Hauptrollen der Literaturgeschichte. Ausgerechnet er eine Lachwurzen!?

Man muss sich vorstellen, dass ich frontal zum Publikum stand, erhöht, sichtbar für jeden, bis in die letzte Reihe. Holzmann als Faust und daneben Martin Benrath als Mephisto mit dem Gesicht zu mir, Rücken zum Publikum. Jeden Abend fanden die beiden irgendetwas witzig und lachten los. Insbesondere, wenn etwas nicht perfekt funktionierte. Wenn ein Kollege sich versprach oder ein Auftritt durch irgendwas vermasselt wurde, wenn ein Kollege beispielsweise zu früh kam oder zu spät. Das Publikum sah nur die zuckenden Schultern, wenn es überhaupt etwas mitbekam. Aber ich mit Gesicht zu den Zuschauern war ausgeliefert. Beide lachten schamlos, immer in meine Richtung. Ich wusste nicht, wo ich hinschauen sollte. Es war wie früher in der Schule, wenn einen ein zwanghafter Lachanfall befiel, weil der Lehrer etwa vergessen hatte, sein Hosentürchen zuzumachen.

Natürlich entfleuchte mir wegen der beiden auch immer wieder mal ein Lachen. Ich versuchte, es zu unterdrücken, drehte mich zur Seite, wich mit dem Blick aus, schaute überall hin, nur nicht zu den beiden Kollegen. Abend für Abend hatte ich Schweißausbrüche während dieser Szene. Ich fokussierte mich nur darauf, ernst zu bleiben, während ich meinen Text in die grinsenden Gesichter dieser zwei Hallodris sendete. Gelang mir das, gaben sie sich in der nächsten Vorstellung noch mehr Mühe, Faxen zu machen! Auf jeden Fall hatten sie einen Heidenspaß daran, mich abzulenken und zum Lachen zu bringen.

Ich war ziemlich erleichtert, als dieses Stück abgesetzt wurde.

Martin Benrath bemerkte natürlich meinen inneren Kampf und erzählte mir eine Geschichte, quasi als Wiedergutmachung: Er und Walter Schmidinger spielten *Der Zerbrochene Krug* von Heinrich von Kleist, und irgendwie verlachten sie jede Vorstellung. Über einen bestimmten Satz kamen sie nicht hinweg. Das kam dem Intendanten natürlich zu Ohren, er rief die beiden zu sich und meinte: »Also Leute, das geht so nicht. Wir bekommen schon Briefe von den Zuschauern.«

In der nächsten Vorstellung wurde wieder gelacht. Der Intendant rief sie also wieder zu sich und erneuerte die Standpauke. Es half nichts. Jede Vorstellung lief aus der Reihe. Die Beschwerdebriefe stapelten sich.

Jetzt drohte der Intendant: »Leute, was macht ihr da? Das geht wirklich nicht. Ihr spielt mir das Theater leer. Ich schaue mir die nächste Vorstellung an. Und wehe, ihr kriegt das nicht hin!«

Die Vorstellung begann, die erste Szene lief ganz gut, bis Schmidinger seinen Blick kurz nach unten schweifen ließ, sich Benrath näherte und flüsterte:

»Dritte Reihe, Platz fünf!«

Die beiden prusteten los. Der Vorhang musste fallen.

Plötzlich hieß es, das Residenztheater werde *Sweet Charity* aufführen. Genau jenes Musical, das Angelika veranlasst hatte, zur Bühne zu gehen. Zum ersten Mal ein Musical. Angelika war euphorisiert, sie musste unbedingt dabei sein. Sie ging zum Vorsprechen und Vortanzen – und wurde sofort als Tänzerin engagiert.

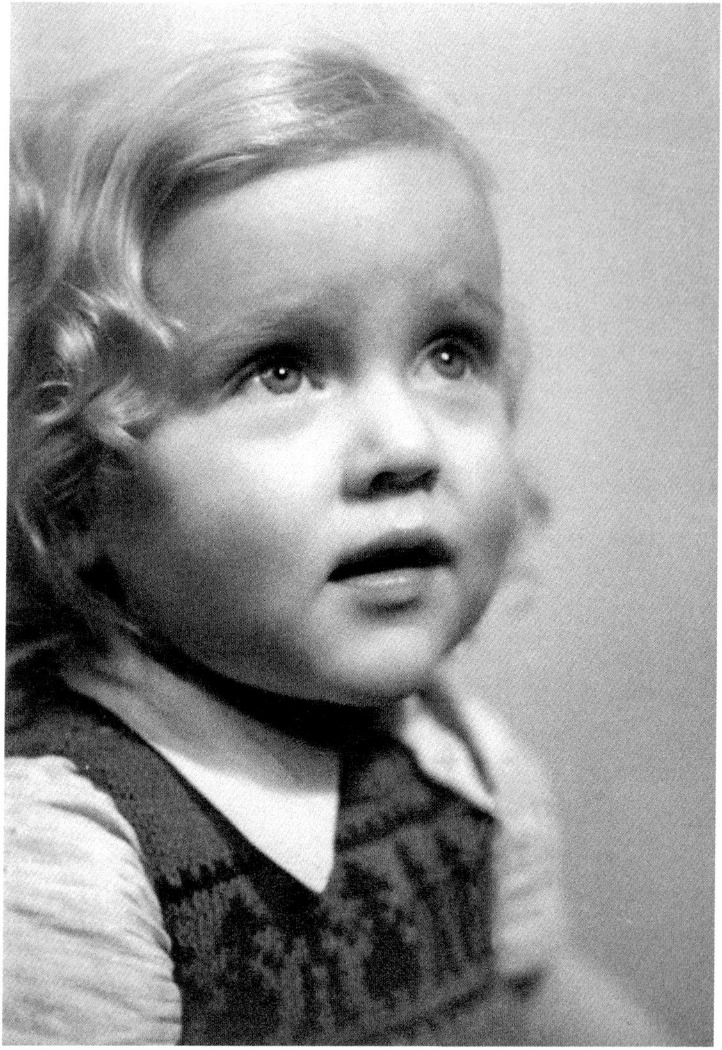

1947 – Zwei Jahre alt und neugierig aufs Leben

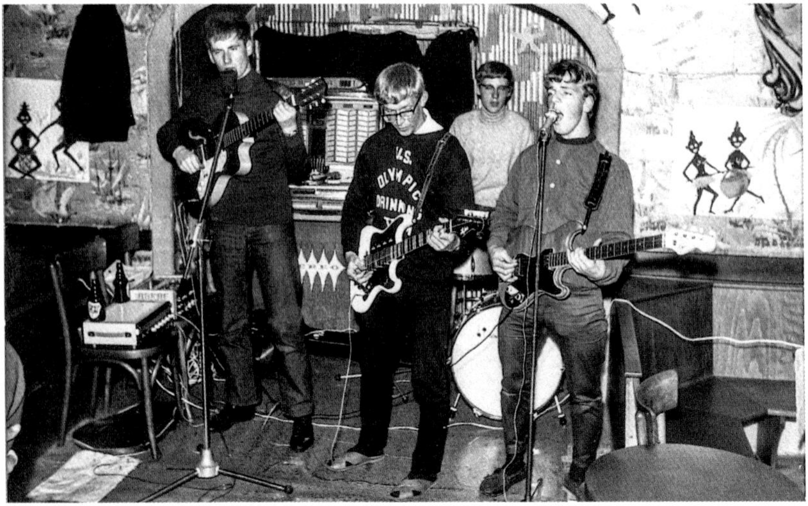

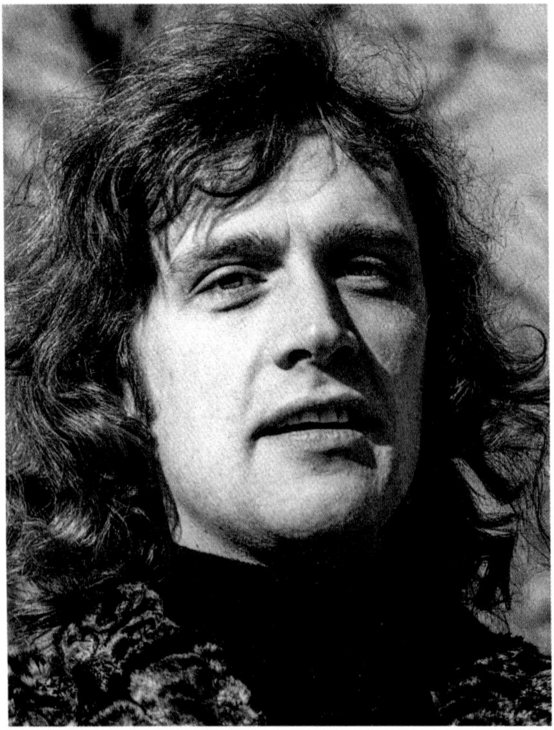

1964 – Die erste Schulband mit einfachsten Verstärkern
1967 – Während meiner Zeit an der Neuen Münchner Schauspielschule, nach dem Desaster an der Otto-Falckenberg-Schule

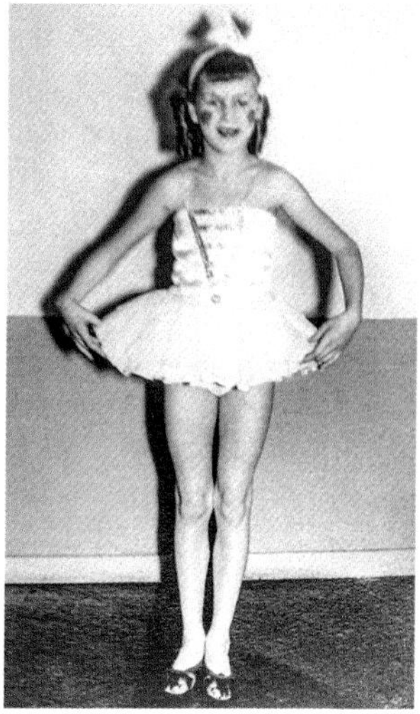

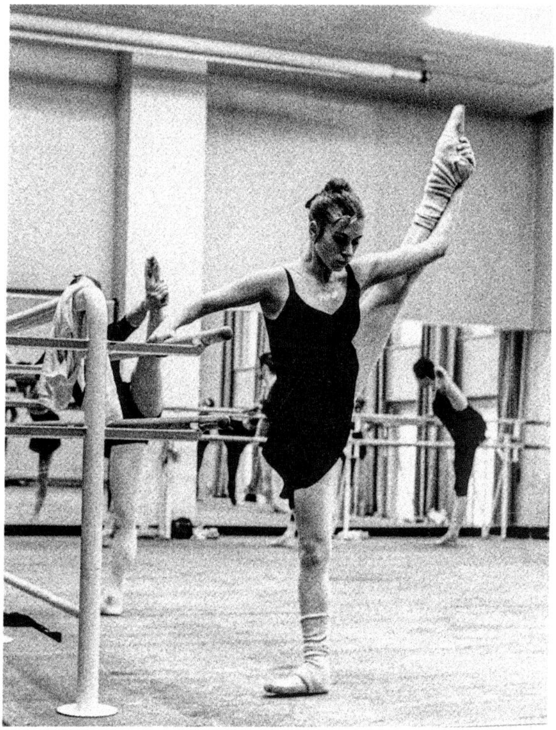

1958 – Angelika als »Puppe« bei einer Aufführung der Ballettschule
1967 – Angelika im Ballettsaal der Hamburgischen Staatsoper

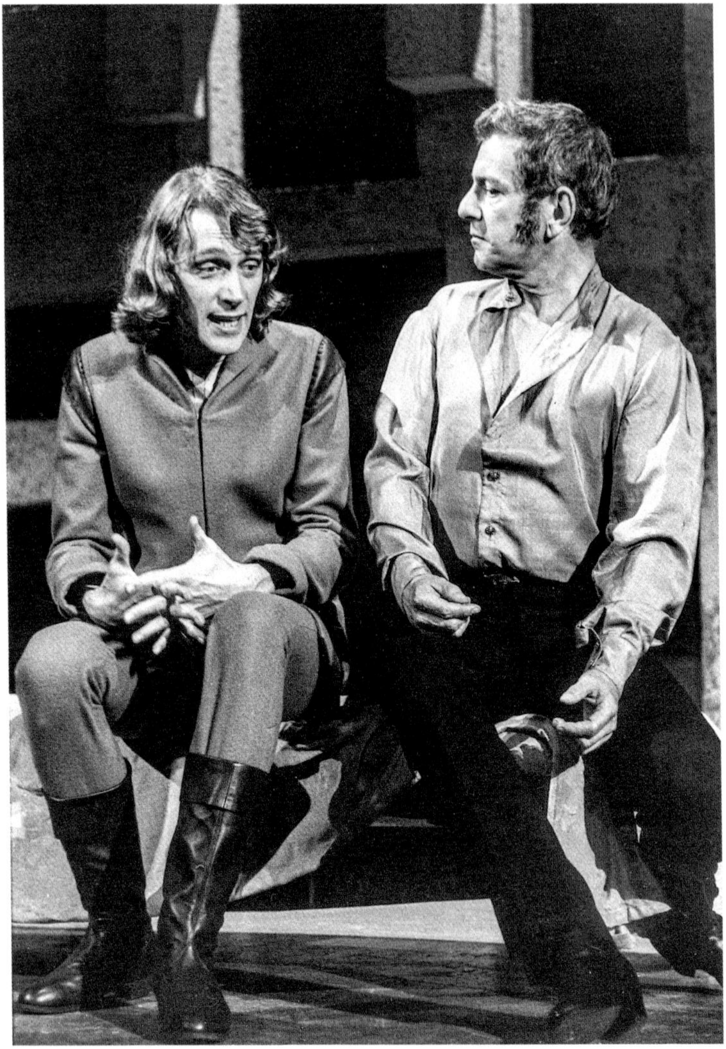

1970 – Am Schauspielhaus Zürich, als Ferdinand in Goethes *Egmont,* neben Ullrich Haupt, der die Hauptrolle spielte

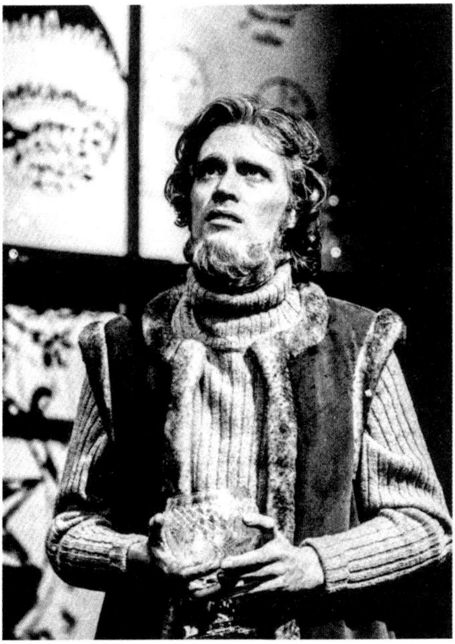

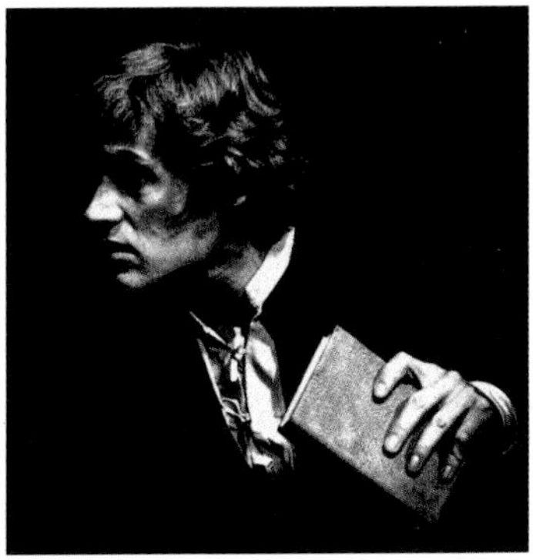

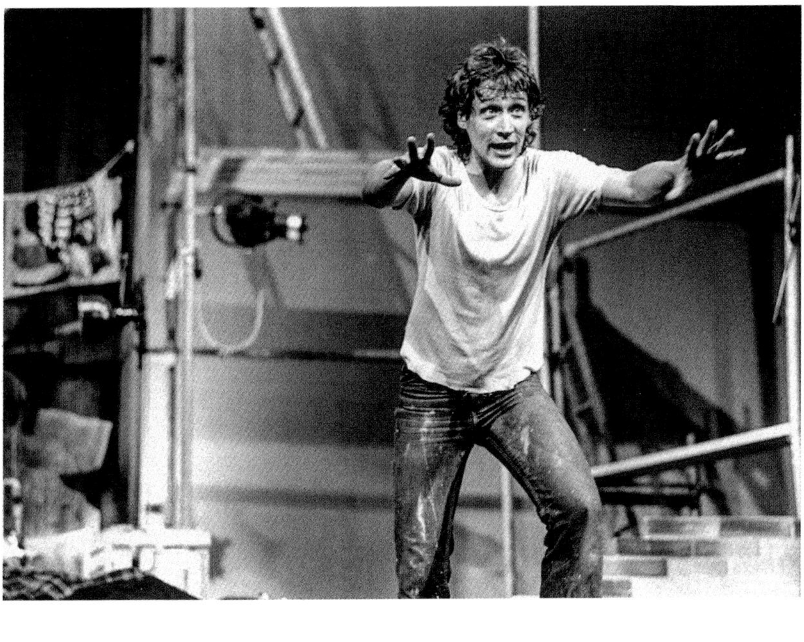

1971 – Mit Bart im »geflüsterten« *Faust* in Münster
1974 – *Hamlet* in Dortmund
1976 – Als Edgar Wibeau in *Die neuen Leiden des jungen W.* von Ulrich Plenzdorf in Solothurn

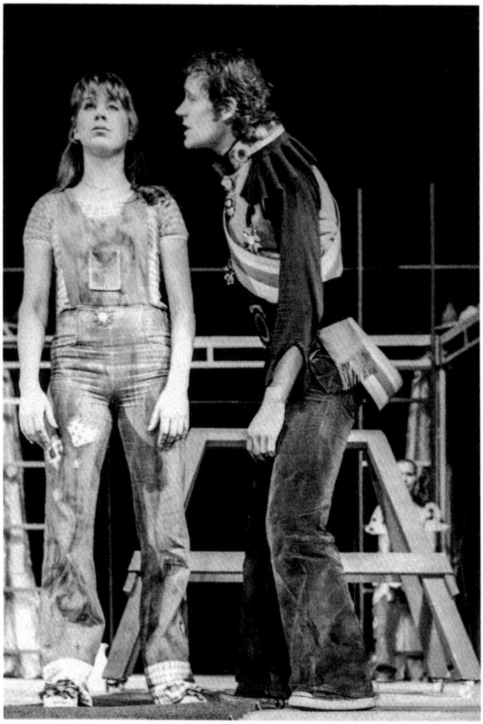

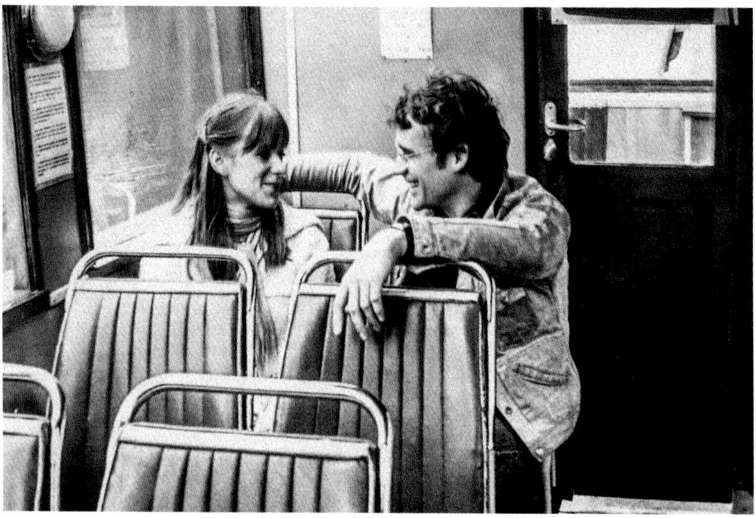

1974 – Angelika als Aschenputtel und ich als Prinz,
ein Weihnachtsmärchen in Dortmund
1975 – Grachtenfahrt in Amsterdam, wo wir unsere Eheringe
und ein Hochzeitskleid kauften

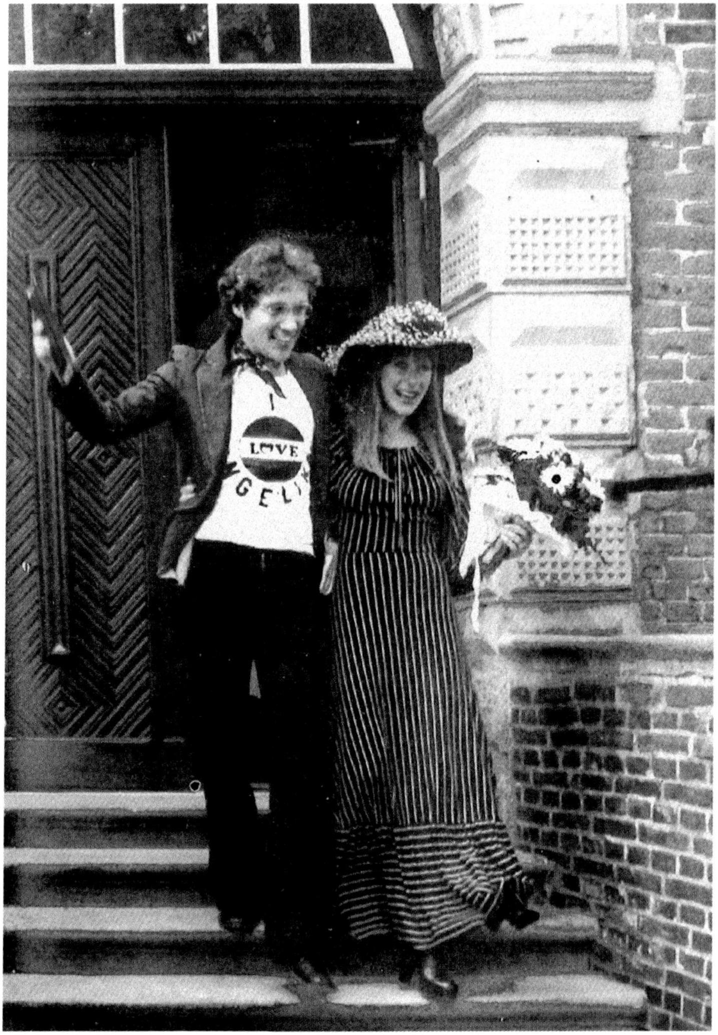

1975 – Hochzeit im Standesamt Jever

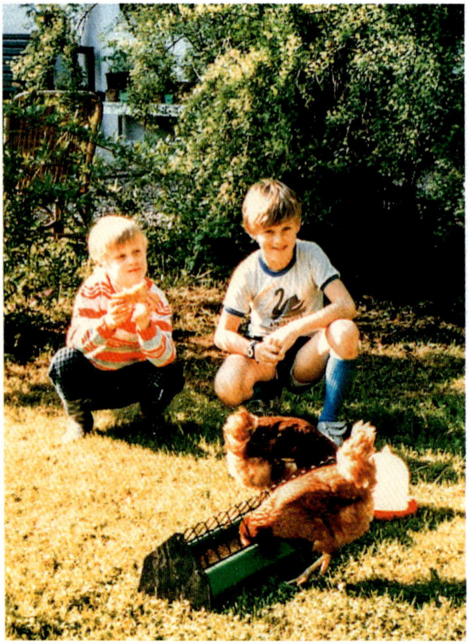

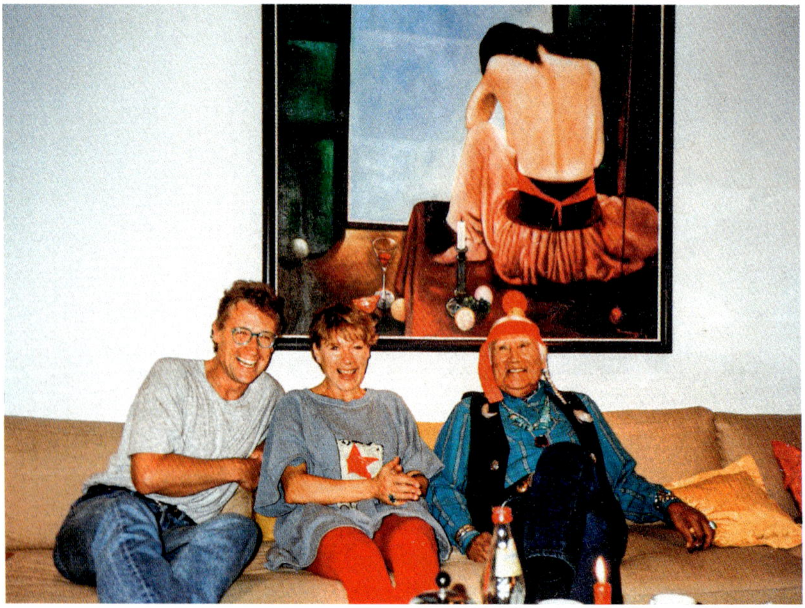

1983 – Das fröhliche Landleben am Chiemsee
1992 – Besuch vom *Chief* der Chumash, Semu Huahute

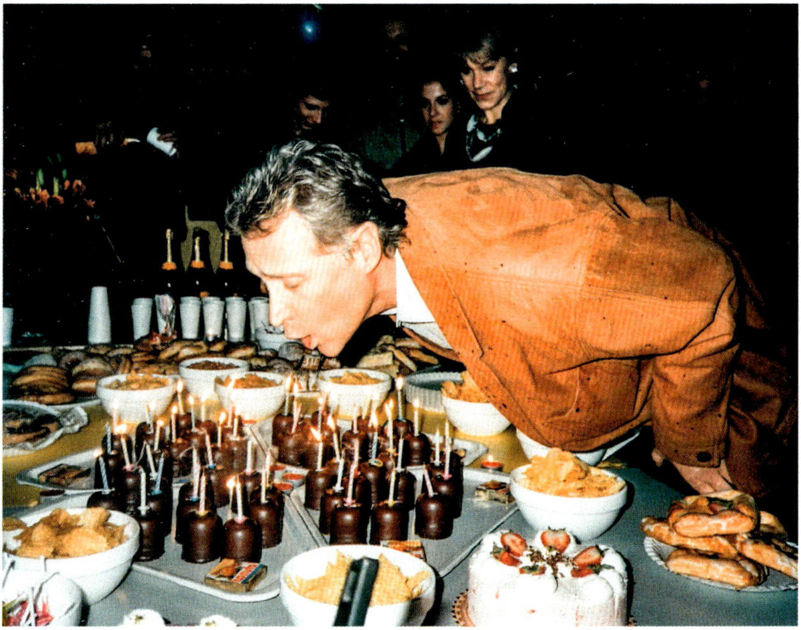

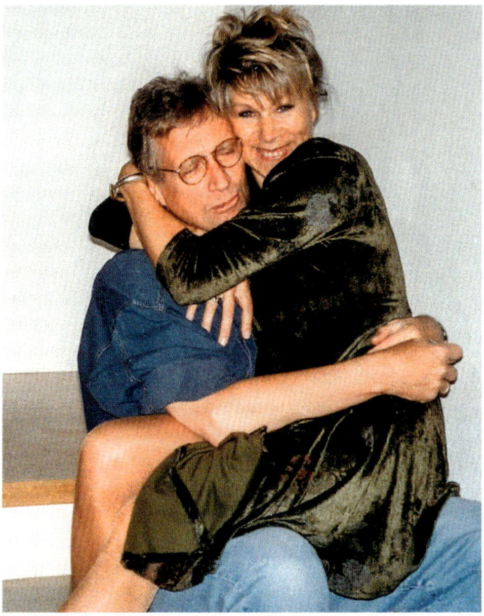

1995 – *Dr. Specht* wird fünfzig, mit großer Schnapsklappe
1996 – Unser erstes eigenes Haus

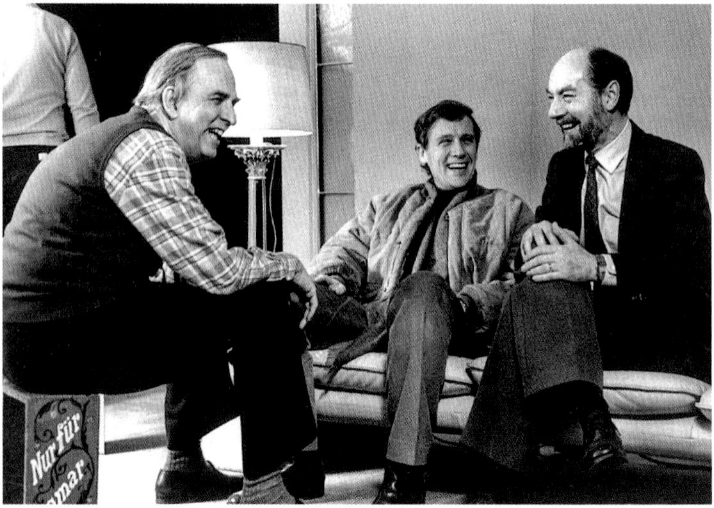

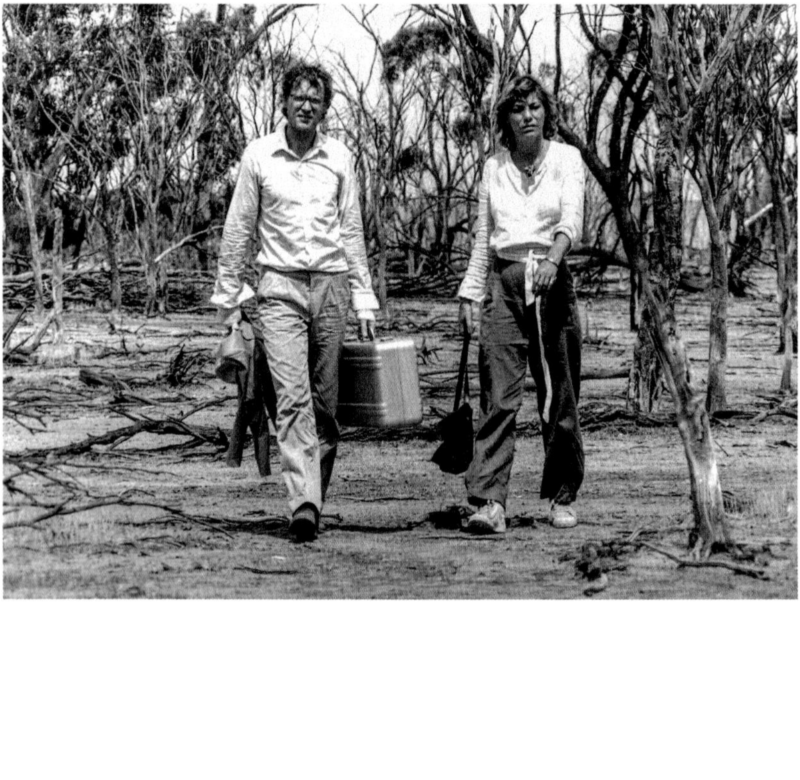

1979 – Mit Ingmar Bergman und Martin Benrath in einer Drehpause von *Aus dem Leben der Marionetten*
1983 – Mit Judy Winter in Australien für *Das schöne Ende dieser Welt*

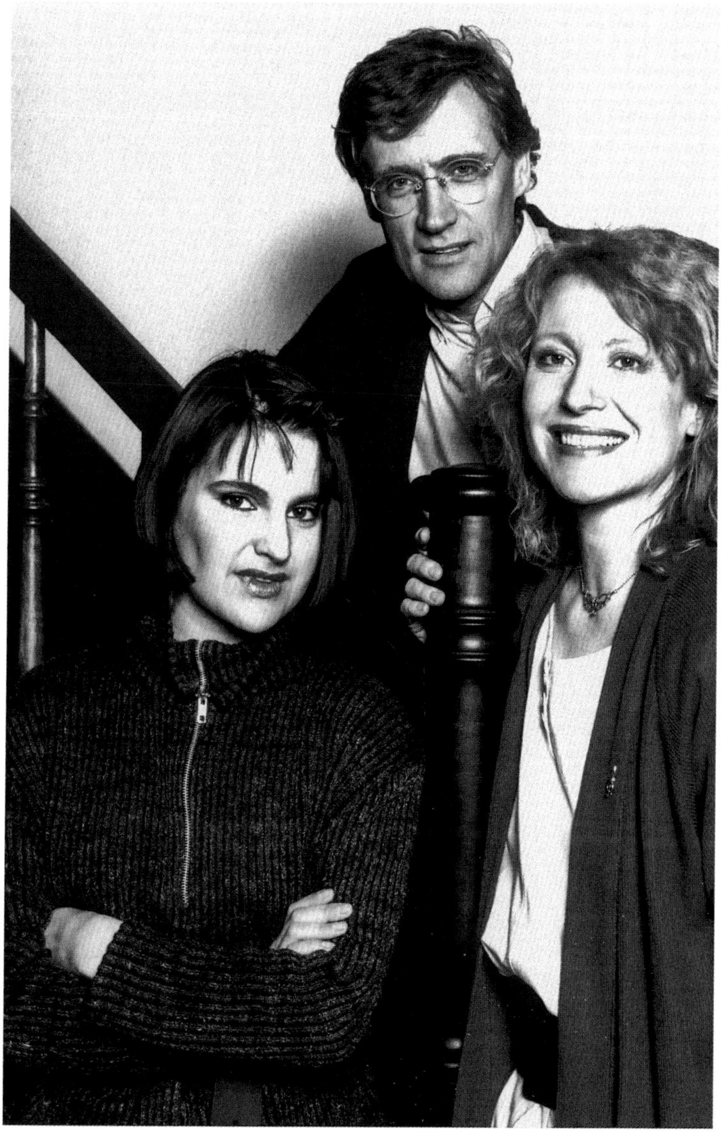

1987 – Beginn der Dreharbeiten von *Oh Gott, Herr Pfarrer* mit Stella Adorf und Maren Kroymann

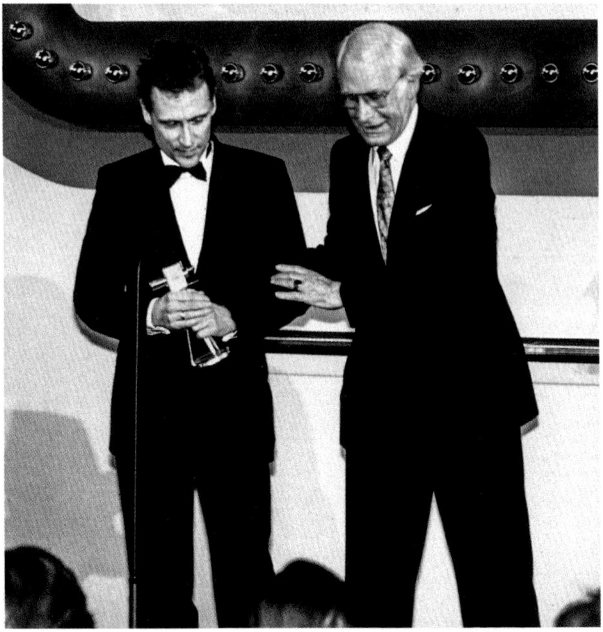

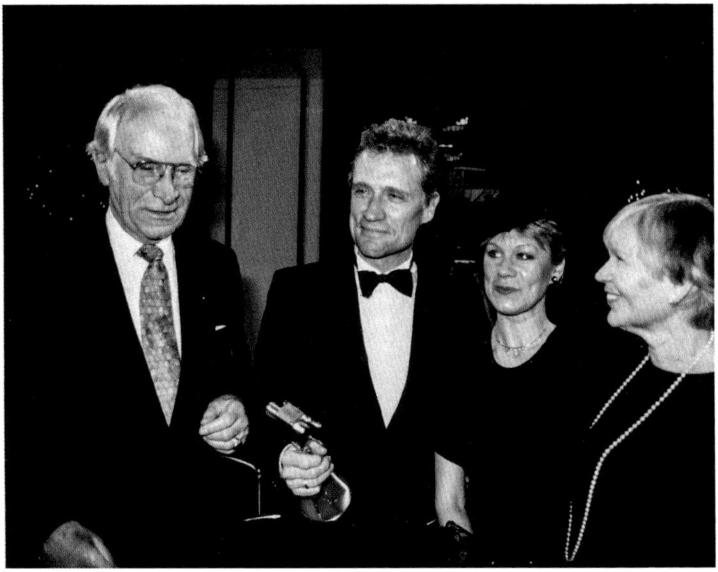

1988 – Mein Vater überreicht mir die Goldene Kamera
Nach der Verleihung mit Angelika und meinen Eltern

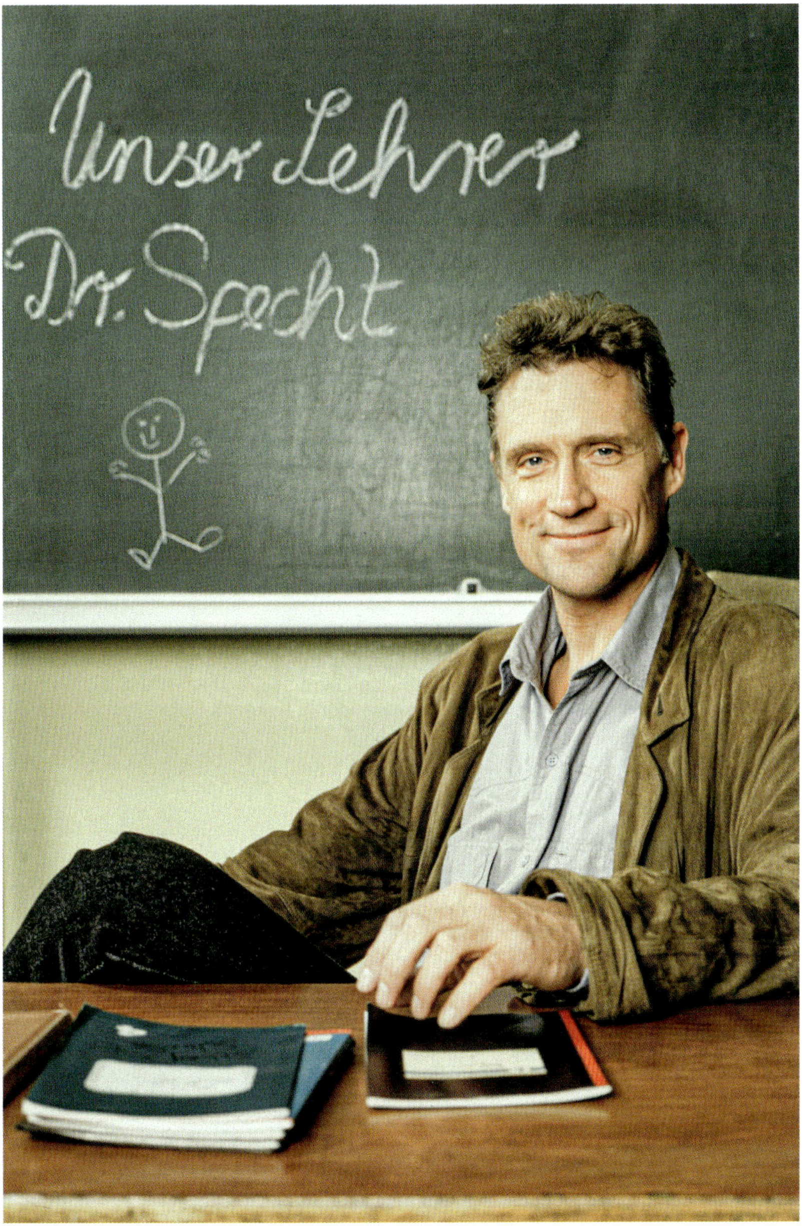

1995 – *Dr. Specht* in einer Drehpause

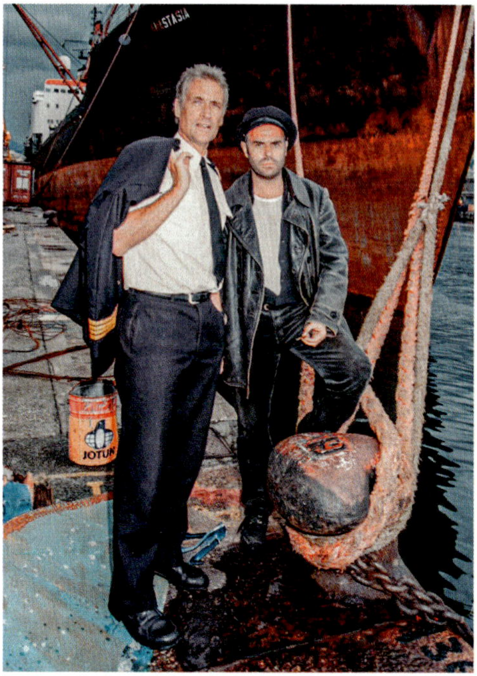

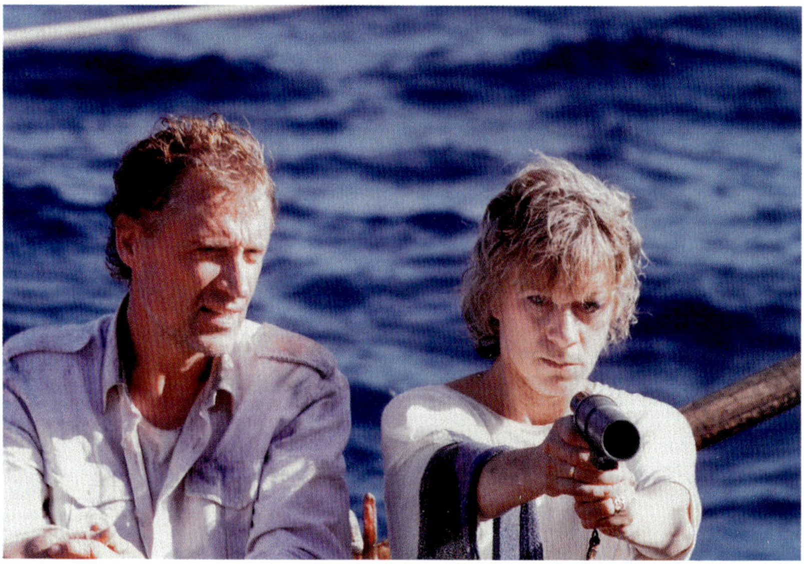

1997 – *Der Kapitän* mit Jophi Ries, der in allen Folgen ein wunderbarer Partner war
1997 – *Der Kapitän* mit Angelika in der Folge »Die letzte Fahrt der M.S. Cartagena«

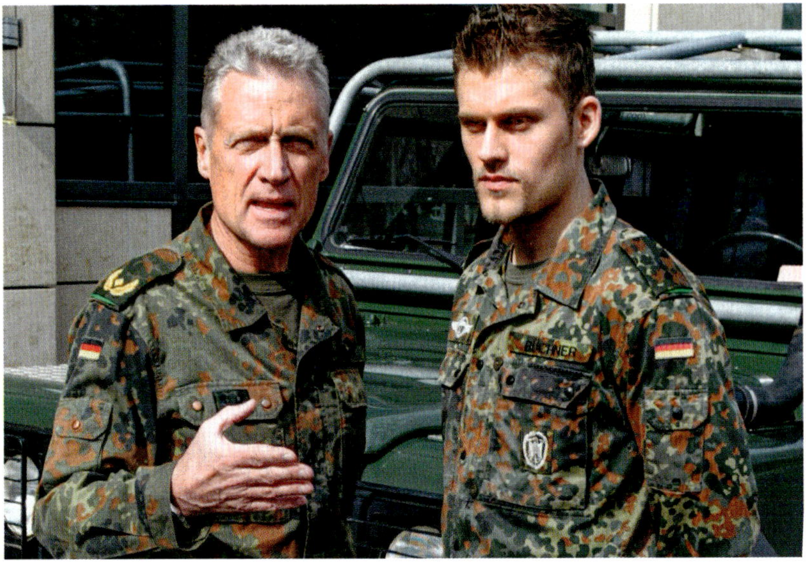

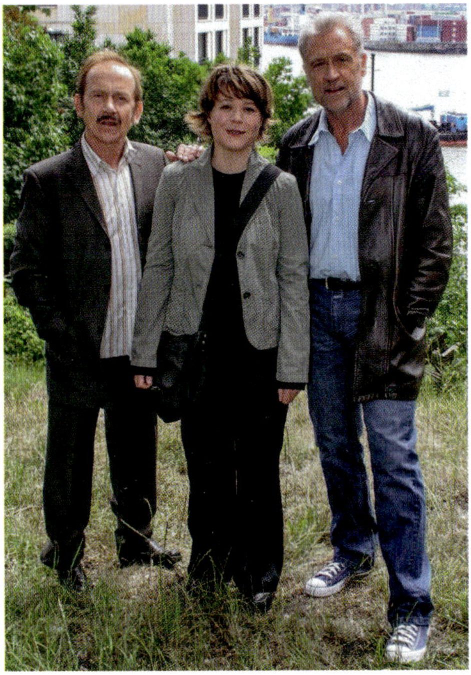

2004 – Mit meinem Sohn Jens im Fernsehfilm *Das Kommando*
2005 – Das *Tatort*-Team mit Julia Schmidt und Tilo Prückner

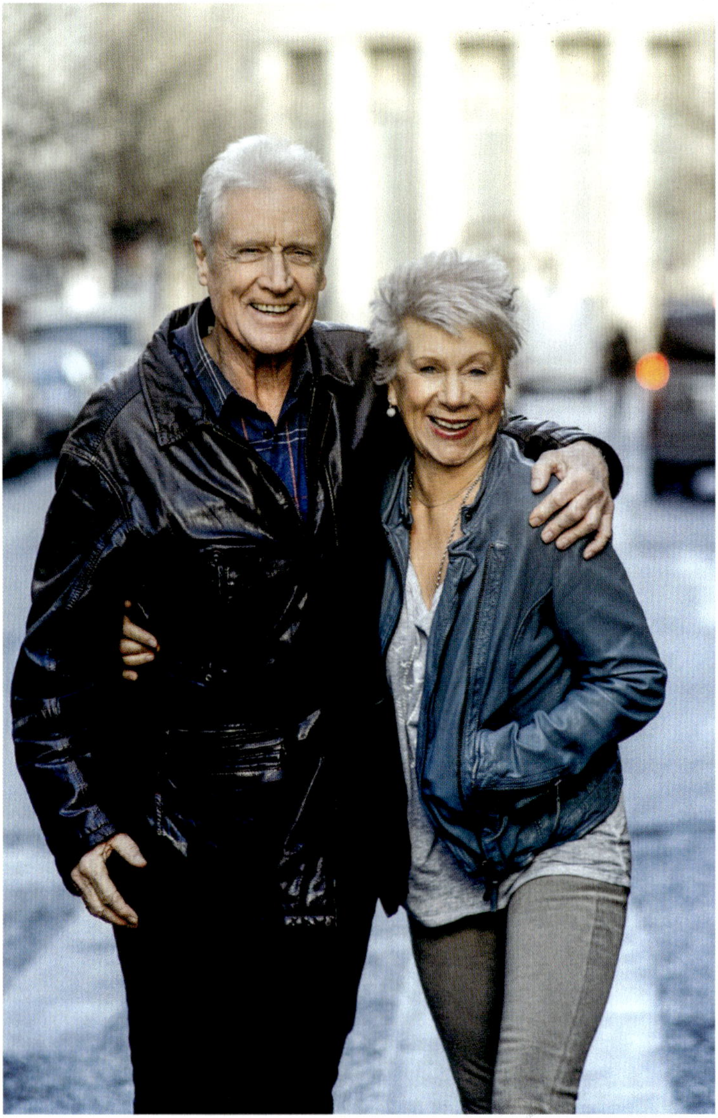

2020 – So sehen wir heute aus

»Nein, nein, ich bin Schauspielerin! Ich bin hier wegen einer Sprechrolle!« Das war dem Regisseur aber egal, ihr Tanzen war einfach brillant.

»Okay, warten Sie, zuerst brauchen wir die Tänzer!«

Sie bekam eine kleine Rolle. Aber sie war sehr enttäuscht. Bei den Tanzszenen wurde sie in die hinterste Reihe gestellt, damit keiner merkte, dass sie im Vergleich zu den anderen Schauspielerinnen überqualifiziert war. Zudem war sie frustriert, weil Kolleginnen ihr mehrere kreative Ideen geklaut hatten. Ich versuchte, ihr Mut zu machen, immer wieder Neues zu erfinden. Dieser Diebstahl war ein Kulturschock für sie. Insgesamt war sie unglücklich über die ganze Situation.

Als Zuschauer im Theater oder in einem Film bekommt man natürlich nicht mit, was hinter den Kulissen los ist oder war. Dort kämpft jeder Darsteller für sich allein. Jeder möchte groß herauskommen, geliebt werden, zumindest gut leben können von seinem Beruf.

Zu diesem Thema möchte ich Gert Voss anführen, einen der größten Bühnenschauspieler, der in einem Interview erzählte: »Meine Schauspiellehrerin sagte Folgendes zu mir: ›Du kommst aus einer heilen, harmonischen Familie. Deine Eltern sorgen für dich, belügen dich nicht, immer ist Geld vorhanden, sie helfen dir, sie unterstützen dich.

Jetzt kommst du in eine völlig andere Welt: in eine Welt voller Neid, Hass, Verlogenheit, Gier, Kleinlichkeit, Missgunst.‹«

Die Interviewerin war überrascht von dieser Aussage und fragte skeptisch: »Und? Ist es so?«

»Ja!«, bestätigte Gert Voss mit wissendem Blick.

Ich muss ihm leider zustimmen, dass die Branche voll davon ist. Doch glücklicherweise gibt es auch eine andere Seite. Nicht allzu häufig zwar, aber es gibt auch Verständnis, Solidarität, Unterstützung, Freundschaft, Ehrlichkeit, Hilfsbereitschaft. Im Grunde ist es hinter der Bühne so wie überall auf der Welt.

Ein schwedisches Genie namens Bergman

Die Sensation ging mit Lichtgeschwindigkeit durchs Ensemble: Ingmar Bergman kommt nach München. Ans Residenztheater. Ein weltberühmter Regisseur! Alle waren elektrisiert. Jeder kannte seine Filme. Jeder wollte ihn kennenlernen, einmal mit ihm arbeiten, egal ob Theater oder Film, einfach dabei sein.

Dem Intendanten Kurt Meisel war es gelungen, Ingmar Bergman, der in Schweden Schwierigkeiten mit den Steuerbehörden hatte, für mehrere Inszenierungen nach München zu locken. Ein Geniestreich. Die Vorwürfe der Steuerhinterziehung stellten sich bald als ungerechtfertigt heraus. Dennoch war Bergman so verletzt und enttäuscht von seiner Heimat, dass er erst mal Abstand brauchte.

Was für ein Glück, dass er München gewählt hatte, es hätte ja auch Hamburg oder Berlin sein können.

Der erste Besetzungszettel von Bergman hing an der Pforte: Strindbergs *Traumspiel.* Ich war nicht dabei. Schade, schade. Pech gehabt. Mist. Vielleicht war ich nicht gut genug?

Die Proben begannen. Die Neugier wuchs. Spannung kroch durchs Theater. Immer dieselben Fragen: Wie ist es denn? Was macht er denn? Wird es gut?

Aber absolut nichts drang nach außen. Gar nichts. Alle durch Bergman geadelten Schauspieler hatten anscheinend Sprechverbot. Man erfuhr rein gar nichts. Bergman selbst bekam man nicht zu Gesicht. Das Theater hatte ihm ein großes Zimmer und Büro eingerichtet, mit Dusche, Toilette und – zum Heimischfühlen – Ikea-Möbeln. Zudem wurde er mit einem Volvo von seiner Wohnung abgeholt und wieder zurückgefahren. Schweden-Feeling.

Die Premiere war geheimnisumwittert und seit Wochen ausverkauft. Presse aus ganz Europa hatte sich angemeldet. Ich durfte nicht mal in die Generalprobe, sie war komplett ausverkauft. Es wurde berichtet, dass der Premierenabend ein Riesenerfolg beim Publikum war. Endlose Vorhänge und stehende Ovationen, als Bergman sich zeigte. Bei der Presse kam der Erfolg nicht an: »Zu konventionell« war wohl der durchgängige Vorwurf und »biedere Werktreue«. Ich konnte nichts dazu sagen, ich hatte ja nichts gesehen.

Nach einigen Vorstellungen, die trotz der schlechten Presse immer ausverkauft waren, trat einer der Schauspieler ein Engagement in Hamburg an. Ich durfte seine kleine Rolle übernehmen. Endlich konnte ich das *Traumspiel* sehen. Ich war begeistert! Es war keine abstruse, an den Haaren herbeigezogene Inszenierung, es wurde schlicht eine ganz besondere Geschichte erzählt. Ohne Mätzchen, ohne Klischees. Bergman hatte sich in den Dienst von Strindberg gestellt. Ich sah ausschließlich wunderbar geführte Schauspieler. Authentisch, bescheiden, ehrlich.

Ich bereitete mich aufs Sorgfältigste vor. Leider leitete nicht Bergman die Umbesetzungsprobe, sondern sein Assistent. Ich lernte ihn also immer noch nicht kennen. Aber er muss sich dann wohl doch eine Vorstellung mit mir angeschaut haben, denn – oh Freude! – er besetzte mich in seiner nächsten Inszenierung, in *Tartuffe,* als Valère.

Ich war gespannt auf die erste Probe. Leseprobe. Endlich war es so weit: die erste Begegnung. Einige Kollegen saßen schon am großen langen Tisch. Ich kam rein, leicht nervös, nickte den Anwesenden zu. Er kam sofort auf mich zu, Begrüßung mit Handschlag und den Worten: »Guten Morgen, ich bin Ingmar. Danke, Robert, dass du die Übernahme gespielt hast. Es war eine Freude, dich zu sehen.«

Ich war ganz verlegen: »Ja? Äh … Danke. Ich habe mich gefreut, das zu übernehmen … Wann warst … äh … du drin?«

»Vorgestern.«

Sofort das Du mit allen. Er sprach perfekt Deutsch mit starkem schwedischem Akzent. Den Schauspielern, die nicht im *Traumspiel* dabei waren, erläuterte er seine Arbeitsweise: »Wir fangen pünktlich um zehn Uhr an. Das bedeutet: keine Sekunde vorher, keine Sekunde später. Und zwar mit aller Konzentration und Kraft. Jeder muss ab zehn Uhr für alles bereit sein.

11.30 bis 11.45 Uhr: kurze Pause. Ich brauche dann meinen schwedischen Joghurt. Für euch Zigarettenpause oder was ihr wollt.

11.45 bis 13.30 Uhr: Fortsetzung. Keine Abendprobe.«

»Keine Abendprobe?«

»Nein. Wenn wir konzentriert arbeiten, reicht der Vormittag. Ich setze voraus, dass der Text sitzt und jeder tausendprozentig fokussiert ist. Nutzt die Zeit bis zur nächsten Probe zur Verarbeitung.«

Wir lasen mit verteilten Rollen. Er erklärte, wie er das Stück sah, zeigte Entwürfe vom Bühnenbild und den Kostümen.

Ich freute mich auf jede Probe. Ingmar war äußerst einfühlsam, sehr klar und genau in seinen Anweisungen. Geduldig und warmherzig, er unterstützte jeden. Nach kürzester Zeit waren wir eine miteinander verschmolzene Gang, die etwas Besonderes erschaffen wollte. Keine Rangkämpfe. Jeder gab sein Bestes. Wir waren glücklich und zufrieden mit Ingmar, lachten viel, tauschten uns aus und freuten uns auf die Premiere.

Unfassbar: wieder schlechte Presse. Bergmans Arbeit wurde von den Münchner Zeitungen wieder nicht geschätzt. Es schien, als wollte die Presse ihm zeigen: Berühmtheit ist ja ganz nett, aber wir wissen, was wirkliche Qualität ist. Wir wissen, was Theater leisten muss. Wir haben höchsten Anspruch. Was du hier lieferst, reicht uns nicht.

Wieder war jede Vorstellung ausverkauft.

Zweimal konnte ich noch mit Ingmar arbeiten: Ich spielte den Prinzen in Witold Gombrowicz' *Yvonne, die Prinzessin von Burgund*. Angelika spielte ebenfalls mit. Außerdem war ich Helmer in Henrik Ibsens *Nora*.

Ingmar Bergman war der erste Regisseur, der mir das Gefühl gab, dass alles möglich ist. Alles kann und darf auch passieren. Offenheit und Freiheit. Sei es auf einer Probe, sei es im Leben. Er hatte die komplette Bandbreite menschlichen Seins erlebt. Alles, was zwischen Menschen geschehen konnte – positiv oder negativ –, war in seinem Bewusstsein gespeichert: seine Erfahrungen aus fünf Ehen, mit neun Kindern und dem jahrelangen Umgang mit Hunderten von Menschen aus der Film- und Theaterbranche. Er wusste einfach alles. Unterfüttert war sein Wissen von seinen fürchterlichen Kindheitserlebnissen. Seine Kindheit war eine permanente Aneinanderreihung von Demütigungen gewesen. Hin und wieder deutete er etwas davon an. Vielleicht musste in seinem Umfeld so penible Ordnung herrschen, weil sein Inneres permanent aufgewühlt war.

Ingmar bestand auf seiner eingemeißelten Tagesstruktur. Als ein Kollege einmal sieben Minuten zu spät war, hatte er einen Ausbruch, der nicht wiederholbar ist, der alles in den Schatten stellte, was ich je zuvor an donnernder Lautstärke gehört hatte. Er war so außer sich vor Wut, dass er wohl am liebsten zugeschlagen hätte, so wirkte es jedenfalls auf mich. Wir waren geschockt. Als jemand versuchte, den Kollegen zu verteidigen, wurde dieser ebenfalls niedergebügelt.

Ingmar ging es um Wertschätzung: Wertschätzung dem Stück gegenüber, Wertschätzung den Kollegen gegenüber, Wertschätzung ihm selbst gegenüber.

Zuspätkommen gab es fortan nie mehr. Alle waren immer mindestens eine halbe Stunde vor Probenbeginn da.

Ingmar trug täglich dieselbe Kleidung: braune Stoffhose, kariertes Hemd, eine dunkle Strickjacke und Halbschuhe. Das amüsierte uns. Als sich irgendwann jemand traute, ihn zu fragen, ob er seine Kleidung auch mal wechsele, meinte er: »Ich habe diese Kombination achtmal im Schrank. Ich brauche diese Farben und genau diese Kleidungsstücke zum Inszenieren. Dann fühle ich mich wohl.«

München brachte ihm kein Glück. Als ich ihm einmal während der Premiere von *Fräulein Julie* in der Pause auf dem Gang begegnete und ihn umarmte, zitterte er am ganzen Körper. Er flog vor Angst.

Immer wieder das gleiche Spiel: Die Schauspieler liebten ihn, die Presse mochte seine Arbeit nicht. Er litt. Er wünschte sich zurück nach Hause.

Eines Tages rief er mich in sein berühmtes Zimmer. »Lies das mal.«

»Ein Drehbuch?«

»Ja, das möchte ich gern hier in der Bavaria drehen. *Aus dem Leben der Marionetten* wird es heißen.«

»Soll ich da mitspielen?«

»Sicher, wenn es dir gefällt. Eine der Hauptrollen. Peter Egermann.«

Ich ging nach Hause wie auf Wolken, las das Buch und war beeindruckt.

Angelika las es natürlich auch und war ebenfalls begeistert: »Ich beneide dich ein bisschen. Mein größter Wunsch war es immer, in einem seiner Filme mitzuspielen, und du darfst es jetzt!«

»Ja, ja schon ... Das ist ja auch toll ... Aber schau dir diese ewig langen Texte an. So lange Einstellungen. Ich weiß nicht, ob ich das schaffe?«

»Aber klar schaffst du das, ich unterstütze dich. Wann soll es denn losgehen?«

»Im November.«

»Unser zweites Kind kommt im November.«

»Ja, ich weiß. Soll ich lieber absagen?«

»Auf gar keinen Fall, das kriegen wir hin.«

Angelika war von einer bewundernswerten Stärke. Ich liebte ihren Mut, Dinge durchzustehen und eventuell sogar allein auf die zweite Geburt zuzusteuern. Und das nach der schwierigen Geburt von Jens. Ich spielte ja daneben auch noch in *Faust II* den Kaiser.

Ich begann, mit dem Text zu arbeiten. Vier Wochen später war es so weit. Eine ausführliche Kostümprobe lag hinter uns, wobei von jeder Figur und sogar von jedem Komparsen Probeaufnahmen gemacht wurden. Noch mal eine Leseprobe mit allen Schauspielern auf einer Probebühne, und am nächsten Tag ging es rein in die Bavaria Filmstudios. Drehbeginn. Fast alle Schauspieler waren vom Residenztheater.

Bergman war vorbereitet bis ins kleinste Detail. In seinem Buch war alles haargenau eingezeichnet, jede Einstellung, jede Kameraposition, jeder Gang, jede Haltung.

»Ich brauche diese Genauigkeit als Basis, erst dann kann ich improvisieren.«

Bei jeder Stellprobe, jedem Einrichten einer Szene vermittelte er seine Vorstellungen. Er nahm uns an die Hand und lief mit uns die Positionen ab. Wir hatten die Freiheit, Einwände zu machen. Er dachte über alles nach, aber viel zu verändern gab es letztlich nicht. Das Buch war perfekt.

Solch einer Genauigkeit bin ich nie wieder begegnet. Sein Kameramann Sven Nyquist strahlte eine unwahrscheinliche Ruhe und Gelassenheit aus. Hin und wieder gab er leise Hinweise, wenn man bei einer Probe sein Licht nicht ganz so traf, wie er sich das vorgestellt hatte. Bergman und Nyquist waren mehr als ein eingespieltes Team, sie waren wie ein Ehepaar. Kein Wunder, sie hatten ja auch mehr Zeit miteinander verbracht als mit ihren Frauen.

Einmal fing mein Dreh erst um dreizehn Uhr an. Ingmar empfing mich: »Heute ist etwas Schreckliches geschehen. Ich habe den Tonmeister geschlagen und rausgeschmissen. Ich war so wütend!«

»Was hast du?«

Er wirkte betrübt und unsicher. »Wir haben einen riesigen Monolog fertig gedreht, als der Tonmeister kam und sagte, dass der Ton am Ende nicht ganz sauber sei, da würden Nebengeräusche auftauchen. Ob wir das noch mal drehen könnten? Ich sagte: ›Nein, das war einzigartig, das kann man nicht wiederholen.‹ Er meinte: ›Ja, Ingmar, das versteh ich, aber der Ton …‹ Da habe ich ihn geschlagen.«

»Hast du es noch mal gedreht?«, fragte ich erschrocken.

»Ja, aber der Zauber, die Frische, das Erstmalige war nicht mehr ganz so da. Ich werde mir das anschauen, vielleicht kann ich den ersten Take retten. Das darf einfach nicht passieren. Ich kann keine Leute gebrauchen, die nicht tausendprozentig dabei sind. Ich kann mich nicht von einem Tonmeister abhängig machen. Alles muss bereit sein. Gerade beim Drehen gibt es magische Momente, die einmalig sind, das darf nicht an der Technik scheitern.«

Er erzählte eine ähnliche Geschichte vom *Herbstsonate*-Dreh, wo ebenfalls aus technischen Gründen etwas Wunderbares verloren gegangen war.

»Das ärgert mich immer noch.«

Ich kann diese einmalige Kostbarkeit der Arbeit aus meiner Erfahrung nur bestätigen. Manchmal gelingt eine Szene oder eine Nahaufnahme unwiederbringlich gut. Wenn dann die Technik nicht perfekt ist, weil irgendjemandem ein Fehler unterlaufen ist, dann ist das sehr, sehr schade. Nur selten wird die Wiederholung genauso gut oder gar besser. Die Aufnahme ist für immer weg.

Bergmans Anspruch war ultimativ. Er war gnadenlos fordernd in seiner Arbeit. Extrem. Er hatte sicher recht, aber der Tonmeister tat mir leid. Schließlich sind wir Menschen, und jeder macht mal einen Fehler.

Am selben Tag hatte ich eine Liebesszene, und zwar nackt. Nie zuvor und nie wieder danach musste ich mich komplett ausziehen. Hätte ich auch nicht getan. Alle sechzig Menschen des Teams waren angezogen, nur meine Partnerin und ich waren splitternackt. Ein Großteil der Techniker wurde nach dem Proben aus dem Studio geschickt, es blieben nur Regie, Kamera, der neue Tonmeister und die Garderobiere mit Bademantel. Ich schämte mich ziemlich, überspielte es aber und versuchte so zu tun, als würde es mir nichts ausmachen. In der Liebesszene lagen wir meistens und versuchten, die Tabuzonen auszublenden, also nicht hinzuschauen. Es funktionierte für uns beide ganz gut. Die Kamera hing weit über uns an der Decke, oder sie war ultranah auf der Haut. Im Film später sah es ganz gelungen aus, aber wir hatten zunächst sehr viel Angst voreinander. Ich auf jeden Fall.

Ingmar war zufrieden. Meine Partnerin und ich waren befreit und erlöst. Wir umarmten uns, wieder im Bademantel, und ich schwor mir, dass ich so etwas nie wieder machen würde. Der Schwur wurde gebrochen.

Ingmar liebte es, Menschen zu irritieren, sie zu provozieren, ihre Käuflichkeit zu testen. Wie stabil ist eine Beziehung? Wie viel Geld ist nötig, bis jemand seine Prinzipien verrät?

Beispielsweise versprach er einer Kollegin eine Rolle, wenn sie sich von ihrem unbegabten Mann trennen würde – was diese dann tatsächlich tat. Oder er freute sich diebisch darüber, dass einer seiner schwedischen Hauptdarsteller, der nie nach Hollywood wollte, sich schließlich doch von dort kaufen ließ.

Oder er fragte mich, ob ich nicht seine Tochter, die bei uns hospitierte, in die Liebe einführen könnte?! Ich sie in die Liebe einführen? Wie bitte? Meinte er das ernst? Oder war das etwa ihre Idee? Hallo?! Was sollte das? Er wusste, dass Angelika kurz vor der Geburt unseres zweiten Kindes stand. Das war überhaupt nicht komisch. Das attraktive Töchterlein fuhr als Jungfrau nach Schweden zurück. Wenn nicht – ich war es jedenfalls nicht.

Zur Geburt von Daniel schickte Ingmar Angelika 99 weiße Rosen ins Krankenhaus.

Dieses Mal war ich vom Einsetzen der Wehen an die ganze Nacht bei Angelika geblieben. Ich unterstützte sie so gut es ging mit Wehenmesser, Ansage, Zureden, Rückenhalten, Massage und Streicheln. Wir beteten, dass die Geburt vor sieben Uhr morgens vorüber sein sollte, denn ab acht Uhr wartete das Studio. Angelika schaffte es, pünktlich! Ein neuer Mensch, ein Junge war da, und ich musste ins Studio. Die Szene dort lief gut, obwohl ich todmüde war.

Nach Drehschluss fuhr ich sofort wieder ins Krankenhaus. Angelika ging es schlecht, man hatte ihr Daniel weggenommen. Er hatte im Geburtskanal zu früh Luft geholt, dabei war Fruchtwasser in seine Lunge gelangt. Zur Beobachtung unter einem Sauerstoffzelt hatte man ihn in eine Kinderklinik gebracht.

Dieses Mal hatten wir Rooming-in, dieses Mal war genug Geld vorhanden. Aber jetzt war das Baby nicht ganz bereit dafür. Wieder kein Baby im Arm. Wieder Trennung. Angelika weinte. Sie vermisste das Baby unsäglich. Ich war auch mehr als traurig, so sehr hatte ich mich auf ihn gefreut. In unserem separaten Krankenzimmer hätte ich ihn so gern ausgiebig betrachtet und an mein Herz gedrückt. Das Bettchen stand da, aber ohne Baby. Ich versuchte, Angelika zu trösten, es gelang nicht wirklich. Der Arzt hatte ihr empfohlen, sie solle nicht so egoistisch sein! Es gab kein Mitgefühl und Verständnis von ärztlicher Seite.

Tagsüber war sie mit dem Taxi in die Kinderklinik gefahren, um Daniel zu stillen und gleich mitzunehmen. Es wurde nicht erlaubt. Erst am dritten Tag konnten wir ihn mit nach Hause nehmen – auf eigene Verantwortung!

Die Ärzte und Schwestern der Klinik waren sauer. Wie sich später herausstellte, war die Klinik permanent unterbelegt, man brauchte Geld. Kein Wunder, dass sie unser Baby am liebsten zwölf Tage lang dabehalten hätten.

Am Abend fuhr ich nach Hause, angeschlagen, aber als glücklicher zweifacher Vater. Ich wollte mich jetzt um den dreijährigen Jens und meine Schwiegermutter kümmern, die zu Hause ausgeharrt hatten, wollte ihnen von der Fülle des Tages berichten.

»Du musst sofort wieder los ins Theater!«, empfing mich Angelikas Mutter.

»Wieso das denn?«

»Die haben erst Angelika in der Klinik angerufen, dann mich hier. Du stehst seit 15 Minuten auf der Bühne!«

»Was?« Ich wurde blass.

»*Faust II!*«

»Ach du Scheiße, bin schon weg!«

So ein Mist! *Faust II!* Der Kaiser! Ich hatte den ganzen Tag nicht auf meinen Kalender geschaut. Einfach alles vergessen. Sofort sprang ich wieder ins Auto und fuhr viel zu schnell ins Theater. Gott sei Dank war keine Polizei unterwegs. Der erste Akt war selbstverständlich vorbei, mein nächster

Auftritt war erst nach der Pause. Ich konnte mich also noch in Ruhe umziehen.

Mein Maskenbildner brachte mich auf den neuesten Stand: Alle waren total aus dem Häuschen, als klar wurde, Atzorn erscheint nicht mehr. Niemand wollte meine Rolle lesen, bis Walter Schmidinger sich erbarmte. Kurt Meisel hatte vor der Vorstellung eine kurze Rede gehalten:

»Guten Abend, meine sehr verehrten Damen und Herren. Es tut mir leid, Ihnen mitteilen zu müssen, Herr Atzorn ist heute Abend nicht im Theater erschienen. Wir wissen nicht, wo der Kollege steckt. Er ist heute Vater geworden! Aber die Vorstellung findet trotzdem statt, seine Rolle liest Walter Schmidinger für Sie!«

Als ich nach der Pause auftrat, bekam ich Auftrittsapplaus – eine Wohltat für meine Seele. Nach der Vorstellung entschuldigte ich mich bei allen aus tiefstem Herzen und bedankte mich dafür, dass die Vorstellung nicht ausgefallen war. Ich hätte sie komplett bezahlen müssen! Unerschwinglich für mich. So kam ich mit einer Ordnungsstrafe von dreißig Mark und dem Versprechen davon, dass sich so was nie wiederholen werde. Ein drittes Kind kam damit also nicht mehr infrage.

Die Abschlussfeier unseres *Marionetten*-Films war kurze Zeit später. Ich war so froh, dass die dreifache Belastung – Drehen, Theater und neues Baby – wenigstens teilweise überstanden war. Das Fest war in vollem Gang, als ich nach der Vorstellung eintraf. Alle Mitspieler und Techniker waren da. Viele hatten schon gebechert. Angelika saß direkt neben Bergman.

»Die Zeit war schwer für dich, oder, Angelika?«

»Ja, sehr.«

Sie sahen sich in die Augen, er umarmte sie, und Angelika erzählte mir später, dass beiden die Tränen in die Augen gestiegen seien. Das war die mitfühlende Seite von Bergman, er konnte sich in jede Situation und in jeden Menschen absolut hineinversetzen, er litt mit.

»Übrigens, du hast einen Fehler gemacht.«

Angelika war irritiert: »Welchen?«

»Du hättest zuerst Karriere machen sollen, dann die Kinder bekommen. Du hast großes Talent, aber mit zwei Kindern, das ist schwierig.«

Es war das letzte Mal, dass wir Ingmar Bergman gesehen haben.

Wegen der Anstrengungen der vergangenen Wochen war ich ziemlich schnell betrunken. Angelika durfte wegen des Babys ja nichts trinken, blieb also sehr auf dem Boden der Tatsachen. Ein berühmter Kollege, auch nicht mehr nüchtern, starrte fasziniert auf die voluminösen Brüste meiner Frau. Wir hatten ein Zimmer in dem Hotel, in dem die Feier stattfand, und zogen uns baldmöglichst zurück. Ich musste mich mehrmals übergeben, mir war nur noch schlecht. Völlig kaputt lag ich neben der Dusche. Angelika setzte sich zu mir auf den Boden und legte meinen Kopf auf ihre Oberschenkel. Sie streichelte meinen Kopf. Ich war sofort weg. Das ist bis heute meine liebste Position zum Einschlafen geblieben.

Als ich am nächsten Morgen aufwachte, hatte ich fürchterliche Schuldgefühle. Mir war immer noch schlecht. Kopfschmerzen. Angelika hatte in der Nacht mehrmals das Baby gestillt. Ich hatte nichts mitbekommen. Wieso hatte ich bloß so viel getrunken? Wie konnte ich sie einfach so allein lassen? Sie hatte doch gerade ein Baby geboren! Ich war gedankenlos! Egogesteuert. Ich mochte mich nicht.

Angelika hatte stoisch das Bad gereinigt, das Schlimmste beseitigt. Daniel schlief. Ich versuchte, mich zu entschuldigen. Ich sah in ihre Augen. Sie waren reine Liebe. Was für eine Frau!

Ein einzigartiger Kollege

Klaus Löwitsch spielte Shakespeares *Richard III.* am Residenztheater in München. Ich hatte mich auf die Rolle des Richmond gefreut, der am Ende Richard besiegt. Und zwar in einem Schwertkampf. Wunderbar, nicht nur Text aufsagen, sondern endlich wieder mal eine Rolle mit viel Bewegung. Die Schwerter waren vorne scharf und spitz geschliffen, damit Richmond seins nach dem Sieg über Richard in den Bühnenboden rammen konnte. Dieser Vorgang sollte quasi die Inbesitznahme des Landes und der Krone besiegeln. Warum Richards Schwert ebenfalls scharf geschliffen war, verstand ich nicht wirklich, denn er hatte keine solch martialische Aktion.

Der Schwertkampf war haarklein von einem Schwertfechter choreografiert worden.

Es machte Freude, ich trainierte mit Hanteln, um fit zu sein. Während der Vorstellungen merkte ich schnell, dass Löwitsch die Choreografie nur ungern einhielt. Viele Schwertstreiche von ihm waren neu, schlichtweg improvisiert. Ich hatte Mühe, dagegenzuhalten und nicht ernsthaft verletzt zu werden.

Als ich ihn darauf ansprach, wich er lächelnd aus: »Wir sind doch keine Feiglinge. Wenn wir uns zu genau daran halten, wird's langweilig!«

Er war früher Tänzer gewesen, hatte eine verblüffende Beweglichkeit.

»Okay«, dachte ich, »dann muss ich halt höllisch aufpassen.«

Also ging ich jedes Mal mit tausendprozentiger Achtsamkeit in diesen Kampf. Ich focht defensiv, er aggressiv. Er verlor sehr ungern, aber das Stück verlangte es. Am Schluss stand Richmond immer als Sieger da.

Am Ende der achten Vorstellung, als ich meinen Kopf senkte, um mich beim Applaus zu verbeugen, sah ich es: Holla, die Waldfee, was war das denn? Blut! Mein ganzes rechtes Bein war rot. Von Blut! Die Kostümhose war auf der Seite total ruiniert. Die Wunde war recht weit oben. Sehr weit oben. Ich hatte während des Kampfes überhaupt nichts bemerkt. Ich wusste nur, dass ich einen Schwertstreich von ihm nicht oder nur schlecht pariert hatte. Das war wohl das Ergebnis. Schmerzen hatte ich überhaupt keine. Beim Ausziehen in der Garderobe sah ich die Bescherung: Richards Schwertspitze hatte mich tatsächlich erwischt, eine tiefe Schnittwunde lief quer über meinen Oberschenkel. Mein Garderobier verband mich notdürftig. Im Klinikum rechts der Isar wurde ich mit fünf oder sieben Stichen genäht.

Angelika war vom Theater schon informiert worden: »Ihr Mann kommt etwas später heim. Ein kleiner Unfall, nichts Schlimmes.«

»Wo ist er denn?«

»Im Krankenhaus rechts der Isar.«

»Was?!«

»Wirklich nichts Schlimmes. Wir bringen ihn nach Hause.«

Angelika erschrak, als sie die Wunde sah, exakt in der Höhe von wesentlich empfindlicheren Teilen.

»Der hätte dir ja sonst was abschneiden können!«

Das wurde mir jetzt erst klar. »Dieser Hundling! Stimmt, oh Mann, oh Mann ... Glück gehabt, alles noch dran.«

Bei der Vorstellung tags darauf war Löwitsch dann doch betreten. Er entschuldigte sich vielmals, focht ab jetzt genauer, vorsichtiger und genau nach Choreografie. Er war so vorsichtig, dass ich manchmal schon wünschte: »Nun hau doch mal zu!«

Jetzt fand ich es tatsächlich langweilig! Er erstaunlicherweise nicht.

Löwitsch galt als völlig unberechenbar. Seine cholerischen Ausbrüche waren gefürchtet. Als ihm beispielsweise bei einer der ersten Kostümproben ein Kostüm wirklich gar nicht gefiel, rief er: »Wer hat diese Scheiße gemacht? So eine Kacke!«

»Entschuldigung, Herr Löwitsch, das war so verabredet.«

»Schwachsinn!«

»Ich kann es ändern.«

»Da gibt's nicht zu ändern, schmeiß diesen Scheiß weg.«

»Das geht nicht, Herr Löwitsch.«

Die Kostümbildnerin spürte seine Wut, bekam Angst und wich einige Schritte zurück.

»Hierbleiben, Mäuschen!« Er trat nah an sie heran.

Aber sie dachte nicht daran, sie drehte sich um, lief einfach weg, runter von der Bühne. Er rannte ihr durch den ganzen Theatersaal schreiend hinterher: »Diese Scheiße kann kein Mensch tragen!«

Sie rannte in die Logen im ersten Stock. Er hinterher.

»Bleibst du stehen, du Miststück!«

Sie schloss sich irgendwo ein, rührte sich nicht.

»Wo steckt sie?«

Erst Stunden später kam sie verschüchtert aus ihrem Versteck, nachdem man ihr signalisiert hatte, dass Löwitsch aus dem Theater verschwunden war. Sie kündigte.

Die Ausbrüche von Löwitsch waren nicht besonders charmant, aber er war eine faszinierende, schillernde Persönlichkeit. Irgendwie schätzte er mich und besetzte mich in seiner ersten Theaterinszenierung. Es war *Trauer muss Elektra tragen* von Eugene O'Neill.

Bei den Proben muss ich wohl ziemlich derangiert ausgesehen haben. Wer ein kleines Kind zu Hause hat und dazu noch ein Baby, weiß, wovon ich rede. An Schlaf war kaum zu denken. Ich versuchte, Angelika zu unterstützen, indem ich mich um unseren zweiten Sohn Daniel kümmerte, wenn ich von einer Vorstellung spät heimkam. Daniel wurde immer noch mindestens einmal pro Nacht wach. Ich nahm ihn also hoch, gab ihm die vorbereitete Flasche und legte ihn für das obligatorische Bäuerchen über die Schulter. Fast jedes Mal kamen Teile seiner Mahlzeit über meinen Rücken retour. Also alles sauber machen, mich inklusive. Todmüde. Meistens wachte Angelika auf und half. Wie gesagt, die Nächte waren kurz.

An einem Morgen vor der Probe schaute Löwitsch mich mitfühlend an und meinte: »Junge, so geht das nicht, schläfst du auch mal?«

Er empfahl mir ein Aufbaupräparat, das ihm schon seine Mutter nahegelegt hatte: Knoblauch-Kapseln. Sie halfen tatsächlich, oder zumindest hatte ich das Gefühl, dass sie halfen. Ob ich nach Knoblauch roch, weiß ich nicht, das war mir auch egal. Es kamen jedenfalls keine Beschwerden bei körpernahen Szenen. Allmählich verblichen die Augenringe.

Trotzdem kam ich an meine Belastungsgrenze. Deshalb zogen wir vom Dachauer Land wieder nach München in die Nähe des Friedensengels. Ins Dachauer Land waren wir aus Sehnsucht nach Einfachheit gezogen. Wir lebten dort in einem kleinen, preiswerten Häuschen mit Garten. Freunde im Nachbarort hatten immer wieder von der Landschaft dort geschwärmt. Sie war auch wirklich sehr schön, doch die weite Fahrerei nach München nervte. Jetzt konnte ich zu Fuß ins Theater laufen. Eine große Erleichterung. Ich gewöhnte mir an, die Texte der jeweiligen Probe oder Vorstellung auf dem Weg zu repetieren. Das funktionierte wunderbar.

Anfangs war ich übrigens der einzige Norddeutsche im Ensemble. Das löste größere Verwunderung aus.

»Brauchen wir den wirklich? Gibt's keine bayerischen Schauspieler mehr?«, frotzelten die Kollegen.

Doch schon nach kurzer Zeit waren Gustl Bayrhammer, Toni Berger und Fritz Straßner meine liebsten Kollegen.

Australian Sandworm

Jens war in der ersten Klasse einer Waldorfschule. Wir hatten uns für diese Schule entschieden, da uns die Grundschule, der wir zugeordnet waren, zu sehr an unsere eigene unerträgliche Schulzeit erinnerte. Es roch dort wie damals nach Linoleum, Angstschweiß und schlechten Noten. Die endlose Ansprache des Direktors bestach durch Leistungsanspruch, Gemeinplätze und Langeweile. Wir waren total bedrückt, diese Schule ging gar nicht.

Alternativ gab es glücklicherweise eine Waldorfschule mit ihrem zutiefst menschlichen Ansatz. Einen Platz dort zu bekommen, war aber so gut wie unmöglich, denn Jens war nicht im Waldorfkindergarten gewesen und die erste Klasse war besetzt. Wir schrieben einen dringenden Bewerbungsbrief an die Schule, gefüllt mit ehrlich empfundenen Begründungen. Angelika bewältigte auch noch souverän das nötige Eltern-Lehrer-Gespräch. Ich drehte mal wieder irgendwo, aber ich drückte mir für sie und für unsere Zukunft die Daumen wund. Es klappte.

In dieser bunten Zeit des Familienaufbaus flatterte ein Angebot herein. Rainer Erler bot mir die Hauptrolle in *Das schöne Ende dieser Welt* an. Eine Geschichte, die hauptsächlich in Australien spielen sollte. Erler hatte bereits mit mehreren brisanten Filmen Sensationserfolge gelandet. Dieser Film handelte von giftigen Pflanzenschutzmitteln, die in Australien produziert und in Entwicklungsländer verkauft werden sollten. Nachdem ich Rainer Erler kennengelernt hatte und der Vertrag unter Dach und Fach war, ging ich erst einmal ausgiebig joggen, um meiner Freude mit allen Sinnen Ausdruck zu verleihen.

Das Angebot kam genau im richtigen Moment, denn bei der Bühnenarbeit traten immer wieder Probleme mit meiner

Stimme zutage. Oft war ich heiser nach Hause gekommen. Kurt Meisel hatte mir als Stimm- und Sprechcoach Frau Professor Langen vorgeschlagen, die auch schon Will Quadflieg unterrichtet hatte. Ich war sicher über hundertmal bei ihr. Eine wunderbare Frau, aber ganz wurde ich meine Probleme nicht los. Deshalb hoffte ich auf die Dreharbeiten, bei denen die Stimme durch Technik unterstützt wird.

Nach Bergman kam also Rainer Erler. Ich verließ das Theater.

Die Drehzeit war mit sechs bis sieben Wochen veranschlagt. Für Angelika eine beängstigend lange Zeit, denn ich würde ja nicht mal an den Wochenenden nach Hause kommen. Die Jungs konnten sich die Länge der Trennung nur mithilfe eines Meterbandes vorstellen: Jeden Abend sollte ein Zentimeter abgeschnitten werden. Es war unsere erste lange Trennung. Keiner war glücklich darüber.

Da einige australische Schauspieler dabei waren und meine Partnerin aus London kam, sollte der Film in Englisch gedreht werden. Ich bereitete also alle Texte auf Englisch vor. Ein super *language training*.

Es gab einen Drehtag in München, danach ging's los: Flug von Frankfurt nach Perth mit Zwischenstopp in Indien.

Unser Filmteam lebte in Fremantle, einer Hafenstadt vor Perth, direkt am Indischen Ozean. Kaum hatte ich mein Hotelzimmer bezogen, zog mich das Meer magisch an. Ich lief über den Sandstrand, genoss die Weite und das Meer: glasklares Wasser, türkis und blau schillernd, prickelnd wie Champagner. Die Belohnung schlechthin nach 24 Stunden im Flieger. Ich rannte ins Wasser – und wurde begrüßt! Allerdings nicht ganz wie erwartet, sondern von einer riesigen Qualle, die quer über meine Brust platschte. Meine Haut verfärbte sich sofort knallrot und schmerzte.

»Au, Mist!«

Ich versuchte, Luft zu kriegen, und stieß im selben Moment mit dem großen Zeh an einen Stein.

»Aua! Was war das?«

Humpelnd stieg ich aus dem Meer, schaute genauer hin und sah, dass unter Wasser Steinbrocken waren, zwischen denen sich Quallen tummelten. Und: Es standen überall Warnschilder herum! Toller Start.

Achtsamkeit war also das Thema des Tages. Meine Euphorie bröckelte leicht.

Ich rief Angelika an und erzählte von meinem ersten Kontakt mit dem Indischen Ozean. Von nun an telefonierten wir einmal pro Woche auf dem Festnetz. Mehr war aus finanziellen Gründen nicht drin. Handy, Skype, Internet gab es noch nicht. Unsere Söhne wollten natürlich stets die Neuigkeiten der letzten Tage loswerden und plapperten munter drauflos: »Papa, du kennst doch den Tobi, weißt du, der hat mir heute beim Fangenspielen von hinten einfach Sand in die Hose geschmissen! Und du, weißt du, was ich da getan habe?«

»Nein, was denn?«

Sie redeten sich alles von der Seele, während ich die Geldstücke durchrauschen hörte. Angelika und ich konnten uns anschließend gerade noch berichten, wie sehr wir uns vermissten, und uns unserer Liebe versichern. Nach diesen Telefonaten war mir immer ganz mulmig zumute, die Sehnsucht nach der Familie schmerzte. Also fingen wir an, uns regelmäßig Briefe zu schreiben. Etwa alle fünf Tage traf einer ein – diese Abende waren Höhepunkte.

Die Dreharbeiten waren bereichernd, da wir viel umherfuhren, um die unterschiedlichsten Landschaftsbilder einzufangen. Nach einigen Tagen drehten wir auf Deutsch weiter. Da nur mit sogenanntem Primärton gearbeitet wurde, musste sowieso alles nachsynchronisiert werden. Und Rainer Erler wollte den Film doch lieber lippensynchron von den deutschen Schauspielern haben. Die Drehs mit den Australiern in zwei Sprachen waren problemlos.

Unvergesslich waren die Samstagabende im lokalen Pub. Jedes Wochenende gab es Livemusik. Die Bands spielten meistens Songs von AC/DC oder den Bee Gees. Durch die Fensterfront des Pubs sahen wir das Meer, die dunkelrote Sonne versank langsam darin. Wir tranken australisches Bier, grölten die Songs mit, tanzten und verbrüderten uns mit dem australischen Team.

Angelika schickte immer wieder liebevolle Gedanken zu mir auf die andere Seite des Globus, die ich auf irgendeiner Ebene auch spürte. Ich wurde immer gelassener.

Eines Tages bekam ich ein großes Paket aus Deutschland, sechzig Mark Porto! Es war von der Familie. Gespannt packte ich aus: Mein Lieblingsbrot kam zum Vorschein, ein Nussbrot, das Angelika mit Unterstützung der beiden Jungs gebacken hatte. Ich war zutiefst gerührt. Was das für mich bedeutete, kann ich mit Worten nicht ausdrücken. In den nächsten Tagen gab es überwiegend Nussbrot zu essen. Paradiesisch!

Ich freundete mich mit einem älteren Bühnentechniker namens Ray an. Er lebte mit seiner Frau in einem riesigen Wohnwagen und hatte große Pläne. Nach dieser Produktion wollte er mit dem Arbeiten aufhören und den Flugschein für einen dieser Zwei-Personen-Hubschrauber machen, mit dem die Australier ihre großen Rinderherden zusammenhielten. Ray strahlte eine große innere Ruhe aus, das machte ihn für mich so anziehend. Er war zufrieden mit sich und seinem Leben, voller Vertrauen in die Zukunft. Genau das wollte ich auch erreichen, endlich mein Getriebensein durchbrechen. Sein Geheimnis erfuhr ich damals nicht, heute denke ich, dass er zutiefst religiös war.

Bei einem unserer Gespräche verblüffte Ray mich, indem er mich vor Emily warnte: »Die ist scharf auf dich. Das heißt, nicht wirklich auf dich, sie ist scharf auf die Hauptrolle des Films.«

»Wie bitte?«

Ich hatte nichts bemerkt, ich war zu sehr mit Textänderungen beschäftigt.

Für Emily waren die Filmleute aus Europa eine willkommene Abwechslung. Sie arbeitete fürs Catering und erzählte mir bei einem Nachtdreh unter dem Siegel der Verschwiegenheit, dass sie mit Prinz Charles bei dessen Australienbesuch ein kurzes Verhältnis gehabt hätte. Er soll *gorgeous* gewesen sein.

»Im Bett oder als Mensch?«, fragte ich erst mich und dann sie.

Sie quittierte die Frage mit einem vielsagenden Lächeln. Ich glaubte ihr kein Wort. Sie wollte mir damit wohl nur ihre erotische Einmaligkeit unter Beweis stellen. Ich sollte wohl eine weitere Kerbe in ihrem Bettpfosten werden. Als sie bei mir nicht landen konnte, würdigte sie mich keines Blickes mehr und angelte sich beim nächsten Nachtdreh ein anderes Mitglied der deutschen Crew.

Meine englische Filmpartnerin und ich hatten in den Drehpausen intensive Gespräche über englische Schauspieler und Schauspielmöglichkeiten in London geführt. Sie hatte natürlich sofort registriert, dass ich ein großer Fan des englischen Theaters war. Ich hatte Peter Brooks *Sommernachtstraum* mit Alan Howard als Oberon und Theseus, Ian McKellen als Hamlet in Köln und Ben Kingsley auf einer Londoner Bühne gesehen. Mit Angelika hatte ich bei Geoffrey Reeves in Exeter hospitiert.

»In London gibt es ein Center für Schauspieler, das kostenlose Trainings anbietet. Hier bekommt man auch die neuesten Infos zu Castings«, erzählte sie mir.

Das interessierte mich natürlich sehr, ich wollte schließlich weiterkommen. Gegen Ende des Drehs lud sie mich nach

Tasmanien ein, wo sie mich nebenbei ihrer Mutter vorstellen wollte.

»If you are Down Under, you must see Tasmania. It's so beautiful! My Mama wohnt dort schon seit Jahren!«

Was stellte sie sich vor? Und wie wollte sie mich ihrer Mutter präsentieren, als Freund? Oh Gott, nein! Gravierendes Missverständnis.

Ich vermittelte ihr, dass ich nicht nach Tasmanien, sondern so schnell wie möglich nach Hause wollte. Am nächsten Morgen fand ich einen Zettel unter der Tür durchgeschoben: »You are killing me softly!« Frei nach dem Song von Roberta Flack. Das war eigentlich nicht meine Absicht gewesen.

Wieder daheim klärte mich Angelika auf: »Wenn du zu tiefe Gespräche mit Kolleginnen führst, kann das unter Umständen als Interesse missverstanden werden.«

Tatsächlich war es so, dass ich mich bei Dreharbeiten viel öfter mit Frauen unterhielt als mit Männern. Frauen reden gern über persönliche Erfahrungen und menschliche Erlebnisse. Bei Männern geht es zunächst immer um die Karriere, dann folgen Fußball und Politik. Das interessiert mich nicht so sonderlich. Nach einigen Gesprächen mit Kolleginnen, die Angelikas Meinung bestätigten, ließ ich solche Unterhaltungen ganz einfach weg und zog mich künftig während der Drehpausen immer in meinen Wohnwagen zurück.

Die Rückkehr zur Familie war unbeschreiblich. So lange ersehnt! Fast zwei Monate Trennung waren vorüber. Ich sah die drei durch das Fenster am Flughafen mit Blümchen. Mein Herz raste vor Freude. Endlich! Die Umarmungen hörten nicht auf. Wieder zu Hause. Wie unbeschreiblich schön.

Erst einmal wurden die ganzen Mitbringsel ausgepackt. Am spannendsten war für die Jungen der *Australian sandworm.* Das war ein kleiner Behälter, ähnlich wie unsere Schneekugeln, nur mit Sand statt Schnee. Am Boden befand sich ein geheimes Loch in Fingergröße, in das man mit dem Zeigefinger hineinfuhr, um ihn als »Sandwurm« aus dem Boden kriechen zu lassen. Eine Sensation!

Wir redeten die ganze Nacht. Erst stundenlang mit den Kindern, dann allein. Es gab so viel nachzuholen. So viele Erlebnisse und Erfahrungen mussten geteilt werden. Wir fanden kein Ende bis zum Frühstück, und auch danach sprudelten die Gedanken weiter und weiter.

Der Australienfilm ist einer meiner Lieblingsfilme geworden.

Was fressen eigentlich Küken?

Von Biberbach im Dachauer Land waren wir wieder nach München gezogen.

Das Theater war jetzt schnell erreichbar, aber die Ungezwungenheit, die Freiheit des Landlebens fehlte uns – vor allem für unsere Kinder.

Zudem vermisste ich die Sonnenstunden im Garten. Am liebsten war ich mit meinen Theatertexten im Schatten eines Apfelbaums gesessen und hatte genüsslich einen Kaffee getrunken, während unsere Söhne um mich herumtollten. Äpfel vom Baum pflücken, Beeren von den Sträuchern naschen, Marmelade zubereiten, diese heile Welt konnten wir nicht vergessen.

Gemeinsam mit Günther Maria Halmer hatte ich eine Komödie gedreht. Er lebte im Chiemgau und schwärmte begeistert davon, genauso wie die Chefin des Betriebsbüros vom Residenztheater, die verwandtschaftliche Beziehungen nach Maria Eck hatte. Also fuhren wir an den Wochenenden des Öfteren in den Chiemgau, um Landluft zu schnuppern. Es war überwältigend schön: die Berge, der Chiemsee, die zahlreichen anderen kleinen Seen, die Landschaft. Die Jungen fühlten sich wohl, genossen das Wasser. Nach solchen erlebnisreichen und erfrischenden Nachmittagen fuhren wir abends nur ungern in die Stadt zurück. Gerade war eine Waldorfschule nach Prien umgezogen, also wäre auch der Schulwechsel kein größeres Problem.

Der Entschluss, wieder aufs Land zu ziehen, reifte langsam, aber stetig in uns, und irgendwann suchten wir nach einem geeigneten Häuschen. Inzwischen war ich ja freiberuflich tätig, konnte also meinen Wohnsitz nach Belieben verändern.

Unsere Suche dauerte über ein Jahr. Sie war aufwendig und oft frustrierend, doch schließlich fanden wir über verschiedene Ecken ein entzückendes älteres kleines Haus zur Miete – in Seenähe mit zweitausend Quadratmetern Garten und alten Bäumen. Es stand gerade leer. Ein Traum für eine junge Familie, trotz Ölöfen und einem Wasserboiler im Bad, der mit Holz zu heizen war. Das kannte ich noch vom Haus meines Opas. Ich rief den Vermieter an, der in Essen wohnte. Er hatte schlechte Erfahrungen mit den vorigen Mietern gemacht und war deshalb skeptisch und voller Vorurteile. Lieber wollte er das Haus leer stehen lassen, als noch einmal unverschämte Mieter zu erleben. Mein Beruf krönte seine Skepsis, wahrscheinlich dachte er, dass Schauspieler nie Geld haben, immer wieder arbeitslos und unzuverlässig sind, alles verkommen lassen, Partys feiern, unmäßig Alkohol trinken und Drogen nehmen.

Wie konnten wir seine Skepsis entkräften?

Unsere einzige Chance war: Wir mussten zu viert nach Essen fahren, um uns persönlich vorzustellen und ihn von unserer Zuverlässigkeit, Ehrlichkeit und Zahlungsfähigkeit zu überzeugen. Das schien auf den ersten Blick mühsam, aber das Haus war so passend, stimmig und knuddelig, dass es den ganzen Aufwand wert war. Wir wären am Boden zerstört gewesen, wenn es in andere Hände gegangen wäre. Deshalb wollten wir nicht auf den offiziellen Vorstellungstermin warten, bei dem alle dreißig Interessenten auftauchen würden. Jetzt oder nie. Wir fuhren schnurstracks nach Essen.

Er war hager, Ende 50, Jurist, sympathisch. Er besaß einen kleinen Hund, einen Wolfsspitz, der uns glücklicherweise nicht ankläffte, sondern sich sofort streicheln ließ. Erster Pluspunkt. Ich hatte die letzten Steuererklärungen dabei. Er stellte natürlich sofort fest, dass das Engagement in München beendet war. Die TV-Gage des gerade fertiggestellten Australienfilms war auch nicht gerade geeignet, Eindruck zu schinden. Ich hatte noch nie fürs Fernsehen gearbeitet, er kannte mich also nicht. Ich rief meine Agentin an und bat sie inniglich, dem Vermieter meine positive berufliche Zukunft zu vermitteln. Das tat sie gern, denn sie glaubte an mich. Dazu brauchte es dann noch all unseren Charme, unsere ganze Begeisterungsfähigkeit und unsere aus dem Nichts gezauberten Überredungskünste, um ihn weich zu stimmen. Natürlich war er beeindruckt davon, dass wir den weiten Weg auf uns genommen hatten. Das zeigte ihm, wie wichtig uns gerade dieser Platz mit diesem alten Häuschen war.

Nach etwa zwei Stunden fuhren wir wieder ab – mit dem eroberten Mietvertrag in der Hand. Was ihn letztlich dazu bewogen hat, uns zu akzeptieren, kann ich nicht sagen. Vielleicht hatte er schlichtweg nicht den Mut, uns nach diesem Aufwand ohne Mietvertrag zurückzuschicken. Und so daneben waren wir ja auch nicht?! Glücklich fuhren wir heim. Wir hatten ein neues Zuhause, in einer einmaligen, wunderschönen Gegend.

Es war spät geworden, und wir mussten in einem kleinen Hotel mit Gaststätte eine Übernachtung einlegen. Wir hatten Hunger. Viele Gäste aßen schon, Kinder waren nicht zu sehen. Also war eine gemäßigte Unterhaltung angesagt. Ich glaube, wir hatten vorher ewig nicht mehr mit den Kindern in einem Restaurant gegessen. Das letzte Mal war es wohl in einem Italienurlaub gewesen, den wir nach einem Tag abgebrochen hatten, weil die Jungs mit ihren damals zwei und fünf Jahren es überaus witzig fanden, den Inhalt der Kulturbeutel – Zahnbürsten, Cremes, Waschlappen usw. – vom Balkon des ersten Stockes auf die flanierenden Touristen zu werfen.

Nach der langen Autofahrt konnte Daniel mit seinen vier Jahren diese verbale Einschränkung partout nicht einsehen. Er wollte lieber spielen, wurde laut, strampelte, sein Besteck fiel hinunter, und er beschwerte sich, das Essen schmecke ihm nicht. Der Tag war für unseren Nachwuchs viel zu langweilig gewesen: im Auto sitzen, den Gesprächen der Erwachsenen zuhören. Das war ein Tag ohne Austoben gewesen. Vergeblich versuchten wir, Daniel zu besänftigen. Die anderen Gäste wurden unruhig, fühlten sich gestört. Schließlich mussten wir die Notbremse ziehen: »Wenn du nicht leiser sein kannst, dann darfst du hier nicht mit uns essen. Dann bringen wir dich ins Bett. Wir sind hier in einem Lokal, da muss man ein bisschen Rücksicht nehmen.«

Nichts passierte, im Gegenteil, seine aufmüpfigen Späße wurden größer. »Du, wir meinen das ernst!«

Es wirkte nicht. Er hatte einen Heidenspaß daran, noch mehr zu krakeelen.

»Das war's!« Angelika nahm ihn aus dem Kindersitz und brachte ihn ungeachtet seines Protestes ins Zimmer. Sie legte ihn ins Bett und kam niedergeschlagen zurück. Wir waren alle bedrückt. So eine Disharmonie nach so einem schönen, erfolgreichen Tag. Uns allen war der Appetit vergangen. Wir beendeten das Abendessen zügig und gingen ebenfalls ins Zimmer. Daniel konnte die Bestrafung nicht einordnen. Also redeten wir noch einmal ausführlich mit ihm, während er eine mitgebrachte Stulle knabberte. Am nächsten Morgen beim Frühstück klappte alles problemlos. Wir hatten ein aufgeräumtes Kind, das lautstark fragte: »Ist das jetzt vornehm genug, Mama?«

Der Umzug ins Chiemgau musste von Angelika alleine gestemmt werden, da ich bei Dreharbeiten in Spanien war. Mit dem Nachmieter in München gab es unerfreuliche Auseinandersetzungen. Nachdem er per Handschlag zugesagt hatte, unsere neue Einbauküche abzulösen, leugnete er diese Abmachung, als er den Mietvertrag in Händen hielt:

»Was soll ich damit? Ich habe eine Küche.«

Angelika konnte nichts machen. Daraufhin wollten wir die Küche einem Kindergarten spenden, aber der durfte, aus welchen Gründen auch immer, sie nicht annehmen. Also kam die Küche mit aufs Land und wurde in unseren kleinen

Wirtschaftsraum für Aufbewahrungszwecke eingebaut. Ein Anruf von Angelika bei dem Nachmieter war aber doch unabdingbar: »Sie sind ein fieser Kerl! Mich mit meinen beiden kleinen Kindern so zu hintergehen!«

Er war sprachlos, sie hängte einfach auf.

Unsere Umzugsfirma war preiswert und schlecht. Angelika fuhr mit zwei Helfern in deren Firmenwagen dem Umzugslaster voraus, um den Weg zu zeigen. Navi war ja noch ein Begriff aus der Zukunft. Die Typen fuhren auf der Autobahn stets gefährlich dicht auf den Vordermann auf und hupten. Machte der Wagen nicht schleunigst Platz, wurde er rechts überholt. Das war damals genauso wie heute verboten. Als Angelika zu sagen wagte, sie sollten doch bitte nicht so nah auffahren, gestalten sie die Fahrt noch wilder. Sie johlten vor Vergnügen und lachten sich kaputt, als sie Angelikas entsetztes Gesicht sahen.

Glücklicherweise ging alles glimpflich ab, und ein neues Leben begann. Der Schulwechsel von Jens in die zweite Klasse klappte nahtlos nach den Sommerferien. Daniel konnte sich im Kindergarten austoben. Wir alle fühlten uns wohl.

Aber sollten nicht ein paar Tiere das Familienidyll ergänzen?

»Papa, bitte!«

Wir hatten nur meine zwei Goldfische im Aquarium mitgebracht. Schon als Junge hatte ich Fische gehalten, meist waren es selbst gefangene Stichlinge aus dem nahe gelegenen Bach gewesen. Jetzt also Goldfische, die wir im Umzugstrubel auf den Balkon stellten. Vielleicht könnte man ja irgendwann einen kleinen Teich anlegen? Allerdings hatten wir den Herbst im Chiemgau mit seinen plötzlichen tiefen Temperaturen völlig unterschätzt. Nach einer Nacht mit minus zwei Grad war das Wasser zu einem Eisblock erstarrt, unsere Lieblinge mittendrin. Das war das Ende unserer Aquariumszeit. Nie wieder lebendige Fische. Mit schlechtem Gewissen begruben wir die beiden Goldfische unter einer Riesentanne.

Zu der Zeit hatte die Katze einer Kollegin vom Residenztheater üppigen Nachwuchs bekommen.

»Ach bitte, nehmt doch eins! Das geht doch bei euch da draußen so einfach. Sonst müssen wir sie eventuell ...«

»Etwa töten? Bitte nicht!«

Mir war klar, wenn wir mit unseren Jungen hinfahren würden, um die Katzenbabys anzusehen, wäre eine Absage so gut wie ausgeschlossen. Also fuhren wir nicht. Erst einmal. Dann doch, weil von den sieben Babys immer noch drei da waren. Die Zeit drängte.

»Ach Papa, wenigstens mal anschauen!«, bettelte Jens.

Daniel mutmaßte: »Ich glaube, die lassen die sicher sterben. Die ertränken die oder so was.«

Dafür wollte ich natürlich nicht verantwortlich sein. Wir vereinbarten einen Termin zum Anschauen. Natürlich blieb es dabei nicht. Wir kamen nicht nur mit einer, sondern gleich mit zwei Katzen zurück. Für jedes Kind eine, um Streitereien vorzubeugen. Ein kleiner Kater und eine kleine Katze saßen im Körbchen zwischen den glücklichen Jungs auf dem Rücksitz. Angeblich waren sie mit ihren acht Wochen bereits stubenrein. Zu Hause zeigte sich schnell, dass das mehr Wunsch als Wirklichkeit war. Kaum hatten sie ihr neues Zuhause begutachtet, wurden mehrere Ecken für kleinere und größere Geschäfte missbraucht.

Unverzüglich wurde ein Katzenklo besorgt. Die beiden verstanden den Sinn dieses Objektes jedoch nicht, und so roch es während der nächsten Tage ziemlich intensiv in unserem Haus. Die Hinterlassenschaften mussten wohl oder übel von den Eltern beseitigt werden. Die Kinder sahen sich für die Streicheleinheiten zuständig.

Unser erster Besuch im neuen Heim: Eine Freundin aus Hamburg, die zufällig in Bayern war, überfiel uns und brachte zwei Küken mit.

»Ohne Hühner kann man auf dem Land nicht leben.«

Aha? Aber wohin damit? Ein Pappkarton wurde auf die Schnelle mit Stroh ausgelegt und musste erst einmal als Hühnerstall reichen. Was fressen die überhaupt? Regenwürmer? YouTube gab's noch nicht, also wurden die Nachbarn befragt. Die Küken bekamen zunächst gekochtes Ei, Haferflocken und Wasser. In einem Freigehege pickten sie Gras. Eines Morgens war ein Küken verschwunden. Der Fuchs musste es geholt haben. Große Trauer. Das zweite Küken wurde daraufhin der Bäuerin geschenkt, bei der wir immer unsere Milch holten.

Jetzt wurde die Forderung nach einem richtigen Hühnerstall laut. Eigene Eier! Mithilfe eines neuen Freundes wurden im nächsten Frühjahr Pläne entwickelt. Holz wurde besorgt, und ein paar Wochen später stand ein richtiges Hühnerhaus im Garten. Wir kauften vier Hühner plus Hahn. Einen Hahn braucht man eigentlich nicht, aber wir fanden es artgerechter. Die Hühner sollten ja auch Spaß haben. Hatten sie wohl auch, aber der Maestro war ziemlich aggressiv. Er störte die Idylle empfindlich, denn er verteidigte seinen Harem gegen alles und jeden. Auch gegen uns. Passte man nicht auf, stürmte er von hinten auf einen zu und versuchte, die Kniekehlen zu bearbeiten. Sogar heftig.

Unser Freund empfahl ein Perlhuhn, besser gesagt, einen Perlhahn. Perlhähne üben im Hühnerhof eine Art Polizistenfunktion aus. Tatsächlich, der neue Oberaufseher hatte alles im Griff, auch unseren aggressiven Gockel.

Perlhähne machen einen infernalischen Lärm. Das hört sich etwa so an, als würde ein Blecheimer aus dem dritten Stock die Treppe runterscheppern. Die Hühner hielten respektvolle Distanz, auch unser Gockel hatte Schiss vor dem Perlhahn, und des Nachts traute sich keine Ratte in die Nähe des Stalles. Gegen Abend flog er auf das Dach des Hühnerhauses, machte pünktlich einen irrsinnigen Spektakel – und zwar so lange, bis alle Hühner im Stall verschwunden waren. Er ging als Letzter hinterher. Alle waren drin, und man konnte das Hühnerhaus verschließen. Nachtruhe. Wir waren glücklich.

Die Hühner legten fast jeden Tag ein Ei. Eines Tages fingen sie sogar an zu brüten. Wir nahmen das als Zeichen für unser Talent als Landwirte. Drei Wochen umhegten wir die werdenden Mütter, und als wir eines Tages vom Einkaufen zurückkamen, waren sie da: Sieben Küken liefen im Garten umher. Was für ein Zuchterfolg! Nach einigen Wochen mit Gepiepe gaben die Halbwüchsigen schon neue Laute von sich.

»Hör mal, ist das nicht süß? Das Kleine übt krähen … ein Hahn!«

»Stimmt! Aber hör mal, das da drüben, ich glaube, das übt auch krähen!«

»Und was höre ich da hinter der Tanne? Kräht da etwa auch einer oder eine?«

Ich lief hinter die Tanne.

»Ja, klar, der übt auch. Sagt mal, was ist da los? Etwa nur Hähne?«

Aus jeder Ecke krähte es.

»Das kann doch nicht wahr sein.«

Wir zählten durch, und es waren tatsächlich sechs Hähne und ein Huhn – wahrscheinlich. Dieses eine Küken krähte jedenfalls nicht, es war still.

»Was machen wir mit denen?«

»Ach du Schreck, keine Eier in Zukunft oder nur von dem einen neuen Huhn.«

»Genau. Und die anderen Hähne? Wienerwaldmäßig auf den Grill?«

Die Hoffnung auf mehr Frühstückseier konnten wir also begraben. Also aufziehen und …?

»Schlachten kann ich die nicht!«, rief ich entsetzt.

»Ich auch nicht! Was machen wir?«

Der Perlhahn sagte gar nichts. Ihm hatte es wohl auch die Sprache verschlagen. Es schielte nach den Küken, wahrscheinlich hätte er sich über eine erweiterte Damenriege mehr gefreut. Wir überlegten hin und her, aber die Hähne mussten unseren Hof verlassen. Sie landeten schließlich bei unserer Milchbäuerin, die sich darüber freute. Zwei Tage lang mussten wir keine Milch bezahlen.

Die Bäuerin war klein, rundlich und etwa Ende sechzig. Sie hatte den schönen Satz geprägt: »Spaß muss sein – auch wenn's nachts ist!«

Jetzt fehlte lediglich noch ein Hund, um die Familie komplett zu machen. Die Jungs bettelten schon darum, seit die Katzen stubenrein waren. Also zog nach etwa zwei Jahren ein süßer Mischling bei uns ein. Wir gaben ihm den Namen Rio, denn ich hatte gerade eine Folge der Serie *Stahlkammer Zürich* in Rio de Janeiro gedreht.

Rio war eine aufregende und widersprüchliche Stadt. Wunderschöne Menschen in winziger Badebekleidung am Strand, es wurde geflirtet wie verrückt, fast jeden Abend hatte ich ein anderes Foto mit Telefonnummer in meinem Textbuch. Gleichzeitig sah man überall tiefste Armut, in Restaurants bettelten Straßenkinder durchs Fenster um Essensreste.

Angelika reiste aus Deutschland an, diesen Drehort wollte sie mit eigenen Augen sehen. Sie hatte sich die Haare kurz schneiden lassen, so kannte ich nicht. Sie wurde – leider nicht nur von mir – unerbittlich umschwärmt und bekam zweideutige, besser eindeutige Angebote ohne Ende. Beim Abschlussfest des Films mit dem brasilianischen Team war sie die begehrteste Tänzerin. Sie hatte sich ein atemberaubendes Kleid in Rio gekauft, und sie konnte Samba tanzen wie eine Einheimische. Ich schwankte zwischen Stolz und Eifersucht. Mit unzähligen Caipirinhas hielt ich mich bei Laune. Irgendwann verschwand sie endlich mit mir ins Hotel.

Aber wir waren beim Hund. Die Erziehung von Rio war nicht ganz einfach. Wir hatten ja auch keine Erfahrung mit Hunden. Er war ein sehr selbstbewusster Rüde. Immer wieder büxte er aus, wenn ich ohne Leine mit ihm zum Joggen ging. Gern spielte er mit anderen Hunden »Wer ist der Stärkste?«. Wir ließen ihn kastrieren, danach war er auffällig artig und folgsam.

Nur eine kleine Macke blieb ihm ein Leben lang: Er war mehr als verfressen und schnappte alles, was er an Essbarem ergattern konnte. So klaute er nicht nur einmal Spiegeleier aus der warmen Bratpfanne. Bei einem Kindergeburtstag erwischte er eine halbe Torte, weil die Tür zum Abstellraum nur angelehnt war. Mit schlechtem Gewissen verkroch er sich nach so einem Vorfall jedes Mal unter dem Küchentisch und traute sich nicht mehr hervor. Wenn wir ihn also dort vorfanden, war klar, dass er wieder mal heimlich irgendetwas erwischt hatte.

Manchmal verschwand er. Aber wohin? Irgendwann zeigte sich die Lösung in Person eines Hotelbesitzers aus dem Ort. Als wir eines Tages an seinem Lokal vorbeispazierten, meinte er grinsend: »Übrigens, die Rechnung kommt demnächst!«

»Was für eine Rechnung?«, fragten wir verblüfft.

»Ein paar Mal habe ich euren Hund schon in meinem Vorratsraum erwischt. Er frisst sich voll mit Würsten und haut wieder ab.«

Das war also der Grund für Rios Verschwinden.

»Aber ich habe selbst einen Hund. Ich kann ihn verstehen!«

Man konnte mit Rio schimpfen oder mit der Zeitung drohen, nichts half.

Die einzige Möglichkeit, Nahrungsmittel vor ihm in Sicherheit zu bringen, war: Aufpassen, aufpassen, aufpassen!

Wir hatten uns gut eingelebt, als sich 1986 die Katastrophe von Tschernobyl ereignete. Unsere Heimat, der Chiemgau, war besonders betroffen. Der Himmel über uns hatte eine bleierne Schwere. Kein Lüftchen rührte sich, keine Wolke war zu sehen, nur durchgehendes Grau. Es war eine bedrückende Stimmung. Alle Menschen standen unter Schock. Die Eier konnten wir wegwerfen, ebenso unseren selbst gezogenen Salat und das Gemüse. Wir waren zutiefst verunsichert. Was durfte man noch anfassen und was nicht? Was konnte man noch essen und was nicht? Es war eine sehr traurige und belastende Zeit. Glücklicherweise fütterten einige Bauern eine oder zwei Kühe mit Heu vom Vorjahr, sodass wir wenigstens unbelastete Milch bekamen.

Im folgenden Jahr trugen wir in unseren Gemüsebeeten mindestens zehn Zentimeter Erde ab und entsorgten sie. Dann bauten wir wieder neues Gemüse an. Langsam kam die Lebensfreude zurück – und ist bis heute geblieben.

Eine versöhnliche Geste

Seit 1983 arbeitete ich ausschließlich fürs Fernsehen. Aber die Anerkennung meines Vaters, die ich insgeheim erhoffte, blieb aus, im Gegenteil. Mein Vater hatte seit einigen Jahren eine 14-tägige Kolumne als Fernsehkritiker. Alle Schauspieler, die er für die *Hörzu* interviewte, waren für ihn Spitzenkräfte. Dieser und jener Kollege von mir war super, mich nahm er überhaupt nicht zur Kenntnis. Lief ein Film oder eine Serienfolge mit mir, schrieb nicht er, sondern ein Kollege darüber. Das konnte ich ja verstehen, von wegen familiärer Befangenheit, aber er sprach mit mir auch nie über meine Arbeit. Nie ein anerkennendes Wort. Nie!

Was wollte er mir damit sagen? Wollte er mich verletzen? Oder einen eventuellen Höhenflug im Vorfeld einbremsen? Fand er mich schlecht? War er am Ende sogar neidisch? An einem Weihnachtsabend verstieg er sich mit Blick in meine Richtung zu der Bemerkung: »Ich wäre sicher der bessere Schauspieler geworden.«

Hä? Ich wusste nicht genau, was er mir damit sagen wollte, aber der Pfeil saß.

Als ich das Angebot zur Serie *Oh Gott, Herr Pfarrer* bekam, sah ich plötzlich eine Chance, unser Verhältnis zu entkrampfen. Da mein Vater ein katholisches Internat besucht hatte, kannte er sich mit Kirchenbelangen gut aus. Ob katholisch oder evangelisch, er könnte mir vielleicht ein paar Hinweise geben, und wir hätten ein gemeinsames Thema. Vertrauensvoll zeigte ich ihm das Drehbuch. Er war wütend und geradezu entsetzt: »Das darfst du nicht spielen! Das müsste verboten werden, da stimmt nicht ein Satz!«

Warum die Sätze so unstimmig waren, darauf ging er nicht ein, es blieb bei einer pauschalen Ablehnung. Ich fand seine

Beurteilung an den Haaren herbeigezogen. Sie war mir egal, denn mir gefielen die Bücher sehr. Natürlich spielte ich die Rolle. Ich fühlte mich mit den seelsorgerischen Themen wohl und baute sogar mein geliebtes Schlagzeug in einer Folge ein. Für die Darstellung des schlagzeugspielenden Pfarrers mit Familie, Mitgefühl und Humor bekam ich die *Goldene Kamera*.

Mein erster Mehrteiler hieß *Glücklich geschieden*. Das war eine sanfte Annäherung an die Möglichkeit, als Hauptdarsteller eine Serie zu tragen. Sehr aufregend. Ich war euphorisch über diese Chance. Aber genau wie meine zweite Serie *Stahlkammer Zürich* zündete diese TV-Reihe nicht so richtig. Bei *Stahlkammer Zürich* war das wohl auch der Zwölftonmusik geschuldet, die so gar nicht ins Ohr ging und keinerlei Anziehungspotenzial hatte. Im Gegenteil. Es sollte eine Serie mit Unterhaltungswert sein, doch akustisch befand man sich beim *Neuen Werk* in der Hamburger Laeiszhalle. Die Ideengeberin dieses Projektes hatte auch die Musik komponiert, und so führte kein Weg an ihr vorbei. Leider.

Oh Gott, Herr Pfarrer wurde dagegen ein Renner. Gedreht wurde in Stuttgart, also war ich wochenlang von zu Hause weg. Nur die Wochenenden verbrachte ich am Chiemsee. Mir selbst war der kommende Erfolg nicht bewusst, aber Angelika spürte, dass meine TV-Karriere damit so richtig beginnen würde. Es bereitete ihr große Konflikte, denn sie wollte doch auch beruflichen Erfolg haben. Sie befürchtete, abgehängt zu werden, auf der Strecke zu bleiben. Ihr Handlungsspielraum war begrenzt, sie saß mit zwei kleinen Kindern zu Hause.

Die Kinder brachten Scharlach aus der Schule mit, Angelika steckte sich ebenfalls an. Ich war hilflos, voll schlechtem Gewissen. Eigentlich hätte ich das Drehen abbrechen müssen, aber das war unmöglich, die Sendetermine standen bereits fest. Diese heftige Krankheitsphase dauerte mehr als vier Wochen. Freitags kam ich nach Hause, alle lagen darnieder. Ich versuchte zu retten, was zu retten war – besorgte Medikamente, machte sauber, kümmerte mich um Angelika, die beiden Kinder und die Tiere. Wir führten endlose Gespräche über ihre, meine und unsere gemeinsame Zukunft. Montags fuhr ich in aller Herrgottsfrühe wieder ins Schwabenländle, um zehn Uhr war Drehbeginn.

Angelika erholte sich langsam wieder. Wie sollte sie ihren Berufswunsch vorantreiben, wenn ich nie da war? Wie sollte das mit den Kindern gehen? Sie konnte ein Angebot wie etwa die Eboli in Augsburg nicht annehmen, da ich ausgiebig drehte. Auch Ingolstadt war an ihr interessiert. Wir wollten doch abwechselnd arbeiten! Einer sollte immer zu Hause bei den Kindern sein …

Vor der Scharlachepisode hatte Angelika im Bayerischen Rundfunk erfolgreich einen Stimmtest gemacht. Immer wieder bekam sie Angebote als Sprecherin für Kinderfunk, Hörspiele oder als Kommissarin in einer Krimireihe. Der Regisseur Wolf Euba war begeistert von ihr. Ich fand das alles gar nicht so toll, denn nach einem ähnlichen Vorsprechen hatte ich zwar auch einige Aufträge, doch meine Aufregung zerstörte vieles. Angelika zog wieder mal in einem Bereich davon, in dem ich kaum eine Chance hatte. Ich war eifersüchtig, konnte sie nur bedingt unterstützen. Oftmals brach ich einen idiotischen Streit vom Zaun, wenn sie einen Termin beim Sender hatte. Das verunsicherte sie, und sie fuhr mit Tränen in den Augen los.

Sie wurde regelmäßig besetzt. Diese Arbeit war ideal für sie. Sie konnte den Text in Ruhe vorbereiten, für die Zeit der Aufnahme kam ein Kindermädchen. Ich hatte Schwierigkeiten mit ihrem Erfolg.

Als es zur Verleihung der *Goldenen Kamera* kam, war ich sehr aufgeregt. Wer würde wohl meine Eloge halten? Das war wie immer bis zum letzten Augenblick ein Geheimnis. Es sollte eine Überraschung sein, und das war es dann auch!

Ich hatte eine Rede vorbereitet, wollte mich beim Team und besonders bei Angelika für die Unterstützung bedanken. Als ich auf die Bühne gerufen wurde, war ich neugierig, wer die Ansprache nun halten würden. Da kam mir entgegen – mein Vater! Das durfte doch nicht wahr sein!

Mein Vater war unsicher, extrem nervös und stotterte sich durch seine kleine Rede. Ich weiß kein Wort mehr von dem, was er sagte.

Meine Ohren gingen zu, mein Kopf rauschte, ich war überrumpelt, unfähig zu sprechen. Ausgerechnet er!? Warum hatte er mich das nicht wissen lassen? Lässt mich hier ins offene Messer laufen! Auch meine Mutter hatte dichtgehalten. Ich war völlig durcheinander. Nach einer für mich endlosen, atemlosen Pause gelang es mir, mühsam zu formulieren:

»Mein Vater und ich haben ja nicht immer das beste Verhältnis gehabt, aber diese Geste hat etwas sehr Versöhnliches!«

Bei der After-Show-Party gingen wir uns aus dem Weg. Es war für uns beide nur peinlich. Meine Mutter stand hilflos dazwischen. Angelika hatte das Drama erkannt und umarmte mich mit den Worten: »Wir sind so doof gewesen, das hätten wir uns eigentlich denken können.«

Stimmt. Natürlich hätten wir das, mein Vater war schließlich einer der Gründer der *Goldenen Kamera*. Und die Presse liebt solche rührenden Familiengeschichten. Nur rührend war das überhaupt nicht. Es war total daneben. Bei der *Hörzu* wusste ja keiner von unseren Vater-Sohn-Schwierigkeiten. Vielleicht hätten sie sonst auf diese Konfrontation verzichtet.

Ein Mitarbeiter meines Vaters erzählte am späteren Abend, mein Vater würde immer stolz von mir berichten, geradezu mit mir angeben! Wie bitte? Was war das?

Ein Kollege sagte nach der Verleihung zu mir: »Ich habe immer darunter gelitten, dass ich keinen Vater hatte. Zum ersten Mal habe ich gesehen, dass es auch von Vorteil sein kann, keinen zu haben.«

Immerhin gab es für mich Ersatzväter: Intendanten, die an mich glaubten, wie Dr. Horst Gnekow in Münster, Gert Omar Leutner in Dortmund, Kurt Meisel in München und – ganz besonders auch – Ingmar Bergman. Von allen habe ich viel gelernt und Unterstützung, Zuneigung und Wärme erfahren. Mein biologischer Vater blieb jedoch immer unerreichbar und fremd.

An meinem 73. Geburtstag beschloss ich, dieses ungute Verhältnis endlich zu ergründen: Ich machte eine Familienaufstellung. Das Ergebnis war zutiefst berührend und einleuchtend: Ich konnte sehen und fühlen, was mein Vater im Krieg durchlitten und ausgehalten hatte. Mir wurde klar, dass er emotional wie tot zurückgekommen war. Diese Kriegskatastrophe und die russische Gefangenschaft konnte er nur überleben, weil er seine Gefühle komplett abgeschaltet hatte. Auch Scham, Reue und Trauer wurden nie zugelassen, nachdem schließlich klar wurde, was da im Krieg passiert war.

Ich zitiere einen Satz von Matthias Lohre von zeit.de, der über die Kriegsgeneration schreibt: »Wer nicht fühlt, kann auch nicht mitfühlen; etwa mit den eigenen Kindern.« Das beschreibt genau das seltsame Verhältnis zwischen meinem Vater und mir: Es gab kein Mitgefühl von seiner Seite.

Keine Vaterliebe zu bekommen und auf der anderen Seite die Erwartungen eines Vaters nicht erfüllen zu können, hatte natürlich Auswirkungen auf mein Leben. Sagen wir so: Ich reichte einfach nie, ich fühlte mich nicht liebenswert, ich war unsicher, hatte immer Angst, insbesondere vor Männern und Autoritäten. Zudem vermittelte mein Vater mir auch noch, dass ich wohl ziemlich beschränkt sei, das zeige ja mein zweimaliges Sitzenbleiben. Er hingegen sei ein Überflieger bei den Jesuiten gewesen.

Während meiner Schulzeit hatte ich nie Hausaufgaben gemacht. Nur Malen und Zeichnen gingen einigermaßen. Meine Leidenschaft lag von Anfang an beim Theater. Seit mein Opa mich in *Peterchens Mondfahrt* mitgenommen hatte, war ich vom Theater infiziert.

Wie sich später herausstellte, war dieses Märchen auch die erste Bühnenerfahrung von Angelika gewesen. Sie hatte darin als Mitglied des Kinderballetts eine Blume getanzt – allerdings in Wilhelmshaven. Es könnte dennoch sein, dass ich genau diese Vorstellung mit ihr gesehen habe, da sie mit dem Theater in Oldenburg gastiert hat. Das hört sich unwahrscheinlich an, aber wer weiß …

Die Familienaufstellung war ein Wendepunkt in meinem Leben. Seitdem fühle ich mich leicht. Ich verstehe meinen Vater vollkommen, er konnte einfach nicht anders. Nur eins ist schade: Diese Aufstellung hätte ich viel früher machen sollen. Meinem Vater und mir ist dadurch viel an Übereinstimmung entgangen – und an Liebe.

Auch Angelika fühlte sich nach dieser Aufstellung erleichtert. Während unserer Beziehung hatte sie stets die Defizite mitgetragen, die aus diesem Mangel herrührten, alle Ängste, alle Entbehrungen und alle schwierigen Entscheidungen.

Geh nur. Aber ohne mich!

von Angelika Atzorn

»Angelika, ich hab was für dich!«, meinte eine damalige Freundin. »Ein Training aus Amerika, das dein Leben komplett auf den Kopf stellen wird. Du beginnst danach, alles mit anderen Augen zu sehen. Zwei Wochenenden plus ein Mittwochabend mit etwa 250 Teilnehmern.«

Von diesem Training namens Forum hatte ich schon gehört. Ziel war die persönliche Entwicklung, Verbesserung und Optimierung der eigenen Potenziale. Aber mit 250 Leuten, wie sollte das funktionieren? Wissbegierig, wie ich war, zog es mich unwiderstehlich an.

Auf meine Frage an Robert, ob er mitkommen möchte, erhielt ich ein klares Nein: »Was soll das bringen? Schon wieder Wachstum! Wir haben doch schon Atemtherapie, Gesprächstherapie, Paartherapie, Gruppentherapie gemacht, mit Edelsteinen geheilt, auf Vollkornküche umgestellt, jetzt sind wir schon fast komplette Vegetarier – mir reicht es! Was willst du denn noch? Schon wieder was Neues! Bitte, wenn du willst, geh nur. Aber ohne mich!«

Also fuhr ich alleine nach München, wo ich dann in einem großen Konferenzsaal mit etwa 250 Menschen saß. Es war der berühmte Abschlussabend, an dem Teilnehmer von unglaublichen Veränderungen und Wandlungen berichteten:

»Ich rede wieder mit meiner Mutter.«

»Endlich habe ich angefangen, Klavier zu spielen.«

»Ich habe einen Job gefunden.«

»Ich verstehe mich wieder mit meiner Frau. Keine Scheidung!«

»Ich habe fünf Kilo abgenommen.«

Alle schienen zutiefst glücklich.

Dieser Einführungsabend zeigte eine großartige Interaktion zwischen Forumsleiter und Teilnehmern. Das Training war eine geniale Mischung aus spirituellen Richtungen und verschiedenen Therapieformen. Commitment *war ein zentraler Begriff: Er bedeutete, dass man sich zu etwas verpflichtete, etwa täglich Sport zu treiben, fünf Kilo abzunehmen – und vor allem, sein Wort zu halten. Und zwar wirklich!*

Ich war begeistert, hellwach, aufgeregt und dachte immer wieder: »Das will ich auch, das muss ich unbedingt machen!«

Am Ende der Veranstaltung konnte man sich registrieren lassen. An einem Tisch saß eine freundliche Frau und fragte mich, nachdem wir ein wenig geplaudert hatten: »Ja, und? Willst du das Training machen?«

»… Ja …«, antwortete ich zögernd und fragte nach dem Preis.

»Tausend Mark!«

Wow! Das war wirklich viel Geld, ein Schlag in die finanzielle Magengrube. Das hatten wir nicht gerade mal so locker. Also bat ich um einen Prospekt plus Anmeldeformular.

»Danke, ich überlege es mir, ich möchte mich noch mit meinem Mann besprechen!«

Pause. Ein fragender, offener Blick wurde auf mich gerichtet.

»Willst DU es machen?«

Ja, natürlich wollte ich es. Aber erst einmal mit Abstand alles zu Hause besprechen und dann entscheiden.

Der Blick blieb auf mich gerichtet. Ich bekam einen leichten Schweißausbruch. Mit klarer Stimme fragte sie mich ein drittes Mal: »Willst DU es machen?«

Da verstand ich. Flucht nach vorne.

»Ja!«, versicherte ich ihr und mir. »Ich werde es mir selbst verdienen!«

Mir war schlagartig klar, würde ich Robert unsicher von meinem Vorhaben erzählen und dazu noch die Kostensituation erläutern müssen, er hätte es mir garantiert ausgeredet.

Gestärkt und gewappnet fuhr ich nach Haus. Die Entscheidung war nicht rückgängig zu machen. Ich berichtete von meinen Erlebnissen und dass ich mich für das nächste Seminar angemeldet hätte. Genervt und frustriert am Kochtopf stehend, meinte er: »Aha, schön für dich ... Und was kostet der Spaß?«

»Och ...«, ich versuchte es herunterzuspielen, »tausend Mark.«

»Bist du wahnsinnig, geht's noch? Wo soll das Geld denn herkommen?«

Aufgeregt nahm ich meinen ganzen Mut zusammen und antwortete verwegen: »Mach dir keine Sorgen, ich verdiene es selber.«

Er schaute verblüfft, ich ließ ihn stehen. Super, die klare Entscheidung wirkte schon jetzt: Dieses Versprechen mir selbst gegenüber hatte ich in die Welt gesetzt, ohne die Zustimmung von anderen. Das fühlte sich wunderbar an.

Gott sei Dank hatte ich immer wieder beim Bayerischen Rundfunk zu tun, Hörspiele, Kinderfunk usw. Kurze Zeit darauf bekam ich eine Krimireihe über mehrere Tage. Gage: Tausend Mark! Bingo, mein Wunsch und meine Gebete waren erhört worden.

Das Seminar war großartig: Ich verstand, wie sehr unsere Gedanken unser Leben bestimmen, und lernte, traumatische Prägungen aufzuspüren. Ich erfuhr, wie kraftvoll und machtvoll ein einziges Wort sein kann, wie wichtig es ist, voll und ganz für etwas einzustehen, also eine hundertprozentige Beziehung zu leben, keine neunzigprozentige. Ich begriff, was es heißt, eine Haltung für etwas einzunehmen, wie befreiend es ist, Bewertungen wegzulassen, mit Schuldzuweisungen aufzuhören. Das alles war für mich sehr spannend und neu.

Erfüllt vom Wissen um ein riesiges Paket unglaublicher Möglichkeiten kam ich nach Hause. Roberts erste Frage: »Und …? Wie war's so?«

Was sollte ich darauf antworten? Wie sollte ich von dieser völlig anderen Welt, einer Welt der Erneuerungen, der Veränderungen, neuer Sichtweisen berichten? Zögernd versuchte ich, die Inhalte des Seminars zu vermitteln. Aber was immer ich sagte, ich biss auf Granit. Wie es so schön heißt: An diesem Felsen kannst' zerschellen. Er mauerte, war überhaupt nicht bereit, irgendwelche Neuigkeiten aufzunehmen, geschweige denn zuzuhören. Keine Chance.

»Du hast tausend Mark ausgegeben und kannst mir jetzt nicht mal erzählen, um was es geht? Toller Kurs!«

Stopp! Worum ging es hier? Es ging ausschließlich um Rechthaberei. Das hatte ich ja gerade gelernt. Jeder von uns wollte dem anderen beweisen, dass er im Recht war. Ich wollte ihn davon überzeugen, wie toll das alles war; er wollte aufzeigen, was es für ein Blödsinn war!

Es war ein Superspiel, das man endlos hätte weiterspielen können – Streit, Kränkungen und Verletzungen waren programmiert. Ohne große Erklärung entschied ich mich zu einer Kehrtwende und sagte ganz einfach: »Lass uns nicht weiter darüber reden, mein Schatz. Ich lebe es dir vor! Okay?« Damit ließ ich ihn in stehen.

Das war ein wichtiger Schritt für mich: bei mir zu bleiben, dem anderen seinen Raum lassen, Geduld zu haben und abzuwarten. Ich wollte mich nicht verwickeln lassen, hatte keine Lust auf Machtkämpfe. Eine ganz neue Erfahrung.

Oh Wunder, am Abend klopfte Robert leise an: »Sollen wir uns nicht doch noch mal zusammensetzen? Es tut mir leid. Ich habe mich irgendwie geärgert, dass du das Seminar gemacht hast. Jetzt höre ich dir wirklich zu.«

Und das tat er! Wir hatten einen sehr inspirierenden Abend.

Und wer saß im nächsten Forum: mein Mann!

Von diesem System der Persönlichkeitsentwicklung war ich total euphorisiert, weil es mir so viele neue Möglichkeiten des Denkens und Handelns aufzeigte. Auch jeder Nachfolgekurs hatte etwas Befreiendes und Grenzensprengendes für mich.

Irgendwann schlich sich jedoch ein leises Unbehagen ein. Und plötzlich erkannte ich klar und deutlich: Den Kursen fehlte etwas Wesentliches – das Herz! Die Liebe!

Die Autobiografie eines Yogi von Paramahansa Yogananda, die uns 1987 in die Hände fiel, veranlasste uns zu einem neuen Blick auf unser Leben. Dieses wunderbare Buch stillte den Hunger unserer Seelen und wurde für uns wegbestimmend. Am Beispiel von Yogananda sahen wir, wie man seinem Leben mehr Tiefe verleihen kann und dadurch dem Sinn des Lebens näherkommt.

Yoga hat seinen Ursprung in Indien und ist eine der ältesten Wissenschaften, ein Erfahrungsweg, der sich mit dem Menschen in seiner Ganzheit beschäftigt. Es ist keine Religion, sondern eine Philosophie, ein Lebensstil, ein Weg zur Selbsterkenntnis. Obwohl Yoga schon mehr als fünftausend Jahre existiert, ist es zeitlos und universell. Häufig wird Yoga nur mit Körper-, Atem- und Meditationstechniken in Verbindung gebracht. Doch es bietet mehr: Es bringt uns zu der Erkenntnis, dass wir ein Teil des großen Ganzen sind, und es hilft uns, ein bewusstes, sinnvolles, gesundes, glückliches und spirituelles Leben zu führen.

Jeder kann Yoga ausüben, egal in welchem Alter. Sobald wir die Essenz von Yoga verstehen und erkennen, wer wir wirklich sind, sehen wir alles in einem neuen Licht. Wir sind hier auf der Erde, um zu wachsen und unsere Göttlichkeit anzuerkennen; denn unser Geburtsrecht ist es, glücklich zu sein.

All die Jahre suchte ich nach einer erfüllenden Aufgabe, um für Menschen da zu sein. Plötzlich wurde mir klar, wie ich meine körperlichen Fähigkeiten nutzen konnte, die ich während meiner Zeit als Tänzerin erworben hatte: als Yoga-Lehrerin.

Das würde mir zudem helfen, meine Körperlichkeit, meine Flexibilität und Beweglichkeit bis ins hohe Alter zu erhalten. Iyengar, ein großer Yoga-Meister, schrieb: »Achtet auf den Körper, dann bleibt euch der Körper auch in der Zeit der Not ein Freund.«

Yoga wurde zu Erfüllung meines Lebens.

Es geht hier um euer Leben

Ich war schrecklich im Zugzwang. Anscheinend hatte ich etwas Wichtiges verpasst. Angelika war mit einem Seminar namens *Forum* vorgeprescht. Es sollte wohl phänomenal sein und alles an therapeutischen Angeboten übertreffen, was wir je gemacht hatten. Phänomenal fand ich vor allen Dingen den Preis für zwei Wochenenden: tausend Mark. Und dann sollte ein Trainer allein gleichzeitig 250 Menschen coachen können? Ein kompletter Schwachsinn in meinen Augen. Aber sie hatte sich ja nun leider nicht davon abbringen lassen und war mehr als euphorisiert zurückgekehrt. Der anschließende Abend knirschte empfindlich zwischen uns.

Um des lieben Friedens willen erklärte ich mich schließlich bereit, dieses amerikanische Wunder zu erleben, zumindest erst einmal den berühmten Abschlussabend zu besuchen.

Der Saal war brechend voll. Wie immer in Menschenmengen, fühlte ich mich zutiefst unwohl. Angelika schob mich mit aufmunterndem Blicken hinein und hatte gleich tiefste Gespräche mit zwei Frauen aus ihrem Kurs. Sie wollten selbstverständlich in Kontakt bleiben und sich gegenseitig bei ihrer inneren Entwicklung helfen.

»Okay, dann macht mal«, dachte ich ratlos und stand überflüssig daneben.

Endlich ging es los. Ein sportiver Trainer sprang leichtfüßig auf die leere Bühne und wurde mit frenetischem, nicht enden wollendem Applaus begrüßt. Solche Ovationen hatte ich ja nicht mal nach meiner *Hamlet*-Premiere bekommen. Schade, dass ich nicht berichten kann, dass der Mann arrogant oder hochnäsig wirkte, das hätte meiner Ablehnung Futter gegeben. Er strahlte im Gegenteil Intelligenz, Wissen und Empathie aus.

Dazu sah er auch noch sehr gut aus. Mist, das gefiel mir gar nicht! Natürlich war er sehr bewusst eingesetzt worden von den Machern, um uns, insbesondere das weibliche Geschlecht, gnadenlos einzufangen.

Der Trainer hielt eine strahlende kurze Begrüßungsrede, und sofort ging es los. Teilnehmer meldeten sich, um von ihren praktischen Erfahrungen zu berichten. Ärgerlicherweise musste ich feststellen, dass es gar nicht mal so dämlich war, was die Einzelnen von sich gaben. Falls es stimmte. Ich hatte Zweifel, meine Skepsis wuchs, denn sie erzählten allesamt von »Durchbrüchen« in ihrem Leben. Allein schon das Wort *breakthrough*, das pausenlos benutzt wurde, nervte mich total. Genauso *commitment*, also Verpflichtung für eine Sache, es war einfach fürchterlich und wurde inflationär gebraucht. Alles war so wahnsinnig *in* und im *flow*. Ständig ging es um *growth*, also Wachstum.

Was sollte das nun wieder heißen? Was sollte denn noch wachsen? Angelikas Augen leuchteten, ihr war natürlich längst klar, was da wachsen sollte, nämlich mein manchmal ungeduldiger Umgang mit ihr, der sollte sich in entspannte Gelöstheit wandeln. Ich kriselte. Solche Fortschritte im Leben waren doch nicht wirklich möglich, oder doch? Das musste überprüft werden, denn gewisse Verhaltensweisen von Angelika hatten sich schon verändert. Sie war selbstbewusster und aufgerichteter geworden. Hatte ich mich etwa im Ton vergriffen, verließ sie einfach das Zimmer oder blaffte zurück. Neu!

Dieser möglichen Wandlung wollte ich auf den Grund gehen. Ich meldete mich für den nächsten Kurs an mit dem Gefühl: Na, dann schauen wir mal. Angelika freute sich über meinen Entschluss und trug sich daraufhin gleich fürs »Assistieren« ein. Sie wollte meine Wandlung zur Gelassenheit hautnah mitbekommen.

Das Wochenende begann total langweilig. Menschenmassen, ich kannte niemanden. Wer zu spät kam, sollte keine endlosen Wieso- und Warum-Geschichten erfinden, sondern das Zuspätkommen einfach stehen lassen und sich entschuldigen, fertig. Mehrere kamen zu spät. Immer wieder das gleiche Thema. Dann wurden die Regeln dieses Tages festgelegt, wer sich wann und warum melden kann, Sprechen nur auf Aufforderung; Toilette, Essen und Trinken nur in der Pause.

Vorne stand der attraktive Trainer, den ich ja schon gesehen hatte, ihm gegenüber, hinten im Raum, saßen sechs bis acht Assistenten an einem Tisch. Zusätzlich einer an jeder Tür, sowohl innen wie außen.

»Die Assistenten öffnen euch die Tür. Bitte nicht selber machen.«

Warum das denn?

Erste Fragen des Trainers: »Wie sitzt ihr da? Hört ihr überhaupt zu?«

»Wenn ihr in einem Flieger sitzt und die Motoren seltsame Töne von sich geben, wie hört ihr da den Ansagen der Stewardess zu? Gelangweilt wie immer?« Er wartete, schaute die Menschen an.

»Nein! Ihr sitzt vorn auf eurer Sitzkante mit tausendprozentiger Aufmerksamkeit! Und ich erwarte von euch, dass ihr hier auch so aufpasst!«

Pause, dann bedeutungsvoll: »Denn es geht hier um euer Leben!«

»Große Worte«, dachte ich, »nun übernehmt euch mal nicht.«

Mein Nachbar stöhnte ebenfalls. Er war ungeduscht und verbreitete Schweißgeruch. Auf meiner anderen Seite eine ältere Frau, die mich stark an meine Mutter erinnerte. Auch das noch, eine Dame. Wie hat die sich hierher verirrt? Ich brauchte frische Luft. Die bekam ich aber erst nach zwei Stunden.

Angelika empfing mich, sie war eine der Türsteherinnen.

»Na, ist doch toll, oder?«

»Äh … weiß nicht, ich find's ziemlich langweilig, ehrlich gesagt!«

Angelika war enttäuscht, ließ sich das aber nicht anmerken, sondern konterte: »Dann mach was draus! Melde dich. Mach mit. Sag was. Du kreierst dein Leben selber!«

»Hä, was mach ich?«

»Du kreierst alles selber. Tu endlich was, oder langweile dich halt.«

Was waren denn das für Töne? Gar nicht mitfühlend, einlenkend, geradezu provokant und kampfbereit. Ich drehte mich weg. Das musste Vokabular aus ihrem Kurs gewesen sein. Mir fiel keine passende Replik ein, aber dieser Satz ärgerte mich sehr. Ich hatte gehofft, dass sie mir zustimmen, diese ganze Farce abbrechen und mit mir nach Hause gehen würde. Außerdem wusste sie ja, dass ich die größten Schwierigkeiten hatte, mich vor vielen Menschen zu äußern. Das kam sowieso nicht infrage. Reden würde ich hier nicht. Ich ging auf die Toilette, sie verschwand zu ihrer Truppe. Ich war irritiert.

Eines der Themen nach der Pause war, dass wir alle eine »Nummer laufen« haben. Das ist die Nummer, die uns das Überleben erleichtert. Zum Beispiel werden Menschen von folgenden Sätzen gelebt: Mich liebt ja doch keiner. Ich bin hässlich. Ich bin etwas ganz Besonderes. Ich bin ja so intelligent …

So eine Nummer, so ein eingebrannter Satz, formt jegliches Verhalten.

Wir dachten darüber nach, ob und welche Nummer uns in der Hand hat. Da wurde es für mich plötzlich interessant. Ich durchschaute auf einmal meine eigene Nummer und war geschockt. Ich meldete mich und berichtete vor allem von den Auswirkungen meiner Nummer auf mein Leben. Der Trainer meinte, das Gute sei, sobald man erkannt hat, was einen so folgenschwer einschränkt, kann man es ändern. Man HAT die Nummer, aber man IST nicht die Nummer.

Zudem war mein Redebann gebrochen. Ich fühlte mich befreit.

Ein weiteres großes Thema war Hundertprozentigkeit. Es ging darum, Dinge wirklich hundertprozentig durchzuführen, sei es im Beruf oder in Beziehungen und Freundschaften. Meine Ehe hundertprozentig zu leben, mit diesem einen Menschen vorbehaltlos alles zu teilen. Auch die Schattenseiten. Das änderte für Angelika und mich in der Zukunft noch mal vieles. Auch auf meinen Beruf hatte diese Erkenntnis Einfluss. Wenn ich Ja sage zu einem Projekt, dann gebe ich wirklich alle verfügbare Kraft und Kreativität hinein.

Zahlreiche weitere Punkte wurden besprochen. Am zweiten Abend rauchte mein Kopf, aber Angelika und ich waren voller Inspirationen und neuer Möglichkeiten für unser Leben.

Wir machten weitere Forum-Kurse über Zeitmanagement, Kommunikation, Sexualität, Partnerschaft. Und dann kamen die berühmten Forum-Kurse in San Francisco: die Six Days.

Dort ging es um eine Vertiefung all dessen, was man schon begriffen hatte, um geistige und körperliche Weiterentwicklung. Im Kern also darum, die Lebensqualität zu verbessern. Dazu gehörten auch Mutproben wie Flussüberquerungen, auf Berge klettern und mit einer *zipline,* einer Seilrutsche, hinunterzugleiten. Teambewusstsein und die Unterstützung von Schwächeren sollte bei diesen Aktionen geübt werden.

Es ging um Gesundheit im weitesten Sinne: vegetarische Ernährung, Jogging mit Zeitnahme, Sauberhaltung der Zimmer.

Zudem lernte man, sein Leben zu strukturieren, Versprechen einzuhalten, Ziele und Wünsche zu realisieren, also

Dinge, die man längst tun wollte, nicht immer wieder beiseitezuschieben, sondern endlich anzugehen. Ein großartiger Lernstoff. Es war der beste Kurs, den wir je gemacht hatten. Erfüllt flogen wir zurück.

Ein Schwerpunkt des Kurses war für mich jedoch ein Problem: »Teilt euch mit, dann werdet ihr sehen, wie auch andere Menschen, eure Nachbarn, Freunde, Partner, sich mitteilen.« Und zwar je ehrlicher, desto besser. Das zeigte sich in meinem Fall als großer Fehler. Als ich kurz danach der Presse gegenüber freimütig »mitgeteilt« hatte, dass ich als junger Mensch gern Alkohol getrunken hatte, um meine Schüchternheit zu überwinden, galt ich fortan als Alkoholiker. Ich war nie Alkoholiker, trotzdem blieb der Begriff mit meinem Namen verbunden. In jedem Interview galt die erste Frage der Journalisten meinem Alkoholproblem. Ich habe mich unendlich über meine Naivität geärgert. Wie konnte ich nur so dumm sein, so etwas der Presse zu erzählen!

Geburtstage bleiben schwierig, gerade in Glyndebourne

Die ganze Familie war auf dem Weg nach Glyndebourne in England. Dort sollte ich die Sprechrolle Bassa Selim in Mozarts *Entführung aus dem Serail* spielen. Glyndebourne ist ein kleiner Ort im Süden von London mit einer sehr gefragten Opernbühne. Dieses Opernhaus erbaute 1933 ein gut betuchter Fabrikbesitzer für seine Frau, eine Opernsängerin, damit sie dort jederzeit auftreten konnte. Daraus entwickelte sich ein jährliches Festival, und Glyndebourne wurde zu einer der bedeutendsten kleinen internationalen Opernbühnen. Die meisten Aufführungen finden im Sommer statt, wenn die großen Londoner Bühnen Sommerferien haben, viele Sänger und Musiker also frei sind. Glyndebourne gilt zudem als einzigartiges Sprungbrett für junge Talente. Meine Partnerin beispielsweise, die die Rolle der Constanze sang, wurde im Anschluss gleich an die Met in New York engagiert.

Die Londoner machen es sich in der Pause auf dem Rasen rund ums Opernhaus bequem und genießen in der Natur ein Picknick. Sehr wohlhabende Engländer reisen im Rolls-Royce mit Butler an. Es ist ein märchenhafter Anblick, wenn die entspannten Gäste in der englischen Abendsonne das Hier und Jetzt genießen. Es erinnert an Claude Monets *Frühstück im Grünen.* Oftmals gesellen sich noch ein paar Schafe dazu. Die Vorstellungen beginnen stets so früh, dass die Pause noch bei Tageslicht stattfindet. Glyndebourne ist ein Event.

Unsere Jungs fanden die Reise nach England abenteuerlich. Auf dem Weg nach Calais machten wir in Frankreich Station und landeten todmüde bei Dunkelheit in einem völlig desolaten

Hotel. In den Zimmern müffelte es, die Toilette war im Hof. Die Betten mit den uralten Matratzen hingen bis zum Boden durch, sodass wir noch Tage danach unsere Rücken spürten. Vom Bettzeug erzähle ich lieber nichts Genaueres, es sah aus, als würde es nicht allzu oft gewechselt. Also zogen wir uns lieber nicht aus und schliefen bei offenem Fenster.

Jens und Daniel freuten sich wie verrückt auf die Überfahrt mit dem Hovercraft. Sie war sensationell: Wir flogen regelrecht über das Wasser.

Das Theater hatte uns ein kleines niedliches Haus zur Verfügung gestellt. Nur mit den Betten kamen wir nicht klar. Zwei Matratzen übereinander? Was sollten bitte zwei aufeinandergestapelte Matratzen? Anstatt es erst einmal auszuprobieren, legten wir eine der dicken Matratzen auf den Boden und schliefen die ganze Zeit ziemlich holperig auf der verbliebenen Unterlage. Aus Spaß versuchten wir gegen Ende unseres Aufenthaltes auf den doppelten Matratzen zu schlafen – und schlummerten wie in Abrahams Schoß. Ach so ... Boxspringbetten ... das gehört so ...

Die Jungs freundeten sich im Nu mit den Kindern in der Nachbarschaft an. Die Kommunikation machte keine Probleme: Hände, Füße und einige Wörter. Direkt nebenan wohnte ein Polizist von Scotland Yard mit seiner Familie. Seine Uniform war respekteinflößend und beeindruckte unsere Jungs zutiefst. Wie immer hatten wir einen Ball dabei, und sie spielten Fußball bis zum Umfallen. Einmal landete der Ball direkt im Küchenfenster der Nachbarn. Es klirrte erbärmlich, da war nichts zu verheimlichen. Peinlich, peinlich. Alle erstarrten und warteten auf das, was kommen würde.

Ein Pfiff aus einer Trillerpfeife! Ronald, ich glaube, der Polizist hieß so, erschien in Uniform am Zaun, er war wohl gerade vom Dienst gekommen. Ich bemerkte sein inneres Grinsen, aber er tat so, als wäre er böse und winkte die beiden Übeltäter zu sich heran.

»Who did this? You or you?« Seine Augen lachten bereits, aber sein Zeigefinger drohte in Richtung der Jungen. Keiner antwortete. »Come over, clean that rubbish!«

»Okay, Mister. Sorry!«, versuchte Jens es wiedergutzumachen.

Wir gingen zusammen hinüber, mussten aber gar nicht helfen, seine Frau hatte die Scherben schon weggeräumt. Stattdessen luden sie uns auf ein Getränk ein.

»Broken crockery brings you luck.« (Scherben bringen Glück.)

Die beiden freuten sich, eine Familie *from good old Germany* kennenzulernen. Wir schenkten ihnen Karten für die Vorstellung, und es entstand ein herzlicher Kontakt.

Mit Sängern auf der Bühne zu stehen, war für mich etwas völlig Neues. Bei Opernbesuchen war ich üblicherweise fast immer enttäuscht über das schauspielerische Unvermögen der Sänger und ihre künstliche Sprechweise. Eine Ansicht, die ich bald grundlegend revidieren musste.

»Ich zeige denen mal, wie Spielen geht«, dachte ich.

Also versuchte ich, so natürlich und realistisch wie möglich zu sein. Das stellte sich rasch als unmöglich heraus, denn neben den wunderbaren Arien ging ich gnadenlos unter, war nicht mehr vorhanden. Ich musste sprachlich auf die gleiche Höhe kommen, mit großer Lautstärke, angemessenem Tempo, großen Gesten.

Mein Regisseur Peter Wood formulierte es so: »Du ziehst das Publikum mit der großen Sprache in eine andere Wahrhaftigkeit. Es handelt sich nicht um eine normale Alltagssituation, alles ist überhöht. Deine Aufgabe ist es, diese Größe glaubhaft zu machen.«

Das war nicht einfach, aber ich übte unverdrossen. Ständig umgeben von Mozarts wunderbarer Musik, sank ich immer tiefer hinein in die Opernwelt und begriff zum ersten Mal die

Größe des Genies Mozart. Dagegen kommt die reine Sprache eines Schauspielers nie an. Musik geht direkt ins Herz.

»Warum hat Mozart für Bassa Selim nichts komponiert?«, fragte ich mich. Irgendwann erzählte man mir, dass Mozart für die Premiere 1782 am Burgtheater in Wien für diese Rolle keinen Sänger im Ensemble hatte. Deshalb nahm er einen Schauspieler. Ob das der Wahrheit entspricht, weiß ich nicht, es klingt plausibel.

Unsere Vorstellung lief einmalig gut. Ich wurde schwarz geschminkt, was ich nicht ganz richtig fand, denn die Geschichte sollte ja in der Türkei spielen. Das wäre heutzutage unmöglich. Die Rolle würde in jedem Fall von einem dunkelhäutigen Schauspieler besetzt werden.

Angelika hatte Geburtstag während unseres Glyndebourne-Aufenthaltes. Ihre Geburtstage waren schon einige Male in die Hose gegangen. Oft war ich verreist und konnte sie deshalb nicht überraschen. Oder mir fiel absolut nichts ein, was ich ihr hätte schenken können. Oder die Unternehmungen, die ich ihr für diesen Tag vorschlug, zündeten nicht. Stets hatte ich eine Heidenangst vor diesem besonderen Tag.

Neben der täglichen Probenarbeit war ich auch diesmal nicht dazugekommen, etwas Geschenkartiges zu erwerben – wir waren ja auch auf dem Land, es gab kaum Geschäfte. Also schlug ich vor, an ihrem Geburtstag nach London zu fahren und uns dort einen schönen Tag zu machen mit Einkäufen, Kaffee, Kuchen und Großstadterlebnissen.

Auf dem Land kam ich mit dem Linksverkehr ganz gut zurecht, doch jetzt in dieser riesigen Stadt machte er mir doch sehr zu schaffen. Wir fanden im Zentrum keinen Parkplatz. Immer wieder umrundeten wir den Piccadilly Circus und hatten keine Ahnung, welche Straße für Shopping am geeignetsten war. Es gab noch kein Handy, ich fühlte mich verloren. Die Jungs auf der Rückbank spürten die steigende Nervosität und bekamen sich in die Haare.

»Ruhe dahinten, Papa sucht einen Parkplatz!«

Der Krach eskalierte, Geschrei und Geknuffe.

»Aua, Jens hat mich gehauen!«

»Stimmt ja gar nicht, Daniel hat angefangen.«

»Nein, Jens! Der ist so doof!«

»Wenn ihr nicht sofort mit dem Gekabbel aufhört, steigen wir aus! Und zwar alleine!«

Der Streit ging weiter. Wir kreisten immer noch. Leicht gesagt, wir steigen aus, wie denn? Die Streiterei hörte nicht auf. Dem Himmel sei Dank, endlich entdeckten wir eine Parkbucht.

»Wir steigen jetzt aus! Streitet euch nur schön weiter, wir gehen an die frische Luft.«

Erschrockene Gesichter. Wir gingen den Bürgersteig auf und ab, und siehe da, nach einigen Minuten hatten wir friedlichste Kinder. Mit harmlosen Gesichtern kehrten wir zum Auto zurück.

»Habt ihr euch geeinigt?«

Zwei nickende Köpfe.

»Okay, dann kommt mit, jetzt suchen wir was Schönes für die Mama.«

Wir liefen und schauten, wir schauten und liefen. Es tauchten schöne Geschäfte, aber kein schönes Geschenk auf. Nicht eine einzige witzige Klamotte fanden wir. Angelika war komplett enttäuscht und ich komplett frustriert. Wieder einmal war es mir nicht gelungen, sie geburtstäglich zu erfreuen. Ich nahm mir ernsthaft vor, im nächsten Jahr viel eher über ein passendes Geschenk nachzudenken und nicht wieder bis auf den letzten Drücker zu warten.

Schließlich waren wir alle erschöpft, es gab ein Getränk, und dann fuhren wir schweigend nach Hause.

Es gab Gesprächsbedarf. Nachdem die Kinder im Bett lagen und schliefen, setzten wir uns zusammen. Angelika fing an. Sie erzählte mir, was sie mit diesem Tag alles verband. Dieser Tag war so wichtig für sie, weil es in ihrer Kindheit der einzige Tag im Jahr war, an dem sie alleinige Aufmerksamkeit und Zuwendung bekam. Es gab eine Geburtstagskerze, einen selbst gebackenen Kuchen und mindestens ein Geschenk. Angelika wurde gefeiert beziehungsweise wertgeschätzt. Das entschädigte sie für die vielen Tage, in denen sie neben den drei Brüdern mehr oder weniger übersehen wurde. Sie war ja »nur« ein Mädchen. Von ihrer Mutter hatte sie kaum Zuwendung erfahren, ihr Vater war extrem streng, lobte nie, korrigierte nur. Alles machte sie falsch.

Deshalb war dieser besondere Tag so wichtig für sie.

Für mich war mein Geburtstag ein Tag wie jeder andere auch, ohne jegliche Bedeutung. Deshalb hatte ich auch Angelikas Wunsch nach einem »besonderen« Tag lange nicht verstanden. Erst an dem Abend nach dem London-Debakel kapierte ich, worum es ihr ging. Endlich konnte ich meine ablehnende Haltung Geburtstagen gegenüber ändern. Und wirklich: Seitdem hatten wir immer schöne Geburtstage.

Der Durchbruch kam im nächsten oder übernächsten Jahr. Ich zeichnete schon seit meiner Kindheit gern, Angelika liebte meine kleinen Skizzen. Als mir mal wieder kein Supergeschenk einfiel, kam ich auf die Idee, ihr eine Bildergeschichte zu zeichnen. Und zwar zu einem naheliegenden Thema: Was schenke ich Angelika?

Damit hatte ich ihr Herz voll erwischt, sie war gerührt, voller Freude, und das Trauma war aufgelöst. Sie wusste, ich hatte verstanden, worum es ihr geht.

Meine eigenen Geburtstage sind mir immer noch unwichtig, aber es gibt jedes Jahr eine Kerze, einen Kuchen und Geschenke. Unsere komplett gegensätzlichen Auffassungen von Geburtstagen haben sich aufgelöst.

Besuch von einem anderen Stern

1992 fand in Salzburg ein *World Uranium Hearing* statt. Vertreter indigener Völker aus der ganzen Welt kamen zusammen, um von den Folgen des Uranabbaus in ihren Ländern zu berichten. Der Tenor war stets der gleiche: Entweder mussten sie in den Uranminen arbeiten, weil keine andere Industrie in der Nähe war, oder die Minen lagen direkt neben ihren Wohngebieten. Es gab sogar die noch menschenverachtendere Variante: Der hoch radioaktive Müll wurde in den Territorien der indigenen Bevölkerung gelagert. Die Menschen erzählten in berührenden Vorträgen von ihren ausweglosen Situationen. Sie berichteten von Fehlgeburten, behinderten Kindern, Krebserkrankungen. Es waren bestürzende Informationen, die dort offenbart wurden.

Wir hatten einen Zirkuswagen im Garten stehen, der Begehrlichkeiten weckte. Eine Freundin rief an und wollte uns überreden:

»Es kommen Freunde von mir zu dem Salzburger Event. Ich kenne sie aus Kalifornien. Fünf Personen, Chumash, *native americans.* Ich kann die fünf nicht alle unterbringen, ihr habt doch den tollen Wagen, könnt ihr nicht zwei aufnehmen?«

»Wie lange bleiben die denn?«, fragte ich.

»Nicht lange, nur so lang, wie die Anhörung geht. Ich schätze mal, so zehn Tage.«

»Bleiben die danach etwa noch länger?«

»Das weiß ich nicht, aber ihr tut ein gutes Werk, die haben nicht viel Geld, und dieses Projekt ist sehr wichtig.«

Ich war zunächst total dagegen: »Nee du, tut mir leid, das geht auf keinen Fall.« Sofort bekam ich ein schlechtes

Gewissen, versuchte, mich zu rechtfertigen, aber es klang vorgeschoben, miserabel: »Wir haben nur ein klitzekleines Badezimmer, da können nicht jeden Morgen alle durch!«

Meine alte Ablehnung von Wohngemeinschaften kam hoch, obwohl ich nie in so einer Konstellation gelebt hatte. Die Vorstellung allein reichte: Haare im Abfluss, keiner putzt das Klo, alle räubern den Kühlschrank leer, keiner fühlt sich für irgendwas zuständig. Die Litanei hätte ich endlos fortsetzen können. Das war absolut nichts für mich!

Angelika nahm mir einfach den Hörer ab: »Warte mal kurz, Petra. Wir melden uns gleich wieder.«

Sie redete betont sanft auf mich ein. Ich kannte diesen Verführungston. Sie sprach von der riesigen Chance für unsere Jungen – Jens war gerade 16, Daniel 13. Genau das richtige Alter sei das für solch ein Erlebnis. Ich schluckte.

»Sie können doch im Zirkuswagen wunderbar unterkommen. Das merken wir doch gar nicht.«

»Das merken wir nicht? Soll das ein Witz sein? Wir müssen doch für sie sorgen, Essen zubereiten usw. Wir sind verantwortlich!« Der rettende Gedanke: »Und überhaupt: Wie kommen die denn nach Salzburg zu den Veranstaltungen? Das erklär mir mal! Soll ich sie etwa fahren?«

»Na ganz einfach, sie fahren mit dem Zug!«

»Ach ne, Angelika, du immer mit deinem übergroßen Herzen, musst du denn immer allen helfen?«

»Ich denke, das kann für uns alle einfach eine einmalige Chance sein! Wie oft begegnet man denn schon Chumash? Und diese Möglichkeit kommt einfach so ins Haus geflattert!«

Gerade wollte ich widersprechen mit so was wie: Entschuldigung, habe ich nicht die Wahl? Darf ich nicht mal Nein sagen? Ich versuchte, Zeit zu gewinnen, dachte nach, versuchte, mir die möglichen positiven Seiten vor Augen zu führen. Karl May hatte ich als Jugendlicher begierig aufgesogen, ich hatte fast alle seiner Bücher, meine Neugier auf Nordamerika war schon damals groß gewesen. Langsam schmolz mein Widerstand dahin. Es könnte ja auch ganz spannend werden.

»Ja, gut. Okay!«

Angelika strahlte. Ich strahlte auch, aber verhalten.

»Wann kommen die denn?«

»Übermorgen früh.«

»Was? Schon? So schnell? Dann müssen wir sofort aufräumen!«

Ich schnappte mir den Staubsauger und brachte mit Angelika unseren Zirkuswagen auf Vordermann. Betten vorbereiten, Ersatzdecken dazulegen, dem Tisch das Wackeln abgewöhnen, Stühle auswechseln. Kerzen auf den Tisch, kaputte Glühbirnen erneuern. Schließlich sah es ganz einladend aus, ich war zufrieden. Angelika auch. Die Kinder waren voller Vorfreude:

»Echt! Richtige Indianer?« Das würde der Hit in der Schule sein.

Also fuhren wir zu viert zum Flughafen, um sie abzuholen. Wir warteten, natürlich hatte der Flug Verspätung. Doch endlich: Da waren sie wirklich. Fünf ungewöhnliche Individuen standen vor uns, bunt gekleidet wie aus einer anderen Welt. Insbesondere der *Chief* war mit seinen rund zwei Metern Größe eine kraftvolle, überragende und würdevolle Persönlichkeit. Später erfuhren wir, dass er schon über 70 Jahre alt war.

Vorsichtshalber hatten wir für die Fahrt einen Kleinbus gemietet, da unsere Gäste wohl rituelle Gegenstände mitbringen wollten, vielleicht Trommeln oder so was. Die drei Männer waren typisch amerikanisch gekleidet: grelle karierte Hemden, Westen mit Silberbeschlägen, Jeans natürlich, verzierte Gürtel, Armbänder und Stirnbänder. Die beiden Frauen trugen ungewöhnliche, gemusterte Kleider und viel Perlenschmuck. Die fünf waren nicht zu übersehen und wurden von den Blicken der wartenden Passagiere und Abholer verschlungen. Ich war aufgeregt. Im letzten Moment hatten wir noch Rosen besorgt und wollten zur Begrüßung jedem eine überreichen. Der *Chief* lehnte lächelnd ab:

»A man gets roses only on his grave!«

»Ach du grüne Neune«, dachte ich, »so ein Mist, das fängt ja gleich mit einem Fauxpas an!«

Also gingen die Rosen an die beiden Damen. Sie freuten sich.

Sie stellten sich vor: Der *Chief* hieß Semu Huahute, seine Frau Anikalish. Tautahcho war sein Assistent für die Rituale, dessen Frau hieß Betty. Der dritte Begleiter war ein weißer Amerikaner namens Beco, der sich den Chumash stark verbunden fühlte und seit vielen Jahren deren Kultur studierte und praktizierte. Jens und Daniel waren voller Begeisterung und stellten den Ankömmlingen eine Frage nach der anderen.

Beim Zoll holten wir mehrere Kisten mit Gegenständen für die geplanten Zeremonien sowie zwei große Trommeln ab und fuhren los.

Anikalish, Semu und Beco lieferten wir bei unserer Freundin ab. Betty und Tautahcho waren glücklich über den Zirkuswagen. Nach kurzen Begrüßungs- und Kennenlernritualen verzogen sie sich in ihr Reich, um dem Jetlag zu entgehen.

Das Zusammenleben entwickelte sich sehr bunt und intensiv. Überhaupt kein Fremdeln, von Anfang an gab es eine herzliche Übereinstimmung. Eine intensive Zeit begann. Beco landete mit seinem Zelt bald auch auf unserer großen Wiese. Wenn Semu einen Vortrag oder ein Heilritual in Salzburg halten sollte, fuhren wir sie natürlich hin. Es war spannend, die vielen *indigenous people* aus allen Erdteilen zu sehen und zu hören.

Hatte Semu keine Verpflichtungen in Salzburg, waren wir alle zusammen bei uns. Sie zeigten uns Feuerrituale, wir sangen zusammen, kochten, bastelten und nähten Medizinbeutel, Traumfänger und Perlenschmuck.

Sobald es regnete, saßen sie alle draußen. Das verstand ich nicht: »Hey, you, come in.«

»No, we love it! Rain is so rare in California!«

Begonnen hatte unser enger Kontakt mit allen fünf, als nach zwei Tagen Semu mit seiner Frau morgens plötzlich auftauchte und seinem Wunsch nach Frühstück Ausdruck verlieh: »Can we have a breakfast?«

»Yes, what ... äh ... would you like? Müsli or something like that?«

»No. A steak with salad would be nice.«

Ich staunte.

»Can we have a bath first?«

»Sure!«

Während die beiden in unserem Minibad verschwanden und lautstark planschten, besorgte ich die Steaks, Angelika bereitete das Frühstück vor. Jetzt waren wir neun Personen am Tisch – meistens dreimal am Tag.

Schon nach kürzester Zeit entschuldigte ich mich bei Angelika wegen der Einwände, die ich zunächst gehabt hatte. Das Zusammensein mit diesen Gästen war eine riesengroße Bereicherung für unsere Familie. Was hätten wir alles versäumt!

Neben den Gesängen der Chumash lernten wir, wie wichtig die Wertschätzung aller Dinge ist, in erster Linie die Würdigung der Natur und der Tiere. Letztere stuften Semu und Tautahcho wie jüngere Geschwister ein. Sie zeigten uns an unserer großen Feuerstelle hinter dem Haus, wie man nach ihrer Tradition Feuer macht. Großvater Sonne und Großmutter Erde wurde großer Respekt entgegengebracht, und überhaupt ging es darum, dankbar zu sein für jeden Tag, den man am Leben ist.

Jens und Daniel waren zutiefst berührt. Sie durften auf der heiligen Trommel spielen. Wir bekamen alle einen Namen in der Sprache der Chumash, in einem Ritual wurde das *cord cutting* vollzogen, die energetische Durchtrennung der Nabelschnur, also die völlige Ablösung von den Eltern. Gemeinsam rauchten wir die Friedenspfeife, ein heiliges Symbol für lebenslange Verbundenheit. Es war eine intensive, prägende Zeit für unsere Familie. Die traumhafte Adlerfeder, die wir zum Abschied geschenkt bekamen, hängt noch immer in unserem Wohnzimmer.

In den nächsten Jahren machten wir ein paar unvergessliche Gegenbesuche in den USA. Betty und Tautahcho besaßen ein großes Stück Land in der Nähe von Michael Jacksons *Neverland Ranch. Chief* Semu sahen wir leider nicht wieder, er war in die ewigen Jagdgründe entschwunden. Einmal besuchten wir unsere Freunde sogar mit einem Filmteam, das eine Doku über die beiden und unsere spirituelle Verbindung drehte. In Eigenarbeit hatten Betty und Tautahcho mehrere Häuser aus Lehm gebaut. Außerdem hielten sie Seminare über die Lebensweise der Chumash, über Lehmhausbau und Gemüseanbau. Wir nahmen teil an morgendlichen Gebeten, um den Tag zu begrüßen, an Schwitzhütten, machten Ausflüge zu verschiedenen Seen – und bauten mit am nächsten Hausprojekt.

Tautahcho war Vietnam-Veteran. Manchmal erzählte er von grausamen Erlebnissen aus dieser Zeit. Er begann seinen Dienst beim Militär auf einem Flugzeugträger, obwohl er nie schwimmen gelernt hatte. In Vietnam wurde er, da er körperlich klein war, in das unterirdische Tunnelnetz mit den zahllosen verworrenen Gängen geschickt, um den Vietcong aufzustöbern. Mit einem Partner hinter sich kletterte er in die Röhren. Dabei geschah es immer wieder mal, dass ein Partner erstochen wurde. Tautahcho hörte ein Röcheln hinter sich, drehte sich um, aber der Kamerad war weg, spurlos verschwunden in einem Quergang oder einer Höhle.

Nach dem Krieg war Tautahcho schwer traumatisiert und hatte ein hohes Aggressionspotenzial. Bei unbekannten Geräuschen oder wenn ihn jemand schräg anschaute, zog er blitzartig sein Messer. Er war stets in Verteidigungsbereitschaft.

Semu hatte ihn ins Leben zurückgebracht. Nach Beendigung des Vietnamkriegs hatte er Rückkehrer bei sich versammelt und sie mit wochenlangen Schwitzhütten und Heilritualen in ein »normales« Leben zurückgeführt.

Zusätzlich fing Tautahcho mit Aikido an. Sein japanischer Aikido-Lehrer zeigte ihm nicht nur die körperlichen Angriffs- und Verteidigungsformen, sondern machte ihn auch mit der Philosophie der friedlichen Geisteshaltung vertraut, die der tiefe Kern des Aikido ist. Inzwischen unterrichtete Tautahcho selbst Aikido.

Und doch: Als wir Tautahcho wieder mal in Kalifornien besuchten, war ein Fremder auf seinem Gelände gesehen worden. Blitzschnell verwandelte er sich! Er griff wortlos sein Gewehr und verschwand. Das war unheimlich. Ich spürte plötzlich seine Wurzeln, seine Erfahrungen mit Kampf und Töten, seine Gefährlichkeit. Später berichtete er, er habe die fremde Person gestellt und von seinem Land verwiesen.

Das war für uns alle ein frappierendes Erlebnis, darauf waren wir nicht gefasst. Wir kannten Tautahcho nur freundlich, gelassen und mitfühlend. Im Prinzip war er ein weiser Mensch, der das uralte Wissen seines Stammes bewahren und weitergeben wollte. Aber man spürte, dass er in Notsituationen bereit wäre, seine Würde, die seiner Familie und seines Stammes zu verteidigen.

Daniel war so fasziniert von dem Leben der Chumash, dass er nach dem Abitur ein Vierteljahr bei unseren Freunden in den USA lebte.

Haste mal ’n Zehner oder Spechts Ehering

Der SWR wollte eine zweite Staffel von *Oh Gott, Herr Pfarrer* drehen. Der Anruf kam zwei Tage nach der Verleihung der Goldenen Kamera. Ich lehnte ab, denn ich war stocksauer: Der Produzent hatte beim Abschlussfest der ersten Staffel einen Kollegen verbal in Filmpreishöhen gehievt: »Ein einzigartiger Schauspieler, großartig, sensationell!« Er sei ja so herrlich verrückt!

Dieser Kollege hatte jedoch alle Beteiligten viel Nerven und Zeit gekostet, da er seinen Text nie richtig konnte, regelmäßig zum Kiffen verschwand und irgendwann grinsend wieder auftauchte. Standpauken halfen so gut wie gar nichts. Er war »angedreht«, hatte also schon einige Szenen gespielt, und konnte deshalb nicht umbesetzt werden. Alle mussten auf ihn warten. Das hatte der Produzent natürlich nicht mitbekommen, er hatte ihn nur in ein paar Drehpausen erlebt.

»Schauspieler müssen verrückt sein«, feixte er strahlend.

»Dann soll er sich für die nächste Staffel halt einen Verrückten suchen«, dachte ich.

Ohne Begründung sagte ich ab: »Nein, ich werde nicht weitermachen.«

Während der ganzen Drehzeit hatte ich mich bemüht, diszipliniert zu sein. Ich war vorbereitet, kannte den Text und jede Situation genau. Außerdem war ich aufmerksam zu allen Mitarbeitern und Kollegen, begrüßte jeden mit Handschlag, ging mit allen auf Augenhöhe um. Ich fühlte mich für die Stimmung am Drehort verantwortlich. Das wurde nicht wertgeschätzt, im Gegenteil, »verrückt sein« war das Zauberwort.

Neben diversen Beteiligten wollte mich auch die Kollegin, die meine Ehefrau spielte, umstimmen. Doch da es noch ein paar weitere Unstimmigkeiten gab, war meine Devise: Nichts wie weg!

Der Produzent war überrascht bis fassungslos. Das freute mich!

Angelika freute sich nicht, denn es war kein Anschlussprojekt in Sicht. Sie wandte also sanft und mit nur leisem Vorwurf ein: »Ob das so schlau war, weiß ich nicht.«

»War es vielleicht wirklich nicht«, dachte ich. »Mensch, du hast Familie! Tu was! Geld muss her!«

Glücklicherweise half die *Goldene Kamera*, und so flatterte nach kurzer Zeit ein anderes Drehbuch für eine Serie ins Haus: *Unser Lehrer Dr. Specht.*

Wollte ich noch einmal eine so lange Verpflichtung eingehen? Einen Lehrer spielen? Ausgerechnet ich, der ich zweimal sitzen geblieben war und mit Schule nun wirklich nichts am Hut hatte!

Die Bücher waren allerdings verlockend geschrieben, intelligent und gleichzeitig amüsant. Blitzgescheit hatte Kurt Bartsch, der Autor, das komplette humanistische Bildungsgut eines Lehrplans darin verarbeitet. Ob Goethe, Kleist oder andere deutsche Dichter, alle kamen darin vor. Jede Szene kannte man so oder so ähnlich aus der Schulzeit.

Ich konnte mit dem Lesen nicht aufhören, las die zwölf Folgen in einem Rutsch durch. Es packte mich. So einen Lehrer hätte ich damals selbst dringend gebraucht. Halt! So einen hatte es ja gegeben. Der letzte Lehrer vor meinem Abitur, der wie Specht Deutsch und Geschichte unterrichtete, war tatsächlich so ähnlich gewesen – humorvoll und nachsichtig. Er wollte seine Schüler wirklich aufs Leben vorbereiten.

Und da war noch einer! Meine Söhne hatten genau so einen Lehrer an der Waldorfschule. Jeder mochte den Herrn Walz, alle Schüler wollten in seine Klasse. Dieser Mann war eine

Ausnahmeerscheinung. Seine natürliche Autorität war gepaart mit großer menschlicher Wärme. Spannend vermittelte er Wissen und fesselte die Kinder mit seinen Geschichten. Er veranstaltete Waldspiele, lud die Kids in den Ferien zu sich nach Hause ein. Sein Garten war ein riesiger Abenteuerspielplatz mit Hügeln, Höhlen, einem kleinen See und sogar einem Wasserfall. Außerdem besaß er ein fahrbares Minitheater. Und er schrieb an die Kinder und Jugendlichen die schönsten Briefe der Welt in sauberster Handschrift und mit kleinen, selbst gefertigten Zeichnungen. Er war ein künstlerischer Mensch mit außergewöhnlichem Gespür – seine Raclette-Abende vor dem Kamin waren legendär. So ein Lehrer sollte Dr. Specht werden.

Spechts Lehrerkollegen hatten diverse ausgeprägte Macken oder Schwächen: Der eine kämpfte mit einem Alkoholproblem, der andere zauberte lieber, als dass er unterrichtete, die Sexabenteuer einer gewissen Lehrerin ließen sich nicht vertuschen. Dazwischen agierte der Sympathieträger Specht mit großer Menschenkenntnis und immer aufseiten der Kinder.

In Berlin lernte ich den großartigen Produzenten Otto Meissner kennen, außerdem den Regisseur Werner Masten, den Autor Kurt Bartsch und einige Schauspieler der ersten Folge. Wir tauschten unsere Schulerlebnisse aus, und es stellte sich heraus, dass wir alle mehr oder weniger unter der Schule gelitten hatten. Alle waren wir problematische Schüler gewesen, die ihre miserablen Abschlüsse nur unter größter Plackerei hingebogen hatten.

Was für eine Voraussetzung, mit diesen Helden des Lernens eine Schulserie zu kreieren!

Der Dreh der ersten Staffel in Celle war locker und leicht. Angelika besuchte mich mit den Kindern und unserem Hund Rio.

Eine Autopanne und eine dadurch notwendige Übernachtung irgendwo unterwegs überstanden die vier mit stoischer Gelassenheit. Es waren schließlich Sommerferien, also bestand kein Zeitdruck. Das Wiedersehen nach 14-tägiger Trennung war berührend.

Wir wohnten in einem kleinen Häuschen, das zu einem Bauernhof gehörte. Die Vermieter waren stolz auf uns und verwöhnten uns über alle Maßen.

Die Jungs konnten sich nach Herzenslust austoben. An den Wochenenden machten wir ausgiebige Spaziergänge, kundschafteten die herrliche Umgebung aus und schwammen in kleinen Seen. Diese Seen flößten uns allerdings etwas Respekt ein wegen der vielen Fische, die sich darin tummelten: große und kleine, Hechte vielleicht? Die beißen ins Bein, oder?

Die erste Staffel war sensationell erfolgreich. Unsere generationenübergreifende Unterhaltungsserie hatte eine Lücke getroffen. Quoten spielten damals noch nicht die Rolle wie heute, aber das positive Feedback war überall zu merken. Also folgte sofort die zweite Staffel, dann die dritte ...

Leider wollte meine Partnerin aus der ersten Staffel die Arbeit nicht fortsetzen. Auch in Zukunft stiegen immer wieder Hauptdarstellerinnen nach ein oder zwei Staffeln aus und mussten ersetzt werden. Die Idee, dass Specht ein Frauenheld sei, war also eigentlich aus der Not geboren. An eventuellem Mundgeruch meinerseits konnte die Fluktuation nicht gelegen haben, denn ich hatte immer Theo Lingens Rat befolgt und »gründlich geduscht und Zähne geputzt«.

Nur meine Kollegin Gisela Trowe blieb durch alle Folgen meine treue Begleiterin und Vermieterin, die mit Augenzwinkern meine Amouren kommentierte. Gisela war eine großartige Frau, die viel aus früheren Zeiten erzählte, als sie mit Bertolt Brecht gearbeitet hatte. Claudia Wenzel hielt als Fanny

Moll ebenfalls alle Folgen durch, stets unsterblich und unglücklich in Specht verliebt.

Eines Tages, während der dritten Staffel, war ich auf dem Weg zu Otto Meissner, als ich am Bahnhof Zoo wieder mal von einer obdachlosen Frau angesprochen wurde: »Haste nich mal 'n Zehner?«

Ich war genervt, es war bereits das dritte Mal an diesem Vormittag, dass ich um Geld angebettelt wurde. Ich wandte mich ab, aber dann dachte ich plötzlich: »Du hast so viel Glück gehabt mit Specht, gib dir einen Ruck und greif ins Portemonnaie.«

Ich gab ihr alles Kleingeld, das ich dabeihatte. Sie war glücklich, und ich ging zufrieden weiter, als sie plötzlich lautstark rief:

»Hallo! Hallo! Sie da!«

Ich fühlte mich nicht angesprochen. Hörte dann aber, dass sie mir hinterherlief.

»He, Sie! He, Moment mal!«

Widerwillig blieb ich stehen. Sie kam aufgeregt auf mich zu.

»Schaun Sie mal – der war dabei! Den brauchen Sie doch! Sonst gibt's Ärger!«

Sie hob ihre Hand und hielt mir meinen Ehering unter die Nase. Tatsächlich, während des Drehens hatte ich meinen Ehering immer in der Geldbörse aufbewahrt, Specht war ja unverheiratet. Als ich vorher das ganze Kleingeld gegriffen hatte, hatte ich nicht daran gedacht.

»Oh, Mann, danke!« Ich steckte den Ring an meinen Finger. »Danke, da hätte ich vielleicht wirklich Ärger bekommen!«

Mit Erleichterung belohnte ich sie für ihre Ehrlichkeit mit einem Schein, dankte ihr immer wieder und ging glücklich zu meinem Termin. Was für ein schönes Erlebnis. Seither gebe ich fast immer etwas.

Viele Klassen schrieben mir begeisterte Briefe, in denen man die Sehnsucht nach einem empathischen, toleranten Lehrer spürte. Ich wurde zu unzähligen Klassenreisen eingeladen. Das freute mich natürlich.

Der Lehrerverband dagegen war von der Serie weniger angetan und machte seinem Unmut Luft. Er schrieb in etwa: »Einen Lehrer wie Dr. Specht gibt es nicht! So benimmt sich kein Lehrer. So viel Zeit hat kein Mensch. Lehrer schon gar nicht. Das ist ja alles zu einseitig. Zu geschönt. Zu viel Verständnis. Sie haben keine blasse Ahnung, was an einer Schule wirklich passiert! Sie sollten besser recherchieren, bevor Sie solche Unwahrheiten ins Fernsehen bringen.«

Ich schrieb zurück und versuchte zu erklären, dass es sich um eine Unterhaltungsserie handele, die an die Realität nur angelehnt sei. Es sei keine Dokumentation. Und es wäre doch wunderbar, wenn Lehrer sich mal so viel Zeit nehmen könnten wie ein Dr. Specht.

Vom Lehrerverband hörte ich nichts mehr, aber ich bekam Einladungen zu diversen Podiumsdiskussionen, um über Schulprobleme zu diskutieren beziehungsweise für ein besseres Schüler-Lehrer-Verhältnis einzutreten.

Es war unfassbar, dass man mich tatsächlich mit einem echten Lehrer verwechselte. Das konnte doch nicht wahr sein!

Leute, ich bin Schauspieler, ich SPIELE einen Lehrer, ich bin keiner.

Doch es passiert ja immer wieder, dass Zuschauer einen Schauspieler mit dessen Rolle gleichsetzen. Das bekannteste Beispiel war wohl Klausjürgen Wussow, der nach einigen Folgen *Schwarzwaldklinik* Gesundheitsfragen beantworten sollte.

Es blieb natürlich nicht aus, dass ich bekannter wurde. Zunächst gefiel mir das. Jeder Schauspieler möchte als Zeichen seines Erfolges mal auf der Straße erkannt werden. Es hat ja auch Vorteile, man wird besonders freundlich behandelt, bekommt noch einen Tisch in einem ausgebuchten Lokal, das Auto wird zügig repariert usw. Doch nach ein oder zwei Jahren möchte man im Supermarkt nicht mehr so gern angesprochen werden, wenn nebenbei noch der Einkaufskorb gescannt wird: Was isst der eigentlich? Ist das etwa Toilettenpapier? Oder im Restaurant: Was hat der Kerl da eigentlich an? Gibt er Trinkgeld? Wenn ja, wie viel?

War ich mit Angelika unterwegs, standen tausend weitere Fragen im Raum: Wie gehen die beiden miteinander um? Wie sieht die denn aus? Was trägt sie? Lieben die sich eigentlich? Alles wird bewertet, man ist eine öffentliche Person.

Der Erfolg hat zwei Seiten – wie alles im Leben!

Nach fünf oder sechs Staffeln wollte ich mit *Dr. Specht* aufhören. Ich wollte mein Schauspielerleben nicht als Lehrer beenden. Die einzige Möglichkeit für eine weitere Staffel war für mich, dass Specht nach Bayern versetzt werden würde. Meine Hoffnung war, dass ich abends nach Drehschluss bei meiner Familie wäre und meine Nächte nicht in einem Hotel verbringen müsste.

So kam es zu weiteren zwölf Folgen – in Bayern.

Doch das wurde problematisch. Unser Autor hatte keine Lust, in Bayern Land und Leute zu beschnuppern und sich ein Bild von diesem Landstrich zu machen. Er schrieb weiterhin Geschichten, die von ihrer Stimmungslage her in Norddeutschland angesiedelt waren. Sie mussten aber jetzt mit bayerischen Schauspielern auf bayerische Situationen, auf Land und Leute umgesetzt werden. Es war nicht wirklich stimmig. Ähnlich holperig war es mit unserer neuen Regisseurin, die die Landschaft fürchterlich fand, viel zu schön und klischeehaft. Sie sehnte sich nach Ostberlin zurück.

Ich genoss die heimatlichen Gefilde, doch es war klar, dass Specht damit am Ende war.

Aber ich bin sehr dankbar für diese Rolle. Es war eine schöne, befriedigende Arbeit. Sie hat mir viele Türen geöffnet und machte mich nicht nur bei den Zuschauern, sondern auch in der Branche bekannt.

Deshalb noch eine kleine Geschichte am Rande: Eine Casting-Agentin suchte für eine Folge, die im Altenheim spielte, eine markante ältere Schauspielerin. Ihre Mutter fiel ihr ein, die das entsprechende Alter besaß, in einem Heim lebte und Schauspielerin gewesen war. Es passte alles. Sie erzählte mir den Dialog, den sie mit ihrer Mutter geführt hatte.

»Du, Mama! Wie wäre es, ich hätte eine Rolle für dich?!«

»Ach Kind, du weißt doch, ich habe keine Lust mehr, ich spiele nicht mehr.«

»Klar, ich weiß, Mama. Aber das wäre in dieser wunderbaren Serie *Unser Lehrer Dr. Specht,* die schaust du doch immer – mit diesem charmanten jungen Mann, der dir so gefällt.«

»Ach so?« Ihre Augen leuchteten. »Ja ... na gut ... also ... Aber du weißt ja, ich kann keinen Text mehr behalten.«

»Mama, das macht nichts, die Rolle hat überhaupt keinen Text.«

»Dann spiel ich sie nicht!«

Und sie spielte sie auch nicht.

Mein Leben im Off

von Angelika Atzorn

Ich wollte doch alles anders machen, ganz anders als meine Mutter. Dieses »Nur Hausfrau Dasein« fühlte sich überhaupt nicht prickelnd an: Kinder betreuen, erziehen, Tag für Tag kochen, Wäsche waschen, putzen, immer wieder aufräumen, stets für die Familie und für den Mann da sein, alle Geburtstage im Kopf haben ... Das Ganze ist ein Rundum-Paket, für das es kaum Wertschätzung gibt, kein Geld, keine Aufstiegschancen, alles ist selbstverständlich. Nein, das wollte ich nicht. So nicht!

Ich wollte mich verwirklichen, Karriere machen, ein Musical-Star werden, Filme drehen, gehaltvolle möglichst. Ich wollte bewundert werden, Weltkarriere machen. Na ja, nicht wirklich, das konnte ich ja nicht mal denken!

Aber ich wollte etwas vermitteln, Freude verbreiten, die Welt etwas besser machen. Aber noch etwas wollte ich auch: in einer Beziehung leben, in einer Beziehung für ein ganzes Leben, die große Liebe finden, zwei Kinder bekommen, eine Familie gründen. Hatte ich mir so gedacht.

Doch um Himmels willen, wie sollte das gehen? Wie bekommt man das alles unter einen Hut? Beruf, Karriere, Beziehung, Kinder, Familie?

Das war ein Dilemma. Es gab niemanden, der mir die Frage hätte beantworten können, der an dieser Problematik interessiert gewesen wäre oder mir so ein Leben vorgelebt hätte. In den Fünfziger- und Sechzigerjahren gab es solche Frauen noch nicht, jedenfalls nicht in meinem Umfeld.

Doch, eine gab es, meine spätere Ballettmeisterin, die ich sehr bewunderte.

Sie war schön, selbstbewusst und tat augenscheinlich das, was ihr Freude bereitete. Dabei wurde sie von ihrer Mutter getragen und gestützt. Ich glaube, vor allem um Letzteres beneidete ich sie sehr.

Ich war streng erzogen worden, eingeengt, vollgestopft mit Schubladendenken, dem Gedankengut der Fünfzigerjahre. Mein Vater gab den Ton an: »Eine Frau gehört an den Kochtopf!« – »Autofahren ist Männersache!«

Versteckt leben ähnliche Gedanken ja immer noch. Wir Frauen können so oder so sein, es so oder so machen, uns drehen und wenden, irgendwie sind wir immer unter Beobachtung: Wir werden mit Bewertungen überzogen, in Boxen geschoben und mit Erwartungen belegt. Oftmals fühlen wir uns deshalb überfordert.

Alles zerrt an uns: unsere Talente, der Beruf, Kinder, Partner, persönliche Bedürfnisse. Wir wollen hinreißende Frauen sein, perfekte Partnerinnen, großartige Mütter, tolle Menschen. Wie wollen wir das alles schaffen, alles ins Gleichgewicht bringen, allem gerecht werden? Sich dabei treu zu bleiben und auf seine innere Stimme zu hören, ist nicht leicht.

Trotz fehlender Vorbilder hatte ich Großes vor und war zielstrebig. Ich wurde Tänzerin, Schauspielerin, und dann tauchte auch noch der Mann meines Lebens auf. Alles, was ich mir gewünscht hatte!

Verliebt bis über beide Ohren, bis in die letzte Haarspitze, war auch schnell der Kinderwunsch da. Und es klappte auch sofort! Um ehrlich zu sein, es hatte mich vollkommen erwischt. Ich fand es großartig, schwanger zu sein. Das Leben wurde für mich dadurch so sinnvoll. Leben wuchs in mir, was für ein Wunder. Du musst nichts tun, es passiert einfach. Bis auf die scheußliche morgendliche Übelkeit habe ich meine beiden Schwangerschaften sehr genossen. Nach vier Jahren war ich eine superstolze, überglückliche und dankbare Mutter von zwei gesunden Söhnen, Jens und Daniel.

Der Mann machte langsam Karriere. Das Geld für ein Kindermädchen oder eine Putzhilfe war aber noch nicht da. Keine Kita, so was gab es damals noch nicht, und keine Großeltern in der Nähe. Wie sollte ich mich neben all den täglichen Aufgaben noch beruflich verwirklichen?

Also entschied ich mich erst einmal für die Familie, für Kinder und Beziehung. Der Beruf blieb zunächst auf der Strecke, was – Entscheidung hin oder her – trotzdem mit vielen Tränen verbunden war. Es hieß, Abschied zu nehmen von einigen Träumen, loszulassen.

Immer wieder stehen wir im Leben vor Gabelungen und haben die Wahl, nach rechts oder links zu gehen. Jede Entscheidung stellt uns vor Herausforderungen, das ist wichtig, denn ohne Herausforderungen können wir nicht wachsen. Wäre alles nur im grünen Bereich, wie wollten wir dann Geduld, Mitgefühl, Verständnis, Treue entwickeln? Das Leben ist tatsächlich kein Rosengarten. Ich war und bin mir sicher, jeder von uns hat seinen ganz ureigenen Lernstoff. Diese Erkenntnis befreite mich davon, mich mit anderen zu vergleichen.

Das Leben mit der Familie war jetzt das Wichtigste in diesem Lebensabschnitt. Wichtiger als die Schauspielerei. Nicht nur die Beziehung, auch das Wohlergehen meiner Kinder hatte für mich nun oberste Priorität. Zumindest für die nächsten Jahre. Mein Plan war: Wenn die Kinder halbwegs flügge sind, nehme ich meine Karriere wieder auf.

Als freiberuflicher Schauspieler würde Robert nie lange am Stück zu Hause sein. Ich würde den Alltag einer alleinerziehenden Mutter leben. Anders hätte es zu der Zeit nicht funktioniert, und ich wusste, für uns war das richtig und stimmig. Es fühlte sich gut an. Für absehbare Zeit war ich für den inneren Bereich zuständig, Robert für den äußeren.

Zu den wichtigsten Ritualen, als die Kinder klein waren, gehörten unsere sonntäglichen Familienkonferenzen. Jeder bekam Sprechzeit, um zu berichten, was ihm in der vergangenen Woche gefehlt, was ihn gestört, geärgert, gefreut oder begeistert hatte. Es war Raum für alles, was man auf dem Herzen hatte, niemand durfte dazwischenreden. Wichtig war das Zuhören, Hinhören, was der andere meinte, was ihn beschäftigte, was ihn bedrückte. Was möchte, was könnte man verändern?

Doch neben der Familienarbeit war ich auf der Suche: Wie konnte ich meiner Situation zusätzlichen Sinn geben? Alles, was nicht in die Familien-Prioritätenliste passte, bastelte ich drumherum – flankierende Maßnahmen gewissermaßen.

Ich besuchte Wachstumsseminare, arbeitete regelmäßig beim Bayerischen Rundfunk, kümmerte mich um Ernährungsthemen, pflanzte Gemüse an, kümmerte mich um Hund, Katzen, Hühner, Hasen, Enten …

Daneben machte ich eine Ausbildung zur Kinesiologin, besuchte mit unseren Söhnen einen Reiki-Kurs, und ein besonderes Highlight war unser Feuerlauf.

Das Einlassen auf dieses neue Leben, die Impulse durch die Kinder und das Landleben brachte mir einen inneren Reichtum. Ich war eins mit meiner Lebenssituation, erfuhr viel Liebe durch die Kinder und größte Wertschätzung durch Robert.

Ich erkannte, wie wichtig das tiefe Einlassen auf die Beziehung, auf die Kinder, auf die Menschen, auf die Natur und auch auf die Beziehung zu mir selbst war. Die Bedeutung einer beruflichen Karriere, eines nach außen gerichteten Erfolges, schmolz langsam dahin. Die Wichtigkeit meines Seins trat in den Vordergrund.

Ich denke, mein Einsatz für die Familie und Roberts Unterstützung hat bewirkt, dass wir heute immer noch eine liebevolle, intakte und lebendige Beziehung haben. Keine Rivalität, nur Unterstützung und Verständnis. Jeder verwirklicht seine Wünsche, und die Familie ist die Rückendeckung.

Ich hatte mein Ziel erreicht, jedoch auf einem ganz anderen Weg, als ich es mir je hätte vorstellen können. Mein Leben im Off *war für mich wahrlich ein* Leben im On.

Ein zweites Standbein

Was für ein verrückter Gedanke: ein eigenes Bistro eröffnen! Die Ideen sprudelten: faire Preise, tolle Karte, dabei nicht zu bayerisch, denn solche Lokalitäten gab es ja schon genügend. Es fehlte etwas Innovatives, ein Ort zum Wohlfühlen mit künstlerischem Touch, mit der Möglichkeit für Lesungen und kleine Konzerte. Bekannte Kollegen, die gerade frei wären, könnte ich für einen kurzen Lesetrip an den Chiemsee locken. Ein bisschen Unruhe und Lebendigkeit einbringen, Talkshows mit lokalen Größen veranstalten. Und falls es schauspielerisch mal nicht so klappen sollte, hätten wir da ein zweites Standbein.

Diese Idee war aufgetaucht, als der Inhaber eines Lokals in unserem Heimatort aufgeben wollte. Ein damaliger Freund erzählte mir davon. Wir könnten es zusammen übernehmen, pachten, umgestalten und erneuern. Es hatte eine super Lage, mitten im Ort.

Das Gründungsteam bestand aus besagtem Freund, einem weiteren Freund von ihm, Angelika und mir, wobei wir zusammen nur eine Stimme hatten. Wieso wir uns auf diese Bedingung eingelassen haben, ist uns heute nicht mehr verständlich. Dadurch waren wir natürlich benachteiligt. Bei den ersten Besprechungen zeigte sich, dass wir sehr unterschiedliche Ansichten hatten, was Einrichtung, Personal und Umbaukosten betraf. Angelikas Intuition sendete Warnsignale, sie meinte: »Ich habe kein gutes Gefühl. Lass uns das nicht machen!«

Doch ich war so voller Freude und Begeisterung, dieses Bistro auf die Beine zu stellen, dass ich ihre Bedenken bezüglich unserer Partner mit meiner Überredungskunst zerstreute. Das war ein »kleiner« Fehler!

Wir fanden einen wunderbaren Innenarchitekten, der ein spannendes Konzept entwickelte. Durch ein neues Glasdach wurden mehrere Räume zusammengefasst, sodass eine Lounge, ein kleines Restaurant und eine Bar entstehen konnten. Der Umbau begann. Angelika war immer an Ort und Stelle, bewirtete die Handwerker und sorgte für gute Stimmung. Fast täglich. Eine neue Begegnungsstätte wuchs heran.

Ein Geschäftsführer wurde eingesetzt, von dem wir nicht wirklich überzeugt waren. Doch da wir als eine Partei galten, wurden wir von unseren Partnern überstimmt.

Auch ein Koch wurde von unseren beiden Partnern vorgeschlagen. Blauäugig stimmten wir zu. Das Probeessen, das er für uns zubereitete, war ziemlich gut.

Die Eröffnung sollte Mitte Dezember 2003 stattfinden. Wir waren angenehm überrascht, welche Unterstützung der Name Atzorn erfuhr: Der Wein wurde gesponsert, Bier, Wasser, Limo und die ganze Barbestückung bekamen wir zum Sonderpreis. Auf Einrichtung, Geschirr, Wäsche, Gläser und Besteck erhielten wir ebenfalls Rabatte.

Eine Freundin von uns, die im Bereich Öffentlichkeits-Networking arbeitete, lud zur Eröffnung mindestens zwanzig Schauspielkollegen und Freunde ein, diverse Promis anderer Genres und natürlich Pressevertreter. In kürzester Zeit wussten sehr viele Menschen vom Lokal.

Angelika und ich führten durch den Abend: Wir kündigten die verschiedenen Gänge an, stellten die Getränke vor, machten Späße, unterhielten uns mit den Gästen. Es war ein voller Erfolg. Das Bistro lief ab sofort wie die Feuerwehr.

Doch schon nach diesem ersten Abend warnten uns zwei gute Freunde, die unsere Partner beobachtet hatten: »Die beiden lassen euch die ganze Arbeit machen. Passt auf, es könnte sein, dass da Neid entsteht. Sie kommen mit eurer Beliebtheit vielleicht nicht klar. Die ganze Aufmerksamkeit ist schließlich auf euch gerichtet.«

Nach einer Woche gab es das erste Warnzeichen. Ein Barkeeper, der ohne Recherche auf die Schnelle eingestellt worden war, also quasi ein Not-Engagement, war plötzlich verschwunden – und mit ihm die Tageskasse. Er tauchte nie wieder auf.

Inzwischen bekam die Gemeinde aus ganz Deutschland Anrufe: Wo ist das neue Bistro der Atzorns? Das war natürlich ein Schuss von hinten, denn es war nicht unser Lokal. Wir hatten immer deutlich gemacht, dass dieses Bistro ein Gemeinschaftsprojekt war, mit Partnern und einer großen Anzahl von Kommanditisten, die alle am Erfolg beteiligt waren. Wir hatten uns nur mit unserem Namen zur Verfügung gestellt, um es bekannt zu machen.

Tag für Tag war das Lokal brechend voll. Ein Musiker, der am Klavier nachts noch herumklimperte, meinte begeistert: »So was gibt es ja nicht mal bei uns in München!«

Angelika und ich waren glücklich.

Kurz vor Weihnachten hatte unser Geschäftsführer vergessen, die Einnahmen von zwei Tagen auf die Bank zu bringen. Er deponierte sie im Büro. Genau an diesem Tag wurde eingebrochen – das Geld war weg. Das konnte doch nicht wahr sein! Wer wusste überhaupt, wo unser Büro war?

Unser Vertrauen in das gemeinsame Projekt bröckelte.

Silvester wurde angekündigt, mit Musik und gutem Essen. Das Lokal musste entsprechend dekoriert werden. Unsere Partner meinten: »Das ist nicht nötig.«

»Selbstverständlich brauchen wir etwas Silvesterdeko. Und eine Liveband muss auch unbedingt her!«, sagte ich.

Die Band, die wir vorschlugen, war unseren Partnern viel zu teuer.

»Ich kenne mich aus, ich besorge eine! Viel billiger«, meinte einer von ihnen.

Natürlich hatten Angelika und ich alles festlich gestaltet, wie auch schon in der Adventszeit. Ein paar Tage vor Silvester gab es keine Spur von dem Partner, der die Band beschaffen wollte.

In Panik riefen wir ihn an: »Wo bist du? Was ist mit der Band?«

»Ach ja, ich habe mir überlegt, wir brauchen eigentlich keine. Jedenfalls habe ich keine gefunden. Ist ja auch billiger so!«

Toll. Wir schluckten unsere Enttäuschung hinunter. Die Zeit war zu knapp, um zu lamentieren, wir mussten dringend eine Band auftreiben. Nach zahllosen Telefonaten gelang es uns tatsächlich, eine super Gruppe zu finden, denen zufällig ein anderer Silvestertermin geplatzt war.

Der Abend war dank unseres Einsatzes mit kleiner Ansprache, entzückender, liebenswerter Bedienung – die Angelika vorher gecoacht hatte –, guten Getränken, toller Musik und Tanz ein voller Erfolg. Ob unsere Partner mitgefeiert haben, weiß ich nicht mehr. Ich glaube nicht.

Danach war unsere Stimmung allerdings auf dem Nullpunkt. Wir hatten das Gefühl, alles allein machen zu müssen. Wir fühlten uns überfordert. Das war schließlich nicht unser Business. Also beriefen wir eine Konferenz der Partner ein. Einer erschien gar nicht, der andere hatte einen Anwalt und wir unseren Steuerberater dabei.

Angelika und ich stellten nochmals unsere Bedingungen: Ein neuer Koch müsse her, weil die Qualität des Essens inzwischen stark nachgelassen hatte. Wir schlugen einen jungen, wilden Koch vor, der aus derselben Kochschule wie Jamie Oliver kam. Darüber hinaus hatten wir über Beziehungen Kontakt zu einem potenziellen neuen Geschäftsführer geknüpft, der in München ein bekanntes, gut gehendes Lokal geführt hatte und als gebürtiger Priener sofort bei uns einsteigen würde. Was für eine Chance! Unser jetziger Geschäftsführer war zwar ein äußerst liebenswerter Mensch, aber er wäre nie in der Lage gewesen, das Bistro auf das Niveau zu heben, das wir alle im Kopf hatten. Außerdem müsste ganz dringend die Lüftungsanlage ausgewechselt werden, fanden wir.

Doch alles, was wir vorschlugen, stieß auf gelangweilte Ablehnung. Man ließ uns auflaufen, wir fühlten uns plötzlich nur noch ausgenutzt.

»Wenn hier nicht dringend was passiert, dann können wir ja nur noch gehen!«, meinte ich.

»Ja, dann könnt ihr jetzt gehen!«, meinte unser Partner selbstgefällig und lächelte.

Wir blickten uns an, unser Steuerberater nickte, wir standen auf und gingen.

Angelika liefen die Tränen herunter. Ein halbes Jahr unermüdlicher Einsatz, finanzielle Investitionen, kein Verdienst, nur Verlust – alles umsonst, alles weg. Auch mir war zum Heulen. Ein Traum war geplatzt. Wir waren menschlich ganz tief getroffen, enttäuscht und verletzt. Die zermürbende, nicht funktionierende Zusammenarbeit bei diesem Projekt, dieses deprimierende Ende für uns, das alles war bodenlos und traurig.

Unser Steuerberater half uns, »sauber« aus der Geschichte herauszukommen.

Und trotzdem, letztlich war das Bistro für Angelika und mich eine großartige, beflügelnde Erfahrung. Sich in den Dienst einer solchen Sache zu stellen, hatte große Freude gemacht. Einen Raum zu schaffen, in dem sich Menschen wohlfühlen, war unbeschreiblich erfüllend. Es ist jammerschade, dass es nicht von Dauer war. So eine Lokalität fehlt unserer Meinung nach immer noch.

Das Fazit dieser Geschichte für uns allerdings: Schuster, bleib bei deinen Leisten!

Einmal Hamburg und schnell wieder zurück

Die Enttäuschung über das Scheitern unseres Bistros, vor allem über die menschlichen Abgründe, die sich dabei aufgetan hatten, ging tief. Im schönen Bayern fühlten wir uns nach diesem Debakel nicht mehr so richtig zu Hause. Ich hatte das Gefühl, dass wir letztlich doch immer »Ausländer«, befremdliche Norddeutsche, bleiben würden.

Für einen Hamburger Hörbuch-Verlag las ich *Im Gehege* von Borger & Straub und freundete mich mit der Chefin an, die die Regie führte. Nach getaner Arbeit saßen wir in ihrem Haus an der Elbchaussee auf einem riesigen Balkon mit Blick Richtung Elbe. Die dicken Frachtschiffe tuteten vorbei, Kräne wuchteten lautstark Container hin und her, kleine Schlepper kreuzten, ein Airbus-Transportflieger landete schräg gegenüber, und die Sonne schien. Nach einigen Gläsern besten Weines überfiel mich plötzlich extremes Heimweh und die Erkenntnis: Genau, das ist es! Wir müssen zurück nach Hamburg!

Leicht beschwipst rief ich Angelika im Chiemgau an: »Weißt du, wie schön das hier ist? Die Seeluft! Na ja, gut, die Elbluft. Die Schiffe, der Slang, ich will zurück!«

Sie war überrumpelt, sagte erst einmal nichts.

»Ich gehöre hierher und du doch auch! Du wolltest doch eigentlich nie weg aus Hamburg. Denk an deine Ballettzeit hier in der Staatsoper. Die Riverkasematten, das Abaton, St. Pauli, Star-Club, Grünspan, Alster, Achim Reichel, der Michel, Udo Lindenberg, Otto, Top Ten.«

»Bist du blau?«

»Ne, im Gegenteil, ich sehe es ganz klar! Es ist wunderschön hier, unser bayerischer Ausflug ist vorbei. Flexibilität!

Wieder neu beginnen. Ich drehe doch meistens hier, dann kann ich abends endlich mal nach Hause!«

»Wir reden morgen.«

»Nein, ich möchte deine Antwort jetzt! Denk doch mal an den Hafen, die Strandperle, unser Royal Meridien, Manoj und die Tibetan Lama Art, Maischolle, Lebendigkeit, die Datscha-Sauna, der NDR, mein Schlagzeuglehrer …«

»Ja, ja, gut. Ich denke darüber nach.«

»Ich liebe dich! Komm her, am besten heute noch. Wir suchen eine Wohnung!«

Angelika war nicht gerade begeistert, hatte aber letztlich nicht viel dagegenzusetzen. Auch sie liebte Hamburg, es war verbunden mit vielen Erinnerungen. Die Jungs waren bereits aus dem Haus, wir waren frei.

Sie dachte lakonisch: »Robert braucht das wohl. Dann trage ich es mit, sonst bleibt es ein ewiger, unerfüllter Wunsch für ihn. Es ist ja nicht das erste Mal, dass bei ihm dieses Thema, dieser Wunsch nach Zuhause auftaucht.«

Wir gingen es an. Nach relativ kurzer Zeit fanden wir ein süßes Haus in Othmarschen. Alles war stimmig und bereit für den Wechsel.

Nur unser Zirkuswagen wurde zum Streitobjekt. Ich wollte ihn ultimativ loswerden und verkaufen. Angelika wollte ihn ultimativ behalten. Ich fand ihn völlig überflüssig, da unsere Jungs ja bereits aus dem Haus waren. Wozu ihn mitnehmen? Das Gefährt war riesig, und es nach Hamburg zu bewegen, schien mir so gut wie unmöglich.

»Leiht euch einen Traktor und zieht den Wagen über Landstraßen nach oben!«, witzelten die Freunde.

Das fand ich nicht besonders komisch. Die Transportkosten machten mir Sorgen.

Angelika blieb dabei: »Auf keinen Fall wird er verkauft. Er kommt mit.«

Ich hielt dagegen: »Moment mal, er hat eine Breite von 2,7 Meter und unser Gartentor in Hamburg ist nur 3 Meter breit! Habe ich schon gemessen! Wie soll der da durch?«

»Wird schon gehen. Dreißig Zentimeter sind zweimal 15 Zentimeter. Auf jeder Seite ist also Platz!« Angelika ließ nicht locker.

Jetzt zog ich mein letztes Ass aus dem Ärmel, das wirklich nicht zu leugnen war: »Du weißt, die Transportfirma fährt den Wagen niemals in den Garten rein. Das machen die nie, sie lassen ihn auf der Straße direkt vor dem Haus stehen. Und da, genau da ist doch die Bushaltestelle. Der Wagen wird alles blockieren, keiner kann mehr in den Bus einsteigen. Dann kommt die Polizei, und wir müssen ihn verschwinden lassen. Aber wie?«

»Ich kümmere mich darum!«

Gab diese Frau denn nie auf?

»Das ist doch Quatsch! Wir kennen in Hamburg niemanden mit Traktor oder so was. Wir lassen den Wagen hier und verkaufen ihn.«

»Er bleibt. Ich habe ihn schließlich aufgetrieben. Hallo? Er war unser erstes Eigenheim! Außerdem, wenn die Kinder uns besuchen oder später mal die Enkel ... Dann brauchen wir ihn dringend.«

Ich sagte nichts mehr. Zunächst wollte ich mal eruieren, was der Transport kosten würde. Nach mehreren Telefonaten fand ich eine Firma, die den Wagen per Tieflader in die norddeutschen Gefilde fahren würde. Der Preis war gar nicht so fürchterlich: tausend Euro. Das beruhigte mich etwas.

Ich gab nach: »Also gut, meinetwegen. Nehmen wir ihn mit.«

Angelika war glücklich. Und ich dann auch ein bisschen.

Wir waren in Hamburg mit Handwerkern und Umbauten beschäftigt, als eines schönen Morgens der Wagen ohne

Vorankündigung plötzlich auf der Straße stand, bereit zum Einparken in den Garten. Gott sei Dank auf der gegenüberliegenden Straßenseite, so war der Busverkehr wenigstens nicht behindert.

Der Fahrer des Brummis, ein ultrahagerer Typ mit kalter Zigarette im Mundwinkel, dicker Brille auf der Nase, war sehr unruhig und erzählte: »Ich hatte Schwierigkeiten. Kann ich mal 'n Bier haben?«

Ich gab ihm ein alkoholfreies, schließlich musste er den Tieflader noch sonst wohin fahren. Er leerte es in zwei Zügen.

»Kaffee, Wasser?«

»Nö, wenn's geht, noch eins!«

Er setzte sich müde von seiner Neun-Stunden-Fahrt auf einen Küchenstuhl. Trank erst mal das zweite Bier.

»Der Wagen ist zu hoch. Zwanzig Zentimeter zu hoch! Die Polizei hat mich an einer Tankstelle festgehalten. Als ich vom Klo zurückkam, waren die mit Maßband zugange. Sie haben alles vermessen. Ich sollte den ganzen Wagen verpacken und wegen der Höhe Strafe zahlen. Die wollten mich nicht weiterfahren lassen.«

»Wie hoch war die Strafe?«

»Es kam nicht dazu!«, meinte er spitzbübisch.

»Wie soll man so einen riesigen Wagen denn verpacken?«, fragte Angelika.

»Na ja, mit irgendeiner Folie, aus Sicherheitsgründen.«

»Was für Sicherheitsgründe?«

»Damit nichts auf die Autobahn fällt, falls durch den Fahrtwind irgendwas abbricht.«

»Ach du grüne Neune!«

Ich hatte ja gesehen, dass der Wagen auf der anderen Straßenseite nicht verpackt war.

»Wie haben Sie das hingekriegt?«

»Na ja, ich bin ja nicht ohne, wissen Sie!« Er grinste, den Schalk im Nacken. »Mit mir kann man das nicht machen. Ich zückte einen kleinen Block und Bleistift aus meiner Tasche – hab ich immer dabei – und fragte den einen Polizisten: ›Wie heißen Sie?‹ ›Sag ich nicht‹, antwortete der. ›Und Sie?‹, fragte ich den anderen. ›Was geht Sie das an?‹ Aber ich ließ nicht locker, ich habe Erfahrung mit den Kumpels. ›Geben Sie mir Ihre Dienstnummern!‹ ›Warum wollen Sie die wissen?‹, fragte der eine. ›Ganz einfach, ich muss weiter. Dringend. Ich sag Ihnen was: Dieser Wagen gehört einer ganz hohen Persönlichkeit. Ganz hoch. Ich will die nächste Dienststelle anrufen und Meldung machen!‹ Die beiden blickten sich an. Das klang ja nicht so gut.

›Machen Sie, dass Sie weiterkommen‹, grummelte der eine Polizist. Sie stiegen in ihr Auto und hauten ab.«

»Glück gehabt, super!« Ich war total happy über diesen Ausgang und bedankte mich mit einem Schein. Der Fahrer segelte zufrieden ab. Allerdings stand der Zirkuswagen nun einfach da auf der Straße. Ein unlösbares Problem für mich. Wie denn nun diesen Riesenklotz durchs Gartentor kriegen? Meine *happiness* war von nur kurzer Dauer gewesen.

Am nächsten Tag hatten wir in Blankenese einen Termin bei einem Versicherungsagenten, um die Police des neuen Hauses auf uns umschreiben zu lassen. Angelika fragte ihn so nebenbei, während sie unterschrieb: »Gibt's hier eigentlich so was wie Landwirtschaft in der Nähe?«

Ich wusste ja, worauf sie hinauswollte, und wollte sie schon irgendwie einbremsen, so peinlich kam mir diese Frage vor. Woher sollte dieser Mann so etwas wissen? Aber sie war schon in Schwung.

»Wir besitzen nämlich einen Zirkuswagen und brauchen jemanden mit Traktor, der uns hilft, den in unseren Garten zu rangieren.«

»Ach ja, tatsächlich, so was haben Sie? Ist ja toll! Warten Sie mal«, überlegte er. »Klar, es gibt hier in der Nähe einen Kinderzirkus. Die haben ein großes Zelt, mehrere Wohnwagen und sicher auch einen Trecker. Rufen Sie da mal an! Warten Sie, ich habe irgendwo die Nummer.«

Angelikas triumphierenden Blick werde ich nie vergessen. Warum fragen Männer, also auch ich, eigentlich so selten nach, eigentlich nie? Weder nach Straßen noch nach anderen Dingen. Immer haben sie das Gefühl, sie vergeben sich was. Eigentlich saublöd.

Schon am folgenden Tag war ein sympathischer Mann mit Traktor und zwei Freunden da und bugsierte den Wagen mit viel Geschick durchs Tor, ganz ohne Kratzer und ohne das Tor auszuhebeln. Der Fahrer hieß Baddel, er errichtete Bühnen für Events, war also vom Fach. Er schickt uns auch heute noch liebevoll Nachrichten aus dem Norden.

Schließlich stand der Wagen auf einem anheimelnden Eckplatz unter Douglasien. Wir setzten uns rein und stießen auf unsere Hamburger Zukunft an. Angelika war glücklich und ich zutiefst erleichtert.

Einige dieser Douglasien mussten kurze Zeit darauf leider gefällt werden, da sie angeblich die Menschen an der Bushaltestelle vor unserem Zaun gefährdeten. Wir ersetzten sie durch junge Bäume.

Mit vielen Kollegen, neuen Freunden, unseren Handwerkern und Livemusik feierten wir ein großes Einweihungsfest. Hätten wir damals auch nur im Entferntesten geahnt, dass wir nach nicht mal einem Jahr nach Bayern zurückkehren würden, hätten wir uns diese ganze Aktion sparen können.

Ich genoss das Leben in Hamburg: Nach dem Drehen konnte ich abends nach Hause gehen, musste nicht mehr im Hotel übernachten. Angelika war allerdings nicht so glücklich. Sie fühlte sich hier nur noch als die Frau vom Atzorn. Bei abendlichen Essen an der Elbchaussee waren ausschließlich berufstätige

Frauen dabei, die meisten Singles, die mit Angelikas Yoga-Ambitionen und zwischenmenschlichen Gesprächen über Wachstum nichts anzufangen wussten. Das war ein großer Wermutstropfen. Es war schwer für sie – und auch für mich, denn ich sah, wie meine entzückende Blume langsam, aber sicher welkte.

Abends schauten wir bayerisches Fernsehen, hörten Hubert von Goiserns *Heast as net, wia die Zeit vergeht,* lachten über bayerische Kabarettisten, vor allem über solche Granaten wie Monika Gruber und Lizzy Aumeier. Allmählich wünschten wir uns in die Berge zurück.

Tiefe Freundschaften entstanden nicht. Die Freunde aus meiner Schulzeit waren weggezogen, Angelikas Kolleginnen aus der Ballettzeit nicht mehr erreichbar. War der Chiemgau inzwischen doch unsere neue Heimat geworden?

Aus verschiedenen Gründen mussten wir noch einmal nach Bayern fahren. Als wir über den Irschenberg fuhren, das Bergpanorama vor uns, stiegen uns Tränen in die Augen. Angelika fragte: »Kommt bei dir da oben im Norden irgendein Heimatgefühl auf?«

»Nö ..., nicht wirklich«, gestand ich ihr mit Blick auf die Bergkuppen.

»Können wir nicht wieder nach Hause gehen?«

Ich fühlte in mich hinein. Mir wurde bewusst, der Chiemgau war unser Zuhause geworden. Hier hatten wir an unserer Beziehung gearbeitet, Freunde gewonnen und Kontakte aufgebaut. Beide Kinder waren hier in die Schule gegangen, Angelika hatte Yoga-Unterricht gegeben, wir waren vernetzt, unsere Wurzeln waren hier.

»Hm ... Eine gute Idee.«

Wir zögerten nicht lange – Rolle rückwärts. Das Haus in Hamburg war schnell wieder verkauft, Möbel und alles andere lagerten wir ein. Die Suche nach einem geeigneten Haus im Chiemgau dauerte allerdings, deshalb zogen wir erst einmal in eine Ferienwohnung. Der Zirkuswagen landete bei Freunden auf einem Bauernhof – zur Überbrückung, nicht zum Verkauf. Es trudelten ständig Angebote von Interessenten ein.

Es gab wunderschöne Häuser, aber zu überhöhten Preisen, jedenfalls zu teuer für uns. Und es gab sehr viel Schrott. Auch zu überhöhten Preisen. Schließlich fanden wir ein Haus mit einem wunderschönen Blick. Die Besitzer waren ältere Herrschaften, sie standen auf der Warteliste für ein Heim, und wir mussten uns in Geduld üben. Als es endlich frei wurde, stellte sich jedoch heraus, dass es baufällig war, und wir ließen es abreißen. Inzwischen hatten wir mit einem Architekten ein neues Haus geplant. Doch nicht nur die Kosten explodierten, auch uns ging die Luft aus. Stopp!

Genau in diesem Moment tauchte ein passendes, schon fertiges Haus auf, nur noch einige Umbauten waren nötig. Das andere Haus beziehungsweise Grundstück wurde wieder verkauft, und alles löste sich in Wohlgefallen auf.

Nach eineinhalb Jahren Ferienwohnung konnten wir endlich in unser Haus ziehen. Frieden und Heimatgefühle kehrten zurück.

Es war Frühling. Der See lud zum Anbaden ein. Mit dem Fahrrad um den Chiemsee fahren, dazwischen Picknickpause. Morgens joggen. Im Chiemgauhof beim Abendessen den Sonnenuntergang beobachten. Den Garten bestellen, Salat und Kräuter einsetzen, meditieren und lesen. Zweimal in der Woche Angelikas Yoga-Stunden besuchen. Zwischendurch den nächsten Dreh vorbereiten oder einen Ausflug nach Salzburg machen.

Großes Glück. Dankbarkeit. Wieder dahoam!

Aye, aye, Käpt'n! Tolle Frisur!

Otto Meissner, der meinen Erfolg mit *Dr. Specht* eingetütet hatte, erzählte mir bei einem Sushi-Abendessen von seiner neuen Idee: »Ich will eine Abenteuerserie machen. Sie soll auf See spielen. Du bist der Kapitän!«

»Wie, richtig auf einem Schiff?«

»Klar, Handelsmarine. Versicherungsbetrügereien, blinde Passagiere, Piraterie und so was alles. Verschiedene Länder, Italien, Senegal ... Die erste Folge spielt beispielsweise in Polen.«

Ich war platt.

»Und Angelika kann deine Frau spielen!«

Jetzt war ich noch platter. Das war ja immer unser Wunsch gewesen, auch einmal zusammen zu spielen. Angelika freute sich.

Während der Schulzeit in Hamburg hatte ich mich mit einem Freund bei Hapag-Lloyd beworben, um vielleicht als Schiffsjunge während der Sommerferien irgendwo mitzufahren. Schifffahrt hatte mich schon immer fasziniert. Viele Sonntage verbrachte ich im Hafen, wo ich sehnsuchtsvoll die auslaufenden Schiffe beobachtete. Das roch geradezu nach Abenteuer und verwegenen Erlebnissen. Das versprach Verantwortung und Erwachsenwerden. Aber über eine Fahrt mit einem Alsterdampfer und eine Hafenrundfahrt war ich damals nicht hinausgekommen. Nicht mal auf Helgoland war ich gewesen. Die Reederei am Ballindamm hatte für uns halbe Portionen jedoch keine Verwendung. Sehr enttäuschend. Hapag-Lloyd sank in unserer Achtung, und wir betranken uns am Hafen mit verlangenden Blicken auf die junge attraktive Kellnerin.

Und jetzt kam Otto Meissner mit dieser Traumidee. Ich vergaß meine Nigiri und Ura-Maki. Ich war schon unterwegs, spürte den Seegang.

»Junge, wat is, findste dat nicht jut?«

»Mensch, Otto, ich freu mich! Tolle Idee!«

»Zwei Bücher hab ich dabei! Die lieste mal, und denn rufste mir an, okay?«

Ich tat wie geheißen und war begeistert. Am nächsten Morgen rief ich ihn an, und die Sache war klar.

Wir waren in Polen für erste Aufnahmen, als mein Maskenbildner, der mich schon seit Jahren sensibel und freundschaftlich begleitet hatte, eine grandiose Idee hatte: »Was hältst du davon, wenn wir dein Haar färben? So wie bei Kevin Costner in *Waterworld*. Nicht viel, aber ein paar helle Strähnen?«

Fand ich super. Strähnchen im Haar hatte ich noch nie gehabt, und wenn ich damit aussah wie Costner, war dagegen nichts einzuwenden.

Also gingen wir in Danzig zu unserem Hotelfriseur und ließen blonde Strähnchen machen. Das heißt, wir wollten Strähnchen machen lassen. Die Friseurin färbte jedoch sämtliche Haare weißblond. Komplett in einer Farbe. Von einzelnen Strähnchen hatte sie wohl noch nichts gehört. Ob das Ergebnis mit ihrem beruflichen oder mit unserem sprachlichen Unvermögen zusammenhing, sei dahingestellt. Ein weißblonder, toter Fiffi saß auf meinem Kopf. Ich erkannte mich kaum wieder im Spiegel. Mein Maskenbildner schlug die Hände über dem Kopf zusammen, ich wollte im Erdboden versinken. Nur die polnische Friseuse war begeistert von ihrem Werk. Sie strahlte mich mit leuchtenden Augen an und radebrechte: »Wunderbar. Cudownie, cudownie.«

Geschmäcker sind halt verschieden, aber *cudownie* war das wohl kaum. Ich sah bestenfalls aus wie ein mieser Zuhälter mit Babygesicht. Und morgen war der erste Drehtag. So konnte ich nicht vor die Kamera.

Otto Meissner war entsetzt: »Wie siehst du denn aus? Junge, so geht das nicht. Du zerstörst mir meine Serie!«

Er zitierte meinen Maskenbildner herbei, und ich wiederhole besser nicht, was er zu ihm sagte. Dieser rief zur Beseitigung dieses Schlamassels einen befreundeten Friseur in Berlin an, der notdiensterprobt sein sollte. Mein erster Drehtag wurde auf unbestimmte Zeit verschoben.

Der Berliner Figaro war ebenfalls entsetzt. Er tat, was er konnte, aber das Wiederherstellen meiner Originalhaarfarbe war nicht möglich. Erst war ich ein blonder Knallbonbon, jetzt glänzte ich rötlich. Also trug ich in den ersten Szenen meistens meine Kapitänsmütze, unter der rötliche Haarspitzen hervorlugten. Ich fühlte mich hundsmiserabel. Nie hätte ich gedacht, welche Beeinträchtigung es bedeutet, mit einer Haarfarbe herumzulaufen, von der man das Gefühl hat, sie entstellt einen. Bislang hatte ich mich für relativ uneitel gehalten. Stimmte also nicht so ganz. Ich war einfach nicht ich selbst und ständig mit dem Gedanken beschäftigt: Hoffentlich merkt keiner was. Ich schaute in keinen Spiegel mehr, überließ alles meinem Maskenbildner.

Er war auch irgendwie hilflos, aber er versuchte alles Erdenkliche, um die Beeinträchtigung vergessen zu machen.

Letztendlich sah es im Film dann doch nicht so fürchterlich aus wie vermutet. Glücklicherweise.

Bei Folge zwei ging es um einen Versicherungsbetrug. Der Sohn des Kapitäns kam beim Untergang seines Schiffes um. So etwas hatte es noch in keiner Serie gegeben. Es gab einen Aufschrei in der Presse: Der Kapitän kann seinen Sohn nicht retten. Indiskutabel!

Angelika hatte ihre Verzweiflung darüber so berührend spielen können, dass sogar der großartige Schauspieler Martin Benrath bei uns zu Hause anrief, um seinen Respekt ihr gegenüber auszudrücken.

Es ging weiter mit anderen Abenteuern, aber die Ehe der Harmsens war nach dieser Tragödie schwierig geworden. Die

Herausforderungen einer Seemannsehe wurden thematisiert. Sie litt unter den Trennungen, er scheiterte mit dem Versuch, zu Hause zu bleiben und eine Lehrtätigkeit an der Offiziersschule anzunehmen.

Nach sieben Folgen wurden sich die Geschichten ähnlicher, es kam zu Wiederholungen. Ich schrieb an Otto Meissner mehrere Briefe mit der Bitte um andere Autoren und damit andere Geschichten. Er aber wollte keine neuen Autoren, und so stieg ich nach neun Folgen aus.

Darüber war Otto Meissner menschlich so enttäuscht, dass er es ablehnte, künftig mit mir zu arbeiten. Über Jahre war er mein Produzent und ich sein Protegé gewesen, aber diese Zurückweisung hat er mir nicht verzeihen können. Ich habe das sehr bedauert und ihn nicht mehr wiedergesehen.

2008 gab es eine Wiederaufnahme der Serie mit zwei Folgen. Eine andere Produktionsfirma hatte sich die Rechte besorgt, ein neues Konzept entwickelt und von einem anderen Autor zwei Folgen schreiben lassen. Ich konnte nicht widerstehen, zu groß war die Lust, noch einmal die Faszination, die grenzenlose Weite und den würzigen Geruch des Meeres zu erleben. Und dazu Südafrika! Dort war ich noch nie gewesen. Der Dreh versprach Abenteuer.

Zuerst erlebte allerdings Angelika ein unvorhergesehenes Abenteuer auf deutschem Boden. Sie wollte mich gegen Ende der Drehzeit einige Tage in Kapstadt besuchen und anschließend mit mir zusammen zurückfliegen. Alle erforderlichen Reiseunterlagen plus Adressen hatte ich ihr vor meinem Abflug zurechtgelegt mit der Bemerkung: »Du brauchst dich um nichts zu kümmern, alles liegt hier perfekt bereit.«

In froher Erwartung ihres Besuches saß ich in meinem Hotelzimmer in Kapstadt, beschäftigt mit den Szenen des nächsten Tages, als das Telefon klingelte: »Ich kann nicht fliegen, ich stehe hier mit meiner Boarding-Card, aber die lassen mich nicht einsteigen!«

»Was? Wieso das denn? Wo bist du denn?«

Sie weinte, war außer sich. »Ich stehe hier in Frankfurt am Gate. Ich habe keinen Reisepass, nur meinen Ausweis dabei!«

»Ich habe dir doch alles hingelegt!?«

»Ja, aber der Reisepass war nicht dabei! Ich habe nur meinen Ausweis mit.

Was soll ich jetzt bloß machen?«

Ich war schockiert.

»Wieso hast du denn eine Boarding-Karte bekommen?«

»In München haben sie nur nach einem Ausweis gefragt!«

Den Pass bei einer Reise auf einen anderen Kontinent nicht mitzunehmen, war nicht gerade von Vorteil. Wir hatten beide nicht daran gedacht. Ich war von einem gewissen Automatismus ausgegangen, nach dem Pass greift man doch sowieso.

»Pass auf, ich sage der Firma Bescheid, die buchen für dich um. Ist ja Businessclass, das dürfte kein Problem sein. Beruhige dich, alles wird gut!«

Das Umbuchen auf den nächsten Tag war wirklich kein Problem. Schwieriger war die Frage, wie man an den Pass kommen sollte, der noch in unserer Wohnung am Chiemsee lag. Angelika musste nach Hause, aber wie? Es war ja schon nach einundzwanzig Uhr. Das einfühlsame Bodenpersonal half: Es gelang Angelika, den letzten Flieger zurück nach München zu erwischen. Aber sie hatte kein Auto dort, eine Freundin hatte sie zum Flughafen gebracht. Wie kommt sie also vom Flughafen an den Chiemsee? Kein Zug mehr um diese Tageszeit. Taxi? Hotel? Das wird teuer.

Unser Auto hatte derweil unsere Freundin Sigi in Obhut. Angelika rief sie von Frankfurt aus an, erreichte aber nur ihren Sohn. Seine Mutter sei im Kino, er würde es ihr aber ausrichten.

Die Stewardessen im Flieger nach München hatten Angelikas Misere mitbekommen und trösteten sie mit einem Piccolo. Jede von ihnen hatte Ähnliches schon mal erlebt.

In München angekommen, war der Handy-Akku leer und kein Koffer da. Nachts um halb zwölf versuchte sie in der leer gefegten Flughalle eine öffentliche Telefonzelle aufzutreiben. Nach ewiger Suche fand sie eine der letzten, direkt neben einem der Eingänge. Gerade versenkte sie einige Münzen, um ein Hotelzimmer zu buchen, als plötzlich, wie aus dem Nichts, eine rettende Sigi durch die Drehtür kam. Strahlend stand diese mit dem Pass in der winkenden Hand da und rief:

»Angelika! Huhu! Schau mal!«

Sie lagen sich lachend und weinend in den Armen. Angelika war überglücklich: »Sigi … Sigi …! Das glaube ich jetzt nicht!«

Was für ein Wunder. Sigi, von ihrem Sohn alarmiert, hatte sofort geistesgegenwärtig das Nötige unternommen: Schlüssel geschnappt, zu unserer Wohnung geeilt, Reisepass im Sekretär gefunden, ins Auto gesetzt und schnurstracks mit höchster Geschwindigkeit zum Flughafen gedüst. Beschwingt fuhren die beiden zum Chiemsee zurück und leerten unterwegs den Piccolo. Eine Freundschaft fürs Leben.

Am nächsten Tag flog Angelika problemlos über Johannesburg nach Kapstadt, wo ihr Koffer schon wartete. Wir genossen die gemeinsamen Tage bis zum Ende der Drehzeit.

Die zweite Folge spielte am südlichsten Zipfel von Südamerika, am »Ende der Welt«, in Ushuaia, und in der Antarktis. Es ging um eine problematische Wetterstation. Um zum Drehort zu gelangen, mussten wir die Drake-Passage durchqueren. Sie verbindet die Südspitze Argentiniens mit der antarktischen Halbinsel. Dort treffen der Atlantische Ozean und der Pazifische Ozean aufeinander.

Die Drake-Passage gilt als raueste Wasserstraße der Welt. Wir waren vorgewarnt: Stärkster Wellengang war angekündigt, der länger als 24 Stunden dauern sollte. Gegen Seekrankheit gab es Tabletten oder ein Pflaster, das seitlich an den Hals geklebt wurde. Alle nahmen irgendetwas, auch ich. Ein Sturm kam auf. Die ersten Kollegen übergaben sich trotz Medikamenten. Ich liebte den Sturm, die Kraft und die Macht des Meeres und genoss den hohen Wellengang. Das Hin und Her war gigantisch, ständig wurde das Deck überspült. In der Kombüse rutschte das Essen von den Tellern. Die Teller wiederum musste man festhalten, damit sie nicht vom Tisch schlidderten. Die Stewards waren äußerst geschickt und servierten trotz starker Schwankungen perfekt.

Wie auf einem russischen Schiff zu erwarten, floss viel Schnaps. Abends und nachts war an Schlaf nicht zu denken, permanent rollte man von einer Seite zur anderen. Daran konnte mein Körper sich nicht gewöhnen; trotz gnadenloser Müdigkeit konnte ich nicht schlafen. An Deck durfte man nicht, die Gefahr, über Bord zu gehen, war zu groß. Ebenfalls abenteuerlich war der Toilettenbesuch. Man musste sich beim Pinkeln fest verankern, regelrecht festkrallen, um die Kloschüssel zu treffen und nicht durch die Gegend zu fliegen.

Nach etwa dreißig Stunden wurden die Wellen sanfter, man konnte wieder an Deck gehen. Wir waren in der Antarktis angekommen. Es herrschte absolute Stille. Ruhiges Wasser, umrahmt von Eisbergen, hin und wieder einige Robben, eine Zeit lang begleitete uns ein Wal. Dick vermummt bei minus vierzig Grad standen wir und staunten. Es war atemberaubend schön.

Alle waren geschafft, an Arbeiten war erst nach einem Tag Ruhe zu denken. Aber das ganze Team war glücklich. Dieses überwältigende Erlebnis entschädigte uns völlig für die riskante Fahrt. So was hatten wir noch nie gesehen. Und so was werden wir wahrscheinlich auch nie wieder sehen.

Ein Geschenk.

Ein krimineller Ritterschlag

Der NDR rief an: »Wir würden Sie gern kennenlernen. Möglichst zeitnah!«

Hatte ich nichts dagegen. Konnte ja nur etwas Positives bedeuten.

»Wir kommen zu Ihnen nach Bayern.«

Ich schlug ein Café in München als Treffpunkt vor.

Zwei Tage später saß ich dem Fernsehspielchef und seiner Assistentin gegenüber. Ohne Vorgeplänkel fielen sie mit der Tür ins Haus: »Wir könnten uns vorstellen, dass Sie den Hamburger *Tatort*-Kommissar übernehmen.«

Sie warteten auf meine Reaktion. Ich war überrascht. Angenehm überrascht. Ich sagte erst einmal nichts.

»Könnten auch Sie sich das vorstellen?«

Der Kommissar im *Tatort* war für einen Schauspieler damals so eine Art Ritterschlag. Natürlich konnte ich mir das vorstellen, etwas Genialeres konnte mir im Moment gar nicht über den Weg laufen. Ich bekam Herzklopfen vor Freude!

In Dieter Wedels *Die Affäre Semmeling* hatte ich gerade den Hamburger Bürgermeister Klaus Henning abgedreht. Wedel bewies mit meiner Besetzung Mut zum Risiko. Die Rolle eröffnete mir die Möglichkeit, mich mal wieder jenseits von *Dr. Specht* auszuprobieren – sieben Jahre sind schließlich eine lange Zeit. Jetzt konnte ich endlich wieder andere Facetten von mir zeigen.

Und ich konnte in meiner Lieblingsstadt Hamburg sein. Auf einmal kam ich in Gebäude, die ich als Junge nur von außen gesehen hatte, etwa in die Konzerthalle, ins Oberlandesgericht oder ins Rathaus. Wir drehten sogar im Amtszimmer des Bürgermeisters und im Sitzungssaal des Senats. Beeindruckt war ich auch von der Geschichte eines riesigen Ölgemäldes, das in der Eingangshalle des Rathauses hängt. Es zeigt Hamburg in seinen Anfängen: Man sieht die Elbe, kleine Hütten, viel Flachland und einige Hamburger Bürger aus dem Gründungsjahr 832, die diversen Kirchenvertretern gegenüberstehen. In der ersten Fassung des Bildes sollen die Hamburger gekniet haben, aber nach Protesten wurde das Bild verändert, denn: Ein Hamburger kniet nicht vor der Kirche!

Und jetzt das *Tatort*-Angebot. Wow! Wieder mitten in Hamburg. Der NDR wollte drei Folgen pro Jahr drehen. Das erschien mir zu zeitintensiv. Ich wollte noch Platz für andere Projekte haben und nicht schon wieder in einer einzigen Rolle aufgehen. Also stellte ich die Bedingung: »Zwei Folgen oder gar nicht!«

Ich versuchte, ein Gesicht zu machen, das keine Kompromisse zulässt. Obwohl ich gestehen muss, ich hätte auch drei Folgen gespielt, wenn der NDR drauf bestanden hätte. Einen *Tatort* hätte ich mir auf keinen Fall entgehen lassen. Zum Glück ging der NDR auf meinen Vorschlag ein, die dritte Folge wurde dann der Einstieg für Maria Furtwängler als Kommissarin.

Für die Rolle hatte ich mir einen Dreitagebart stehen lassen, um Dr. Specht vergessen zu lassen. Ob das wirklich gelang, weiß ich nicht, wohl eher nicht. Tom Bohn hatte die erste Folge geschrieben und inszenierte. Das neue Team bestand aus Julia Schmidt, Tilo Prückner und mir. Die ganze Drehzeit über war ich ziemlich aufgeregt. Konnte ich nach Manfred Krug und Charles Brauer das Format stemmen? Natürlich hat eine Neubesetzung immer gute Quoten, die Zuschauer sind neugierig. Wie kriegt der oder die Neue das hin? Ein neues Ermittlerteam interessiert fast jeden. Aber das ist noch lange kein Garantieschein, und so hatte ich auch während der zweiten Folge unruhige Nächte.

Zum ersten Male spielte ich also einen Kommissar. Wie sollte der sein? Ich stellte mir einen Kommissar ohne Pistole vor, der alles mit seiner großen Menschenkenntnis löst. Und Aikido beherrscht, um im Fall der Fälle gefeit zu sein, man weiß ja nie ... Musste der Kommissar gegen seinen Willen doch mal zur Waffe greifen, war mir der Gebrauch von Pistole und Gewehr nichts Unbekanntes. Ich konnte mit einer Waffe umgehen. Das hatte ich während eines Filmes gelernt, den ich zusammen mit meinem Sohn Jens gedreht hatte: *Das Kommando,* ebenfalls vom Tom Bohn geschrieben und inszeniert. Der Film handelte von einem Bundeswehreinsatz, wir sollten vor Drehbeginn in einer Kaserne ein Waffentraining durchführen. Schrecklich, ich und Waffen – ein Unding! Ich hatte immer besonderen Respekt vor Waffen gehabt und auch keinen Wehrdienst geleistet, aber als »Offizier« ließ sich das jetzt nicht vermeiden. Unwillig schulterte ich am Schießstand die Wumme und – bingo, eine Zwölf! Das konnte ja nur Zufall sein. Also noch mal – Volltreffer! Vielleicht stimmte was mit der Scheibe nicht? Also Wiederholung – wieder eine Zwölf!

Ich will nicht angeben, aber von allen Beteiligten schoss ich am häufigsten die Zwölf. Ich, wieso das denn? Ich wäre doch schon mit der richtigen Handhabung einer Waffe zufrieden gewesen. Den Rest bewältigen beim Film sowieso die Pyrotechniker. Dieser »Erfolg« gab mir Rätsel auf.

Beim *Tatort*-Dreh stellte sich heraus, dass einer der Komparsen ein ehemaliger Kommissar war. Jahrelang war er auf der berühmten Davidwache in Hamburg tätig gewesen. In den Drehpausen unterhielten wir uns, und ich konnte von seiner Erfahrung profitieren, etwa ob er in einem bestimmten Fall mit Milde oder mit Aggressivität vorgehen würde.

Bei fast jedem Dreh tauchte er früher oder später auf und wuchs zu einer Art Maskottchen heran. Ich freute mich jedes Mal über die Begegnungen mit ihm.

Die erste Folge lief wunderbar. Quoten gab es noch nicht, aber die Reaktionen waren ausschließlich positiv.

Krug und Brauer hatten durch Musik und Gesang immer große Leichtigkeit in ihren *Tatort* gebracht. Wir wollten selbstverständlich etwas ganz anderes machen, nämlich wieder richtige Krimis mit dunkler Atmosphäre. Nach drei oder vier Folgen kam die Rechnung von der Presse: fürchterlicher *Tatort*, Hamburg ist doch nicht so dunkel! Zudem kam der Vorwurf, Casstorffs Privatleben nehme viel zu viel Raum ein. Das fand ich nicht, im Gegenteil. Jan Casstorff hatte als alleinerziehender Vater wie jeder normale Mensch auch private Probleme, diese Figur bewegte sich nicht nur im luftleeren Raum. Also machten wir auf unsere Weise weiter. Es wurden 16 Folgen, fast immer mit demselben Team, sodass sich ein schönes Familienfeeling entwickelte.

Irgendwann wiederholten sich die Dialoge, die Geschichten ähnelten sich. Für mich jedenfalls. Die Verdächtigen einer Folge hatten alle etwas Besonderes zu spielen: Wut, Verzweiflung, Trauer, Lügen ... Der Kommissar jedoch blieb stets der gelassene Beobachter. Auch nicht schlecht, kann aber, na ja, irgendwann zu wenig sein. Ich fühlte eine Art schauspielerische Stagnation, stand auf der Bremse.

Dazu kam, dass im Fernsehen für mein Empfinden allmählich zu viel Gewalt vorkam. Eine Tendenz, die mir nicht zusagte. Das hing sicher mit meiner persönlichen Entwicklung zusammen. Wenn man versteht, wie Bilder im Unterbewusstsein hängen bleiben und uns beeinflussen können, wird man kritischer bei der Wahl der Filme.

Ich stieg also aus. Einige Jahre später, nach vielen einzelnen Filmen, spielte ich aber doch noch mal einen Kommissar: auf Sylt in *Nord Nord Mord*. Das Besondere dieser Serie sind ein gewisser Humor und ihre Leichtigkeit. Außerdem Sylt, ein großartiger Drehort!

Ich genoss die Drehzeit, besonders wenn Angelika mich besuchte und wieder mal eine ihrer legendären Schnapsklappen initiierte. Schnapsklappe bedeutete, dass die Klappe mit bestimmten übereinstimmenden Zahlen geschlagen wird. Und zwar für eine Abteilung wie Ton, Maske, Kostüm, Regie oder Darsteller. Beispielsweise stand dann auf der Klappe: Szene 5, Take 5, die Fünfte. Die angesprochene Abteilung musste dann für das ganze Team eine Runde spendieren.

Oftmals haben der Regisseur Anno Saul, Angelika und ich uns zusammengetan und einen wunderbaren Abend auf die Beine gestellt. Angelika ging einkaufen: sagenhafte Fischplatten, Käseteller, diverse Brote, Süßigkeiten, Bier, Wasser. Anno brachte exzellente Weine mit. Intensive Gespräche fanden statt, das Team wuchs zusammen. Nach einigen Folgen gehörte Angelika ganz selbstverständlich mit zur Filmfamilie.

Aber auch bei *Nord Nord Mord* wurde es für mich nach sieben Folgen wieder eng. Ich fühlte mich nicht mehr richtig wohl, brauchte Zeit für mich. Also schlug ich gegen Ende von Folge sieben vor, auszusteigen. Eine letzte Folge, eine Ausstiegsfolge, wurde noch geschrieben und gedreht. Dann ging die Serie weiter mit meinem Nachfolger Peter Brix.

Es ist grandios, mit einem Schauspieler zu leben

von Angelika Atzorn

Bei keinem wichtigen Termin ist er da. Bei keinem Elternabend, oft auch nicht bei Geburtstagen. Umzüge, Verhandlungen mit Handwerkern, alles musst du alleine stemmen. Haushalt, Kinder, Garten, das erwähne ich erst gar nicht. Freundschaften wollen auch gepflegt sein, alles im Alleingang.

In der Zwischenzeit drehte mein Mann mit oft wunderschönen, begehrenswerten Frauen. Sollte es in dem Film gar zu hautnahen Kontakten kommen? Heimlich suchte ich in den Drehbüchern nach Küssen und Bettszenen.

Beiläufig fragte ich dann: »Ach, sag mal, wer ist denn deine Partnerin? Wer spielt übrigens die Rolle der ...?«

Eifersucht stieg in mir auf, ich malte mir alles in den grellsten Farben aus. Fantasie kann ja auch eine Strafe sein. Wusste ich doch, dass er in den nächsten Wochen mit besagter Dame mehr zusammen sein würde als mit mir. Wahrlich kein beruhigender Gedanke.

Ich verbarg meinen Frust nicht – er hätte es sowieso gemerkt –, sondern knallte ihm alles, was mir im Kopf herumschwirrte und sich in meinem Inneren aufgestaut hatte, um die Ohren. Es musste einfach raus, ich brauchte Raum und viel Luft, Verständnis und Mitgefühl. Das war die beste Therapie. Und dann war's auch gut, verflogen und beendet. Robert nahm mich in den Arm, beruhigte mich und versicherte mir:

»Mach dir keine Sorgen, sie ist doch überhaupt nicht mein Typ.«

Danke, das wollte ich natürlich hören.

Und dann kam die Ausstrahlung der Filme. Wunderbar, du siehst deinen Mann als Liebhaber, zärtlich, einfühlsam, mit seinem bezaubernden Lächeln, tiefe Blicke, die Glocken läuten, die Geigen klingen, alles passiert, was das Frauenherz begehrt, wovon ein Frauenherz träumt! Halleluja!

Und neben dir sitzt derselbige todmüde, abgespannt, erschöpft von den Dreharbeiten oder nicht ansprechbar, weil er schon wieder mit der nächsten Rolle beschäftigt ist. Und manchmal vergisst er dich sogar, sieht nicht mal, dass du ein neues Kleid anhast oder was sich darunter befindet.

Ist das nicht großartig?

Immer wenn Frauen meinen Mann anhimmelten, fiel mir folgende Anekdote von der Frau eines Opernsängers ein. Sie wandte sich an eine weibliche Bewunderin ihres Mannes mit den Worten: »Was wollen Sie von meinem Mann? Vorher darf er nicht, und hinterher kann er nicht!«

Je mehr die Popularität von Robert stieg, speziell nach der Serie von Unser Lehrer Dr. Specht, *mussten wir beide lernen, damit umzugehen. Auf einmal war er etwas ganz Besonderes, wurde hofiert, auf ein Podest gestellt, angehimmelt, bewundert. Leute drehten sich nach ihm um, sprachen ihn an. Er ist jetzt eine öffentliche Person, was verständlicherweise auch nerven kann. Oft werde ich an seiner Seite gescannt: Was hat sie an, wie sieht sie aus? Ach, das ist die Frau vom Atzorn?*

Gott sei Dank sind die meisten Leute sehr höflich, freundlich und zuvorkommend. Roberts Gesicht ist ihnen sehr vertraut. Man hat ja schon so viele gemeinsame Stunden im Wohnzimmer miteinander verbracht. Er gehört quasi zur Familie.

Dieses Phänomen hatte auch ich erlebt, als ich in einer Bäckerei plötzlich neben einem sehr bekannten, sympathischen Sänger stand. Plötzlich war ich aufgeregt und voller

Bewunderung. Aber kenne ich den Menschen? Nein, natürlich nicht. Und trotzdem ist es merkwürdig, was bei so einer Begegnung mit einem passiert. Für mich war es jedenfalls eine gute Erfahrung, um meine Toleranzgrenze zu erweitern.

Mein Leben in der Öffentlichkeit hat zwei ganz unterschiedliche Seiten, abhängig davon, ob ich mit Freunden oder mit meinem Mann zusammen bin. Ein himmelweiter Unterschied. Gehe ich mit einer Freundin spazieren, einen Kaffee trinken oder ein Kleid kaufen, passiert nichts, einfach nur Normalität. Gehe ich dagegen mit meinem Mann spazieren, einen Kaffee trinken oder ein Kleid kaufen, passiert nach kurzer Zeit zum Beispiel Folgendes:

»Hallo, hallo!«, ruft eine männliche Stimme.

Wir drehen uns nichts ahnend um.

»Äh ... Sind Sie nicht Schauspieler?«

»Ja, schon möglich.«

»Stimmt, ja, natürlich! Sie haben doch den Dr. Specht gespielt. Schau mal, Petra, das ist doch der Robert Atzorn. Tolle Serie! Also, dass ich Sie hier treffe, glaubt mir keiner. Ich bin ein großer Bewunderer von Ihnen! Haben Sie vielleicht ein Autogramm für mich?«

»Tut mir leid, aber ich habe keins dabei.«

»Ach, das macht doch nichts. Schreiben Sie mir doch hier auf den Einkaufszettel.«

»Na gut, dann geben Sie mal her«, fügt Robert sich geduldig. »Haben Sie einen Stift dabei?«

»Warten Sie mal, wo hab ich den denn? Ach Gott, wo ist der denn jetzt geblieben? Der war doch grad noch da! Haben Sie nicht zufällig einen Schreiber?« Die letzte Frage geht an mich.

»Nein, habe ich nicht, auch nicht zufällig!«, denke ich genervt. Und ich schau auch nicht in meine Handtasche, obwohl ich ziemlich sicher bin, dass sich darin einer versteckt.

Petra kramt jetzt vergebens in ihrer Tasche. Nervosität macht sich breit.

In dem Moment läuft eine Reisegruppe an uns vorbei, wird aufgehalten und angesprochen, vielleicht hat ja jemand von denen einen rettenden Schreiber dabei. Die Katastrophe nimmt ihren Lauf: »Herr Dr. Specht! Schau mal, das ist doch der Specht. Na, wie toll ist das denn! Können wir nicht alle ein Foto mit Ihnen machen? Das macht Ihnen doch nichts aus, oder?«

Einer aus der Gruppe: »Aber ich brauche unbedingt ein Foto alleine mit Ihnen, geht ja ganz fix!«

»Das können Sie doch mal schnell machen, ja?«

Schon wird mir ein Fotoapparat in die Hand gedrückt, und ich mache mich nützlich.

Dankend wünscht man Robert alles Gute und nur das Beste, toi, toi, toi!

Ich stehe freundlich lächelnd daneben. Erst einmal tief durchatmen.

»Sag mal, wo waren wir gerade stehen geblieben, worüber haben wir uns gerade unterhalten?«

Zum Kaffeetrinken kommen wir nicht, weil Robert pausenlos Autogramme schreiben soll.

»Entschuldigen Sie, aber könnte ich vielleicht ein Autogramm von Ihnen bekommen? Es ist für meine Mutter. Und könnten Sie vielleicht noch einen kleinen Gruß dazuschreiben, ihr alles Gute zum Geburtstag wünschen, sie wird nämlich siebzig in der nächsten Woche! Da wird sie sich aber freuen, sie ist nämlich ein ganz großer Fan von Ihnen.«

Robert schreibt.

»Danke! Ach so, wenn Sie schon dabei sind, ein Autogramm für meine Schwester mit einer persönlichen Widmung wäre auch noch sehr nett. Die findet Sie so sympathisch!«

Der Kaffee wird kalt.

Schauen wir uns in einem Modegeschäft um, wird uns gleich die neueste Kollektion präsentiert. Zwei Damen tänzeln um uns herum. Dabei wollte ich mich nur informieren. Man will ja nicht immer gleich was kaufen.

In der Tiefgarage wird Robert wieder beim Einsteigen ins Auto aufgehalten: »Entschuldigen Sie, dass ich Sie anspreche, aber kennen wir uns nicht? Golfklub, Frankfurt?«

»Nein, tut mir leid, ich spiele kein Golf.«

»Ah, dann ist es der Reitklub?«

»Sorry, aber ich reite auch nicht.«

»Doch, doch, ich kenne Sie! Ja, aber Sie kommen doch aus Frankfurt?«

»Nein, ich komme auch nicht aus Frankfurt.«

»Sie kommen mir so bekannt vor.«

»Möglich.«

Dann kommt die große Erleuchtung: »Jetzt hab ich's: Schauspieler, Sie sind Schauspieler! Sie sind doch dieser …, na, sagen Sie schon, na, wie heißen Sie denn? Ach, Sie sind doch Peter Sattmann?!«

»Nein, der bin ich nicht!«, meint Robert leicht angesäuert.

»Oh, entschuldigen Sie! Aber wie heißen Sie denn, ich kenne Sie doch?«

»Robert Atzorn.«

»Ach ja, stimmt! Das ist ja großartig! Entschuldigen Sie die Verwechslung!«

Er verwickelt Robert in ein Fachgespräch über Schauspielerei. Er selbst wäre auch so gern Schauspieler geworden. Hin und wieder übernehme er gern Statistenrollen. Ob Robert nicht mal was für ihn tun könne? Es entwickelt sich ein Gespräch über Schauspielerei …

Derweil sitze ich wartend im Auto, fühle mich mal wieder wie das fünfte Rad am Wagen. Mein Magen knurrt, eine Toilette ist auch weit und breit nicht in Sicht.

»Du hast es gut, du bist ja auch mit einem tollen Mann verheiratet!«

Solche Aussagen sind gar nicht so selten, doch sie machen mich immer noch sprachlos – als wäre Robert die Summe seiner Filmcharaktere. Ja, sicher bin ich mit einem tollen Mann verheiratet, aber der liebe Gott hat mir nicht alles so einfach geschenkt. In unserer Beziehung steckt viel Arbeit und Engagement, Ehrlichkeit, Geduld, Verständnis, Mitgefühl, Vertrauen, zahllose Kompromisse, viel Liebe und auch Demut. Ich bin glücklich, dass uns beiden das so gut gelungen ist.

Glücklicherweise haben wir über die Schauspielerei hinaus einen gemeinsamen geistigen Weg gefunden. Somit ist alles gewachsen: die Familie, unsere Liebe, das Interesse aneinander. Ich fühle mich bereichert durch diese einmalige, lebendige, unterstützende, verrückte, abwechslungsreiche Reise mit Robert. Ein hingebungsvoller Lebenspartner, was für ein Geschenk!

Sicher, Popularität ist manchmal anstrengend. Doch was hatte ich für wunderbare Erlebnisse an Roberts Seite. Ich habe so viel von der Welt gesehen: Wir waren in Hongkong, Thailand, Rio, Grönland, Polen, Italien, Spanien, Frankreich, Kenia, Senegal, Südafrika …

Außerdem habe ich zahlreiche interessante, wertvolle Menschen kennengelernt.

Einige Male hatten wir auch die Gelegenheit, zusammen zu spielen. Das hat uns immer sehr inspiriert, weil wir uns so wunderbar ergänzten und gemeinsam Teil einer großen, kreativen Familie waren.

Dass Robert auch nach Dr. Specht so viele wunderbare Rollen und Möglichkeiten zum Spielen bekam, darüber sind wir sehr dankbar. Es gibt so viele begabte, aber arbeitslose Schauspieler, die ums Überleben kämpfen müssen und über jeden einzelnen Drehtag froh sind.

Je deutlicher sich Roberts Schläfen grau färbten, desto weniger Liebesszenen gab es in den Drehbüchern. Die Rollen waren dafür gehaltvoller, aussagekräftiger und bedeutsamer.

Ich bin froh, dass ich heute alles mit so viel Abstand, Gelassenheit, Dankbarkeit und Zufriedenheit sehen kann. Wie es so schön heißt: Wir leben nach vorne und verstehen das Leben rückwärts. Was für Vorteile das Alter doch auch hat.

Ein würdevolles Verhalten

Der elfjährige Bankierssohn Jakob von Metzler wurde 2002 auf dem Heimweg von der Schule entführt. Die Familie erfüllte die Geldforderung des Täters. Die Polizei beobachtete ihn, als er das Geld abholte. Der verschwundene Junge wurde nicht freigelassen, und der Täter machte keine Anstalten, sich in irgendeiner Weise um den Jungen zu kümmern. Die Polizei verhaftete ihn, doch er verriet nicht, wo er das Opfer gefangen hielt.

Die Zeit drängte, der Junge könnte ohne Hilfe verdursten oder ersticken. In dieser ernsten Situation drohte der Vizepräsident der Polizei dem Täter mit »unmittelbarem Zwang«, das heißt mit körperlichen Schmerzen, um ihn zu einem Geständnis zu zwingen. Die Drohung allein wirkte, der Täter gab zu, den Jungen sofort nach der Entführung getötet zu haben.

Dieser Fall sollte 2011 verfilmt werden. Mir wurde die Rolle des Vize-Polizeipräsidenten angeboten. Mit dem Regisseur Stephan Wagner, den ich am Münchner Flughafen traf, verstand ich mich auf Anhieb. Ob ich die Rolle annehmen wollte, war mir noch nicht klar, denn es handelte sich um einen wahren Kriminalfall und die Hauptfiguren lebten noch alle. Der stellvertretende Polizeipräsident Wolfgang Daschner hatte diese Tragödie in gnadenloser Wirklichkeit durchlebt, einschließlich seiner zeitweisen Suspendierung und einer Geldstrafe nach seiner Verurteilung. Er würde also meine Spielweise immer mit seinem damaligen Verhalten vergleichen können. Konnte ich diesem Drama überhaupt gerecht werden und dem wirklichen Geschehen auch nur annähernd nahekommen?

Ich sagte zu, nicht zuletzt, weil ich vielleicht ähnlich wie Daschner gehandelt hätte. Seine Verzweiflung konnte ich zutiefst nachvollziehen. Er wollte nichts weiter als ein Kind retten.

Während der Vorbereitungs- und Drehzeit konnte ich kaum schlafen, weil mich dieses Thema so mitnahm. Immer dachte ich an meine eigenen Kinder.

Es war eine einmalige Erfahrung, einen Menschen zu spielen, der noch lebt.

Ich bohrte mich in die einzelnen Szenen. Daschners Entscheidung, »unmittelbaren Zwang« anzuwenden, um den Tod eines Kindes zu vermeiden, entsprach dem gesunden Menschenverstand. Auch wenn er damit eine Grenzüberschreitung beging. Es gab für ihn keine Alternative, der Täter hielt sich vollkommen bedeckt.

Die Würde eines unschuldigen Kindes sollte geopfert werden, um die Würde eines Täters zu schützen? Das erschien mir mehr als fragwürdig.

Es kam ja außerdem nicht zu irgendwelchen Anwendungen, der Mörder gestand die Tat bereits nach der Androhung. Das war auch Daschners Hoffnung gewesen.

Diese Drehzeit hatte mich aufs Äußerste gefordert. Wochenlang versuchte ich nachzuleben, was Wolfgang Daschner durchgemacht hatte. Das anschließende Weihnachtsfest zu Hause fiel für mich mehr oder weniger aus. Noch war ich nicht wieder in meine Realität zurückgekehrt. Ich brauchte Erholung, musste diese Erfahrung abschütteln. Ich war komplett leer.

Der Film erhielt verschiedene Preise. Was mich aber am meisten freute, war ein Brief von Wolfgang Daschners Tochter. Sie schrieb, dass ihr Vater meine Darstellung seiner Situation als sehr gut und treffend erachtete. Der Film sei für ihn zu einer Rehabilitation geworden. Das war mein Ziel gewesen. Ich war zufrieden.

Nach der Ausstrahlung lud die Familie von Metzler das ganze Team und die Führungsetage des ZDF in ihr Haus nach Frankfurt ein. Auch Wolfgang Daschner war da. Ich wechselte einige Worte mit ihm, spürte aber, dass Filmleute nicht wirklich sein Ding sind. Er war sympathisch und sehr zurückhaltend. Diesen Auftrieb schien er nicht besonders zu mögen, und schon gar nicht den Rummel um seine Person. Vielleicht irre ich mich, aber diesen Eindruck hatte ich.

Der Nachmittag und der Abend waren sehr berührend. Es wurden kleine Reden gehalten, in der die Bewunderung für das ethische Verhalten der großartigen Familie von Metzler zum Ausdruck kam. Zuletzt meldete sich Friedrich von Metzler doch noch zu Wort, eigentlich hatte er es nicht vorgehabt. Seine gefasste Rede aus tiefstem Herzen bewegte uns alle. Sie bestätigte noch einmal, wie würdevoll die Familie mit dieser unvorstellbaren Situation umgegangen war. Keine Wut, keine Gedanken an Vergeltung. Sie wollten mit diesem Film unter anderem auch Wolfgang Daschner ein Denkmal setzen, der so selbstlos und integer versucht hatte, ihren Jakob zu retten.

Jedem Ende wohnt ein Zauber inne

Stimmt! Ich hatte ein Leben voller Zauber, denn ich hangelte mich stets von »Ende zu Anfang«. Der Zauber lag in der Beendigung des Einen und in der Erwartung des Neuen.

Was wird der nächste Schritt sein? Welche Veränderung, welche Neuorientierung steht ins Haus? Von der Langeweile, vor der mein geliebter Schwiegervater einst gewarnt hatte, war in unserem Leben rein gar nichts zu spüren.

Wie es weitergeht? Ganz einfach: Wir genießen, dass wir noch da sind. Auch das hat einen großen Zauber.

Als ich vor drei Jahren aufhörte mit Spielen, war das schönste Gefühl, dass niemand mehr etwas von mir wollte. Keine Fremdbestimmung mehr: keine aufgezwungenen Termine, keine Interviews, keine Texte lesen, kein Auswendiglernen, keine Abholtermine, keine Drehs, keine Trennungen und keine Hotelbetten. Letztere nur noch als Ergebnis eigener Pläne.

Ich weiß, der Lebensbogen neigt sich. Jeder Tag ist ein Geschenk. Zeit ist daher das Kostbarste geworden. Ich überlege genau, wie und mit wem ich meine Zeit verbringe. Langfristige Pläne für die Zukunft habe ich nur noch wenige. Was ist JETZT? Nur darum geht es. Verbunden mit der Frage: Stimmt das für mich? Tut es mir gut?

Das Schönste am Beruf des Schauspielers war für mich die Tatsache, dass sich in diesem Metier Menschen aus allen Schichten und allen Altersgruppen vereinen. Ich habe mit

Babys, mit 18-, mit 30-, mit 50- und mit 80-jährigen Menschen gearbeitet, Männern wie Frauen.

Einige Kollegen hatten eine Schauspielausbildung, andere nicht, sie sind direkt von der Straße in den Beruf reingewachsen.

Mir sind so unterschiedliche Typen auf diesem Weg begegnet: hochintelligente und weniger bemittelte, begabte, hochbegabte und überhaupt nicht begabte, gefühlsstarke und intellektuell ausgerichtete, erfolgreiche und weniger erfolgreiche, bürgerliche, besessene, verrückte, spannende, langweilige, großzügige und geizige Menschen.

Auch äußerlich ist jeder Menschentyp in unserem Beruf zu finden: groß, klein, dick, dünn, der Muskelprotz wie der Hänfling, die Sportskanone wie die Couch-Potato, die Sexbombe wie die Unschuld vom Lande.

Alle Temperamente sind da: Choleriker, Sanguiniker, Melancholiker, Phlegmatiker. Das ganze Kaleidoskop aus Gottes Fantasia-Land.

Dazu sind die Schauspielkollegen wie alle Menschen verschieden in ihren Ansichten, Lebensperspektiven, Meinungen, Ansprüchen, Ego-Nummern und Orientierungen.

Jeder ist ein Individuum, und für jeden gibt es die richtige Rolle.

Das Verblüffende ist, dass wir trotz dieser extremen Unterschiede in eine Familie gehören: in die eine große Familie der Theater- und Filmliebhaber. Wir alle haben unser Kindheits-Ich lebendig erhalten und umarmen die ganze Welt. Die kleine Sandkiste des Kindergartens hat sich zu einem Mega-Spielfeld erweitert. Das schmiedet uns trotz all unserer Verschiedenheit unauflöslich zusammen. Wir kennen nichts Schöneres auf der Welt, als zusammen Theater zu spielen oder einen Film zu drehen. Wir brauchen die Kontakte zu künstlerischen Menschen wie Fische das Wasser.

Es ist der künstlerische Funke, den wir in uns spüren und der uns zusammenschmiedet. Wir sprechen eine Sprache. Egal wo wir uns treffen, wir haben sofort intensiven Kontakt und endlose Gesprächsthemen.

Dieser künstlerische Funke macht den Unterschied. Er ist ein Segen, ein Geschenk, eine Gnade.

Bevor ich jetzt ganz sentimental werde, sage ich nur noch: Ich liebe es!

Es gibt aber etwas, das ich noch viel mehr liebe: meine Familie. Es ist ein unbezahlbares Glück, eine heile Familie zu haben. Ich kann nicht in Worte fassen, was Angelika, Jens und Daniel für mich bedeuten. Diese drei haben mir bei meinen unübersichtlichen und oft verschlungenen Wegen so unbändig geholfen. Durch sie war alles sinnvoll, zielgerichtet. Sie waren mein Halt. Mein Kompass. Meine Orientierung.

Wenn ich abends nach den Drehs todmüde ins Hotelzimmer kam, freute ich mich immer auf das Telefonat mit Angelika – um die Neuigkeiten des Tages zu erfahren, von den wichtigsten Menschen meines Lebens. Morgens vor Drehbeginn tauschten wir uns ebenfalls aus, in der Mittagspause erneut. Ich wollte immer wissen, wo alle stehen, wie es ihnen geht – umgekehrt natürlich genauso.

Dafür lohnte es sich zu SEIN, zu arbeiten, schwierige Situationen zu ertragen. Ich war immer für die drei da und die drei für mich. Sie trugen meinen Stress mit, fingen ihn auf durch ihre Unbekümmertheit oder durch ihr Mitgefühl. Ohne meine Familie wäre ich nie dahin gekommen, wo ich jetzt bin. Ich hatte und habe die beste Rückendeckung der Welt.

Heute bin ich dankbar dafür, dass unsere Söhne selbst Familien gegründet haben mit unseren wunderbaren Schwiegertöchtern und drei Enkelkindern.

Die Verbundenheit setzt sich fort. Das Leben geht weiter!

Dank

Bo Rosenmüller war die Initiatorin für dieses Buch. Dafür danke ich ihr! Ohne ihre Idee dazu hätte ich diese Reise durch mein Leben nie gewagt.

Ich bedanke mich bei Jennifer Kroll für ihre eindringliche Unterstützung, Angelika mit ins Boot zu holen. Jennifer hat uns kraftvoll begleitet, Schaffenspausen durchgestanden und »Pages vs. Word« überlebt.

Ganz besonders danke ich unserer Lektorin Gerti Köhn, die mich mit unendlicher Geduld liebevoll vor diversen Fauxpas bewahrt hat.

Ein Dank geht an meine Hamburger Freunde Barbara Flemming und Kai Petersen, die mir über sämtliche Zweifel an diesem Projekt hinweghalfen.

Ich danke meiner Mutter Anneliese Atzorn für ihre Liebe zur Schauspielerei, die sie an mich weitergab.

Ich danke meinem Vater Robert Atzorn sen., der mir seine Lust am Schreiben vererbte, die ich erst jetzt entdeckte.

Und nicht zuletzt danke ich meinem iPad, das demütig meine Wutausbrüche ertrug und bis auf die Anführungszeichen perfekt funktionierte.

1950 Dann kam mein Vater aus der Gefangenschaft zurück. Eines Tages stand da ein ~~Drecktyp~~ verdreckter, ewig langer dunkler Mensch im Wohnzimmer und (meine Mutter) sagte: ~~[illegible]~~ Dein Vater. (abgemagerter)

Das verwirrte mich. Ich hatte doch meinen Opa; wozu ~~fehlt~~ brauchte ich noch einen "Vater"?

Wir gingen zusammen in die Badewanne, aber ich fühlte mich überhaupt nicht wohl mit ihm; ~~[illegible]~~ nur fremd.

Mein Vater bekam einen Job bei der Nord-West Zeitung, als Journalist arbeitete jeden Tag lang; ich bekam ihn kaum zu Gesicht.

Inzwischen hatte die Schule begonnen, für mich erstmal kein Problem. Ich fand schreiben + rechnen wunderbar.

Es gab ein Kino in der Nähe, daß ich so oft ich konnte besuchte. Wenn das Taschengeld nicht reichte, nahm ich aus Opa's Portemonnaie den Rest. Ob er es je bemerkt hat, weiß ich nicht?! Ich weiß nur, daß ich im Tarzan Film die erste nackte Frau gesehen habe, nämlich Jane, die nackt über die ~~Screen~~ Leinwand schwamm. von links nach rechts

~~Hab~~ den Film heimlich ich mehrmals gesehen was mich ziemlich erregte.

Als ich 8 war, kam mein Bruder zur Welt. ~~Als ich [illegible] war~~, fand mein Vater eine Stelle in Hamburg bei Axel Springer (!) – und wir zogen nach HH, als ich ~~(Wochenendehe meiner Eltern)~~ 10 war, Schulwechsel, Prüfung fürs Gymnasium; alles klappte so leidlich.

Ich vermißte meinen Großvater total.

Meine Oma erwischte mich als ich mit meinem Pimmelchen spielte.

Wenn du das nochmal machst, wird er abgeschnitten und ein Kopf für Pipi geholt! Horror.

11.02.2019

Ich werde heute absagen: die Komödie im Bayer. Hof. *

Hatte immer extreme Schwierigkeiten, etwas abzusagen;

Aber am letzten Wochenende ~~bei der~~ fand eine Familien-aufstellung in Hamburg, geleitet von Barbara + Kai, ~~hatte~~ fühlte ich zum ersten Mal in meinem Leben ~~etwas Gefühl~~ männliche Unterstützung durch meinen Vater.

Plötzlich fühlte ich mich ganz! Ohne Defizite.

Selbst Angelika fühlte sich erleichtert, muß sie

Menschen zu enttäuschen, fürchte Liebesverlust.

* Keine Angst mehr vor Menschen